終局之戰（下）

THE OTTOMAN ENDGAME

鄂圖曼帝國的瓦解，和現代中東的形成

WAR, REVOLUTION AND
THE MAKING
OF THE MODERN MIDDLE EAST, 1908-1923

SEAN MCMEEKIN 西恩·麥克米金 著 黃中憲 譯

目錄
Contents

PART 2
一九一四年戰爭：土耳其準備加入

PART 3
死亡與重生

CHAPTER 11
大英帝國的寒冬
A Cold Winter for the British Empire

發現土耳其人戰力很強而且戰志高昂。
——伊恩·漢彌爾頓爵士，
澳紐軍突圍失敗後致基欽納勛爵，一九一五年八月十七日[1]

一九一五年是令協約國洩氣的一年。至少英國因為在阿拉伯河、蘇伊士打敗鄂圖曼的勝利沖昏頭，而在達達尼爾海峽犯下盲目樂觀的錯。對法國人來說，這一年大部分時候只令人痛苦想起，一如克里蒙梭動不動就在他的《正義報》（*Las Justice*）上向讀者訓斥的，「德國人還在努瓦永（Noyon）」。但事實是在壕溝線的這處突出部，德軍戰線往外突出到距巴黎不到六十英哩之處，差點使協約國為了顏面下令發動自殺攻擊，以在側翼取得突破，包圍該處德軍。德國人把十個師調到東戰線，以為五月強攻戈爾利采—塔爾努夫作準備，但協約國在西線的新沙佩勒（〔Neuve-Chapelle〕四月）、阿拉斯／伊普爾（〔Arras/Ypres〕五月）、洛斯／香檳（〔Loos/Champagne〕九月）發動的攻勢一無所成。邱吉爾在一九一五年六月十八日為英國作戰會議編寫的《整體軍事形勢報告》中指出，前一個冬天，協約國希望「隨著一九一五年春天的到來，會展開一舉肅清法國（與）比利時……境內敵軍，並揮兵進入德境的軍事行動」，結果這一希望悲慘落空。他不客氣論道，「約一萬九千五百平方英哩的法國、比利時土地落入德國人之手，而我們只收復其中約八平方英哩。」[2]

一九一五年五月二十三日義大利站在英法一方（即反奧匈帝國一方）參戰，本有可能撐住協約國急墜的士氣。但此前三星期，戈爾利采—塔爾努夫之役已把俄軍驅離奧地利加利西亞，從而給了哈布斯堡王朝新的生機——弔詭的是義大利參戰一事也起了這樣的效果，因為此舉終於讓奧匈帝國有了一個不靠外援即可獨力打敗的對手。即使從士氣的角度說，協約國所謂「為文明而戰」的宣傳說詞，雖然因為德軍四月在伊普爾使用毒氣而更顯義正詞嚴，但九月英國人自己在洛斯動用毒氣之時卻也破了功（毒氣被風吹回英軍自己陣營）。

最令協約國心痛的是加利波利半島上的僵持不下。協約國原希望以「插向同盟國後方以援助俄國人」這項大膽的戰略性舉動翻轉無望的西線戰局，結果只是重現法國、法蘭德斯的悲慘下場，而且這次沒有「敵人可是德國人耶！」這個藉口來自圓其說。鄂圖曼第五集團軍的確配屬了不少德國軍官，但其士兵大部分是土耳其人。英國這個自有信史以來最大帝國的統治者和世上首屈一指的海軍強權，被歐洲病夫狠狠打了一耳光。這一受挫、受辱的感覺，想必是英國不顧愈來愈多證據顯示達達尼爾海峽攻勢和接下來的加利波利半島攻勢會徒勞無功，仍在春夏時益發執意發動此二攻勢的原因之一。眼見最近幾年土耳其人在戰場上被烏合之眾的巴爾幹聯盟打得落花流水，還有那之前被義大利徹底擊敗，英國海軍部、陸軍部、作戰會議那些最聰明睿智之徒怎不會想好好教訓土耳其人一番！

相對地，對同盟國來說，戰略形勢逐漸好轉。在巴斯拉、薩勒卡默什、蘇伊士，土耳其人的表現的確讓協約國大驚失色。凡城陷落和四處蜂起的亞美尼亞人暴亂，似乎預示了鄂圖曼最終會鎮不住東土耳其。但政府回應手段的殘酷，加上俄國在曼濟克特的挫敗和英國插手奇里乞亞的失利，已使鄂圖曼政府在東部重拾威信。這位「病夫」再度死裡逃生，但對鄂圖曼亞美尼亞人來說，這叫人心情一點也好不起來，他們在東部眼看勝利就要到手，結果情勢逆轉，變成一場人間浩劫。

不過，誠如克里蒙梭可能會說的，協約國遠征軍仍紮營於加利波利半島，距鄂圖曼都城只有三百公里。這場戰役在英國最高指揮部引發唇槍舌劍的爭論，但英國並未因此戰役而陷入土耳其設下的險境，也就是法國因為德國在努瓦永的突出部而陷入的那種險境。「島嶼英國」相較於盟國較為安全的此一說法，乃是近現代戰爭的一個老主題。但一九一五年時這一反差更為顯著。不管是調自不列顛群島，還是調自大英國協，英國兵再度於別人的國度裡打仗，若非為了保衛該國抵抗入侵者（如在法國），就是為了將那些地方納入大英帝國（如在美索不達米亞和加利波利半島）。蘇伊士是反過來證明此奇怪通則存在的例外，在蘇伊士，也是以印度兵居多的英軍在保衛英屬埃及，而非英國人保衛英國。

英國孤處一隅，與世界大戰的諸多戰線不相毗連，這一得天獨厚的地理位置給了英國靈活應變的好處，但也帶來一個包袱：得有所選擇。馬恩河之役保住巴黎之後，法國最高的戰略目標很簡單：把德國人趕出法國。在東戰線，俄國一九一四年時享有機動的彈性，但在戈爾利采—塔爾努夫之役，這一機動彈性消失，經過該役，俄國唯一要關注的問題是要撤退多遠。義大利參戰開闢了另一個戰線，但義大利與奧匈帝國接壤，意味著兩國注定要在三十二公里寬的戰線上——的里雅斯特與阿爾卑斯山脈之間唯一的平地——拚個你死我活。坐鎮德國最高指揮部的埃里希·馮·法爾肯海因，在如何分配兵力與軍火給西戰線與東戰線、土耳其上，的確享有某種靈活性。但由於英國控制了海洋，與君士坦丁堡交通不易（塞爾維亞仍是參戰國，切斷了東方特快車路線，並炮擊多瑙河，羅馬尼亞的中立地位則使德國無法將軍火大批運到土耳其），德國的選項也不多。只有英國得以自主決定要把多餘兵力派到哪裡和做何用途。此外，只有英國具有為數可觀的多餘兵力可調撥到世界各地，而且在基欽納從頭打造的「新軍」開赴戰場之前，西戰線戰局就已穩定許久。

該把他們派到哪裡？法國是顯而易見的目的地，但要寄望這些沒有經驗的新兵打德國人，打得比更有經驗的英國遠征軍好，似乎是奢望。誠如邱吉爾於一九一五年六月十八日向作戰會議說明此問題時所說的，「過了某個階段後，兵力多寡就不是解決西戰場問題的要素」，在該戰場，「防守力……是個始終比雙方任何一方所可能取得的兵力優勢更重要的因素。」[3]誠如先前已提過的，奇里乞亞從未被認真列入考慮，但從整個戰略、士氣的合理考量來看，它理該被納入考慮。二月擊退進犯蘇伊士的鄂圖曼軍隊，使其不敢再來犯之後，埃及一時似乎安全無虞。美索不達米亞是可能的派赴地點，但該地屬於德里和英國印度軍的戰略範疇，而非倫敦與基欽納新軍的戰略範疇。

於是，加利波利半島就成了顯而易見的派赴地。一九一五年六月七日，英國作戰會議對漢彌爾頓五月十八日發電文給倫敦提出的增援要求，作出有點遲來的回應，決定「以第一新軍（First New Army）剩下的三個師增援伊恩．漢彌爾頓爵士，在七月第二個星期發動強攻。」然後，六月十一日，邱吉爾與基欽納問漢彌爾頓想把這三個新撥補的師部署在哪裡，並表明他們較中意的地點是博拉耶爾——目的是切斷鄂圖曼第五集團軍與君士坦丁堡的聯繫。漢彌爾頓相當欣賞這構想，但德・羅貝克以水淺和水雷對海軍風險太大為理由予以推翻：停泊蘇夫拉灣安全得多。於是，令邱吉爾感到挫折的，博拉耶爾「餓死」行動遭揚棄，改採「強擊」行動，其構想是從西邊的澳紐軍小灣往達達尼爾海峽最窄處全面突圍，這些新部隊則負責掩護側翼。但在此構想受到充分討論的當兒，關鍵時間流失，登陸日期延到八月第一個星期。多出的幾星期的確讓英國得以集結另外兩個本土防衛師，作為登陸主力的預備隊，但也讓利曼有更多時間為即將登門的敵人攻勢籌畫對策。利姆諾斯島上，敵人部隊有條不紊且幾乎不避耳目地集中，利曼因此知道敵人即將來犯。[4]

利曼知道敵人即將發動某種登陸作戰，但當然不知道會在哪裡登陸。因此，協約國能達成真正的戰術突襲，且多了一項四月時所沒有的優勢，即協約國已有部隊在岸上，能發動牽制性攻勢以掩蓋登陸。最後敲定的一九一五年八月六日作戰計畫，由漢彌爾頓和其麾下軍官在七月下旬經過討論後決定，內容既複雜又簡潔。過去兩天，已有將近兩個整師，以前線兵員一般輪調為幌子，悄悄在澳紐軍小灣上岸，以增強主攻部隊兵力。在利姆諾斯島的米蒂利尼（Mytilene），有人放出要在亞洲海岸登陸的謠言，但有更多假消息繞著博拉耶爾打轉（別忘了四月時利曼曾把他的預備隊留在那裡太久）。由於真正的登陸地（蘇夫拉灣）和真正的目標（攻下楚努克巴伊爾和薩里巴伊爾嶺，再攻向麥多斯與達達尼爾海峽最窄處）附近很可能有敵人藏於暗處，接下來就必須進行某種戰略性徐進彈幕射擊，從南往北覆蓋加利波利半島。第一場佯攻是炮擊海勒斯角戰線上的克里提亞壕溝，下午兩點半左右開始。三個小時後，要在澳紐軍戰線右翼發動更大型的佯攻，目標指向已被土耳其砍到只剩一棵樹的孤松嶺（Lone Pine Ridge，坎勒瑟爾特／Kanlısırt）。在此，坑道兵已在土耳其防線下方挖出一條約四百五十七公尺長的地道，「澳洲人打算像受驚擾的螞蟻般（從該地道）湧出」。接近下午九點半時，伯德伍德的主攻要在澳紐軍左翼展開，「要攻破土耳其（設在該處）的前哨，以數股縱隊順著通往楚努克巴伊爾的陡峭峽谷往上攻。」下午十點半，第一次上戰場的「新軍」第十一師要以夜色為掩護登陸蘇夫拉灣，接著破曉時第十師上場，並以第五十三師為預備隊（由於陸軍部另一個失誤，第五十九師尚未抵達，後來這一失誤受到達達尼爾調查委員會的嚴厲批評）。這些登陸部隊，由佛雷德里克·史答佛（Frederick Stopford）中將統領，負責的是漢彌爾頓眼中「較容易的」任務：從蘇夫拉灣往西南挺進，「目標是萬一別的攻擊受阻時去協助伯德伍德」。[5]

從書面看，這個計畫很漂亮，如果付出拼勁和決心，很有可能成功。澳紐軍突圍橫越半島，能打啞達達尼爾海峽最窄處的岸炮，使英軍得以掃除該海峽的水雷，為艦隊開出一條路。在一九一五年七月為作戰會議寫的某份備忘錄中，邱吉爾以其無人能及的奔放筆法，說明利害關係：

如今，我們處於加利波利半島一場極重要戰役的前夕。如果成功，莫大的成果會到手，而君士坦丁堡的攻陷會決定這場大戰的整個性質，使其他所有事黯然失色……我們現在必須拿下保加利亞……除非我們能把保加利亞拉到我們這一方或在九月結束前沒有她介入的情況下進攻君士坦丁堡……否則其他情況會干擾巴爾幹情勢（亦即保加利亞站在「德—奧—土」這一邊出手對抗塞爾維亞）……而這些情況可能使戰爭結果大非我們所樂見，對英國造成特別大的危害。[6]

文筆沒這麼奔放的利曼，對於一九一五年八月英國在加利波利半島突圍所可能帶來的戰略衝擊，看法和邱吉爾一樣。由於英國海軍武力稱霸馬爾馬拉海，這位德籍鄂圖曼第五集團軍司令在回憶錄裡寫道：

恰塔爾賈防線……在土耳其—保加利亞戰爭中拯救了該城，屆時用處卻不大，因為兩翼側會受到敵軍艦隊的攻擊。俄國派兵登陸肯定會與英法軍事行動同時。當時，許多發自布加勒斯特、雅典的報導，提到部隊、船隻在敖得薩集中之事。西方列強與俄國會建立彼此間穩固的交通系統，土耳其會被扯離同盟國陣營。[7]

仗不是在紙上打，而是由受到大自然所加諸之種種限制的官兵，在崎嶇且往往無法預料的地形上打。他們的對手可能在被逼到退無可退時展現意不想到的英勇。土耳其人已在三月的達達尼爾海峽、四月的加利波利半島海灘上、五月的克里提亞、整個春夏在澳紐軍戰線上，證明他們的戰力。從這一貫堅忍不拔的表現來看，一九一五年八月戰役唯一真的令人感到意外的一點，乃是規畫這場最新攻勢的英國軍官似乎對土耳其人再現英勇大吃一驚。

阿納法爾塔（Anafarta）之役，有人揚名立萬，有人聲名掃地，這段戰事不斷被深入探究。指揮官的決定顯然左右了戰局，先是漢彌爾頓的不智決定——指派史答佛統領登陸部隊。史答佛此人年紀大（已經六十一歲）且沒經驗（從未帶兵打過仗）。史答佛從蘇夫拉灣挺進的拖沓，立即蔚為傳奇。伯德伍德的部隊冒著土耳其的猛烈射擊往薩里巴伊爾嶺上爬時，「新軍」士兵在海灘上行動散亂遲緩，使伯德伍德的左翼側完全曝露於敵人火力，且使利曼有非常充裕的時間從博拉耶爾調來他的第十六軍增防澳紐軍戰線。在土耳其這一邊，阿納法爾塔之役，就和四月二十五日那場仗一樣，攸關阿塔圖克傳奇名聲的形成。在令人振奮的進攻薩里巴伊爾的前夕，利曼做出了著名之舉，把第十六軍的指揮權交給穆斯塔法・凱末爾，讓凱末爾首度統領軍級部隊。更為著名的，乃是凱末爾親自指揮一九一五年八月十日迅猛的「六營」反攻，把澳紐軍驅離他們所拼死拿下的楚努克巴伊爾的一隅（羅多登德隆尖坡／Rhododendron Spur）和接著把他們驅離整個薩里巴伊爾嶺。[8]

雙方指揮部的這些決定雖然攸關戰局，對於協約國突圍失敗一事，我們卻很難不得出一結論，即突圍失敗主要因為土耳其人打得比較好，鬥志更強且較敢拼死一搏。在英國方，背後中傷的情事比四月時更為厲害，漢彌爾頓指責史答佛等參戰軍官「缺乏幹勁和決心」（然後漢彌爾頓還不留情且不公道地說，「史答佛和他的師級將領……不敢」，「其實……不勝任」，進一步的行動。更不公道的是，史答佛指責他的士兵「攻敵素質明顯令人失望」——這話實際上就在指責漢彌爾頓和基欽納給了他菜鳥新兵，沒有「正規士兵做他們的榜樣」。對於第一次上戰場而且體力透支、口渴（在岸上要取得水始終很麻煩）的士兵表現不理想，史答佛表示不忍苛責，但話鋒一轉，他又揭他士兵的醜，說他那些訓練不良的士兵很不濟事，碰到榴霰彈攻擊時，往往「擠成一團，沒有散開、臥倒，反倒站起來」。指揮官沃茲利・吉卜森親眼目睹了蘇夫拉灣海灘上的散亂拖沓，把矛頭指向自家的最高指揮部，語帶尖酸的指出，「顯而易見……把從沒聽過猛烈槍炮聲的十足菜鳥新兵派來執行冒著槍林彈雨夜間登陸之類的艱鉅任務，大錯特錯。」相對地，受過戰火淬煉的澳紐軍，無論根據哪方的說法，在孤松嶺和薩里巴伊爾嶺都表現得很出色，不顧一切推進——甚至在凱末爾奪回楚努克巴伊爾之後，澳洲人還在孤松嶺堅守不退。協約國部隊依舊被澳紐軍戰線另一頭的土耳其人打得動彈不得，始終沒有突圍的希望。漢彌爾頓把他的軍官當成替罪羊或許有失公道，但他對阿納法爾塔之役的蓋棺論定卻還是有幾分道理。漢彌爾頓在一九一五年八月十七日向基欽納提出事後檢討，在此檢討的最後他說，「我原以為（土耳其的）增援部隊不禁打，不是我們的對手，結果不然，而且令人遺憾的，土耳其人的士氣，一時之間，高過我們的某些新兵……我們面對的是一支指揮得宜且作戰英勇的土耳其軍隊。」[9]

雙方在阿納法爾塔的死傷都很大，英國人四天裡（一九一五年八月六至十日）就死傷將近兩萬五千人，土耳其方面約兩萬人。光是在薩里巴伊爾，澳紐軍就死傷一萬兩千五百人。有個倖存者，其最揮之不去的景象，是「炎熱、滿是塵土、腫脹發臭的褐色屍體到處橫陳。」[10]八月時還有數千人因痢疾而倒下，這時痢疾已達到傳染病程度。但雙方付出如此大的犧牲，得到的結果卻不一樣。土耳其人打贏一場保衛國土與都城的戰役，一位了不起的指揮官經過此役名聲更為響亮。協約國犧牲了數萬人，卻只是把澳紐軍戰壕線往北推移了約十二公里。[11]

但阿納法爾塔之役對整個戰局的影響甚大，儘管那不是英國人所樂見的影響。英國人原希望打敗土耳其，使其大體上退出這場戰爭，使巴爾幹中立國（希臘和羅馬尼亞）見風轉舵加入協約國陣營，同時使保加利亞繼續保持中立不入侵塞爾維爾，結果吃了敗仗，帶來邱吉爾所擔心的反效果。在這同時，俄國在東歐敗退，情勢一團混亂，使徒勞無功的加利波利半島攻勢所帶給外界的不利觀感更加惡化。就在蘇夫拉灣登陸作戰前夕，華沙與伊萬哥羅德（Ivangorod）於八月五日陷落。凱末爾在楚努克巴伊爾領兵大舉反擊時，科夫諾（Kovno）陷落。隔天，就在澳紐軍於薩里巴伊爾被整個擊退到戰線另一頭時，俄國在布列斯特—立陶夫斯克的大要塞落入德軍手裡。在這波奧德攻勢裡，俄國不只失去波蘭，還有三十萬五千人淪為戰俘。八月中旬英國在加利波利半島最近一次慘敗的消息傳到索非亞後，保加利亞「沙皇」斐迪南推斷德國人很有可能打贏戰爭，也就情有可原。

德國最高指揮部也焦急等待來自加利波利半島的軍情。繼毛奇之後出任參謀總長的埃里希．馮．法爾肯海因，大悅於攻下俄屬波蘭，但仍對加利波利半島情勢極不放心，因為該地對巴爾幹半島太重要。他在回憶錄裡寫道，「如果達達尼爾海峽失守，就得不到對俄的任何重大優勢。」自春天起，德國駐索非亞的外交官就一直勸保加利亞參戰，試圖逼塞爾維亞退出戰場，藉此打通直抵君士坦丁堡的鐵路。德國軍官已利用整個夏天悄悄考察過多瑙河戰線。斐迪南欽佩土耳其打贏阿納法爾塔之役，派甘切夫（Gantschev）

中校赴德軍總司令部商談參戰條件。恩維爾和大維齊爾一心想盡快將軍火運到加利波利半島，眼見塞爾維亞戰敗在即，也就不反對保加利亞提出的條件。保國的條件包括把馬里查河（Maritza River）以西的鄂圖曼土地割讓給她，以及讓她控制阿德里安堡和傑賈加赫（Dedeagatch）之間的鐵路，以讓索非亞在色雷斯西部取得一戰略緩衝區。由於奧地利、德國、土耳其、保加利亞的利害趨於一致（儘管土耳其人為被迫割讓土地而懷恨在心），談判非常順利。一九一五年九月六日，法爾肯海因、甘切夫、奧匈帝國陸軍參謀長法蘭茨·康拉德·馮·赫岑朵夫（Franz Conrad von Hötzendorf）達成共識，德國和奧匈帝國要在三十天內於塞爾維亞邊界各陳兵六個師，保加利亞於此後五天內出兵四個師對付塞爾維亞（保加利亞尚未開戰，因此保國也被要求下令總動員，時間不得晚於九月二十一日）。法爾肯海因要已於六月擢升為陸軍元帥的奧古斯特·馮·馬肯森（August von Mackensen），這位戈爾利采—塔爾努夫之役的英雄總綰兵符，表明德國人有多看重攻打塞爾維亞之役。[12]

於是，一如英國人一得知此事後所認定的，面對同盟國來勢洶洶的聯手猛擊，即保加利亞動員（一九一五年九月二十五日）和馬肯森陳兵塞爾維亞邊界（一九一五年十月四日），塞爾維亞注定在劫難逃。[13]由於協約國多餘的兵員、槍炮、炸藥幾乎都投入九月二十五日開打的香檳／洛斯攻勢，英國除了指望希臘人攻擊保加利亞，重演第二次巴爾幹戰爭，幫不了塞爾維亞什麼忙。應雅典的請求，協約國的確同意速派兩個師到薩洛尼卡（出於政治平衡，一個法國師，一個英國師）。由於事出突然，要臨時抽調出這樣的兵力，當然就只有從加利波利半島上調來。對邱吉爾來說，那就像三月外交惡夢的重演，當時俄國否決希臘參與攻打達達尼爾海峽之議，從而給了立場親德的希臘國王康斯坦丁，在與立場親協約國的總理韋尼傑洛斯為外交政策相鬥時，有了壓倒對手的攻擊性材料（國王在這場政爭中勝出，逼總理辭職，但一九一五年八月韋尼傑洛斯打贏選戰，重登總理之位）。但十月時情況令邱吉爾遠更苦惱，因為使韋尼傑洛斯暫不出手的因素，不是俄國的作梗，而是英國自身予人的無能觀感。為誘使希臘參戰對付保加利亞，英國不得不在國王康斯坦丁和羅馬尼亞領導階層、巴爾幹半島上的每個人，都開始覺得土耳其人恐怕會在達達尼爾海峽堅守不退時，抽走英國在該海峽區的部分兵力投入巴爾幹。

對於英國這一挺進巴爾幹之舉，一樣被馬肯森和國王康斯坦丁看貶。第一梯英國部隊於一九一五年十月五至六日開始在薩洛尼卡登陸，就在奧、德軍隊開始炮轟塞爾維亞陣地時。十月七日，正當英國人想方設法要讓希臘或羅馬尼亞的其中一方站在連土耳其人都打不贏的蹩腳盟友（即英方）參戰時，奧匈帝國第三集團軍於庫皮諾沃（Kupinovo）與貝爾格勒之間越過多瑙河，德國第十一集團軍的左翼在拉姆（Ram）渡過多瑙河，右翼則在一天後也渡過該河。一九一五年十月九日，貝爾格勒落入同盟國之手（這是一次大戰期間第二次落入同盟國之手，而且未再遭奪回）。兩天後，保加利亞從南邊揮兵入侵塞爾維亞，以龐大的鉗形攻勢困住塞爾維亞軍隊，毫不手軟的加緊包夾之勢。史高比耶（于斯屈普，鄂圖曼帝國過去在歐洲的防禦重心，經德國人翻修過，然後在第一次巴爾幹戰爭時落入塞爾維亞之手），十月二十二日失陷，塞國第二大城尼什於十一月第一個星期陷落。塞爾維亞軍隊殘部這時匯集於科索沃的黑鳥原（Blackbird Field），以潰亂之勢邊打邊退，撤入阿爾巴尼亞山區。於是，在薩洛尼卡的協約國部隊還未抵達塞爾維亞邊界之時，塞爾維亞這個讓俄國和其盟友當初開戰以保住其國脈的國家，不到一個月，就被人從地圖上抹除。[14]

塞爾維亞潰敗的噩耗，令加利波利半島上的協約國部隊大為驚恐。這時，在交戰雙方於阿納法爾塔大逞殺欲之後，該半島已陷入另一個令人不安的休戰空檔。到了九月，協約國陣營每天差不多有八百名病號從海灘撤走，留下的人得與塵土、蚊子奮戰，處境也好不到哪裡去。八月的「戰果」，一如某將領所挖苦道，只有「五百畝貧瘠的牧草地」和「應付了三次的圍攻，而非兩次。」九月上旬，有人談到會有增援部隊從法國派來，多達四個完整的法國師！結果這次又是一場空，如果真會派來，最快也要等到十一月。漢彌爾頓本人推斷，九月底一把兩個師調到薩洛尼卡，這場仗就甭打了。他在一九一五年十月上旬的日記裡寫道，「我們被留在無助、無望的困境裡——被病折磨得元氣大傷，卻被告知別慌——歷史會把這筆賬算在誰的頭上？」[15]

並非每個人都已準備好認輸。邱吉爾展現其一貫作風，明知敗局已定仍想挽回一些頹勢。在一九一五年十月五日，馬肯森正準備渡過多瑙河攻擊時，邱吉爾在為作戰會議擬就的一份方針簡報中提醒同僚，同盟國要花上一段時間才能征服塞爾維亞（結果花了一個月），提醒即使德國軍火經由鐵路送到君士坦丁堡，「仍得把（它）運到加利波利半島」，還提醒即使來自德國的定期重新補給走上正軌，「射向我們陣地的炮火會更猛烈，我們的部隊仍沒有理由挺不住。」士兵在壕溝中固守（儘管邱吉爾坦承壕溝裡的環境應有大幅改善的空間），每個主戰線上的地形崎嶇不平，因此協約國軍人有「無數機會取得有效的障蔽物」。秋冬天氣較冷，能改善衛生情況，減少對水的迫切需求，儘管那也會使士兵需要較暖和的衣物。因此，沒理由「懷疑我們的士兵無法無限期地挺下去，儘管兵力有所減少。」當然，誠如邱吉爾本人所承認，「任由如此龐大的一支軍隊，在加利波利半島上受槍炮和疾病無限期摧殘，且沒指望發動攻勢來解救它，這是否可取」，尚未有定論。對於這個惱人的難題，他本人的解決之道，乃是替陸軍或海軍找出突破的辦法，藉此讓加利波利遠征軍有奮鬥目標。為此，邱吉爾在作戰會議上懇請同僚「趁還來得及，開始採取有效且有力的行動。」[16]

隨著一九一五年十月上旬第一波寒冷天氣降臨愛琴海，撤退行動已經漸漸來不及。

十月十一日，基欽納率先提出撤退之議，請漢彌爾頓估計若全面撤出加利波利半島會蒙受多大的死傷。驚駭不已的漢彌爾頓回道，「撤出加利波利所會造成的兵力損失，恐怕會超過總兵力的一半。」這不是基欽納（或倫敦的其他哪個人）想聽到的答案，漢彌爾頓迅即遭革職。接替他職務的查爾斯．蒙羅（Charles Monro）爵士將軍，把估計的兵力損失下修為約「三成到四成」，但附上重要的修正意見：他贊成撤離。基欽納厭惡這些讓人洩氣的答案，轉向支持邱吉爾的意見，於是把三月時贊成邱吉爾看法，希望在達達尼爾海峽繼續挺進的海軍上校基茲叫到倫敦，要他迅速擬出一個新計畫，藉由海軍強攻，配合在博拉耶爾發動新的登陸作戰，拿下鄂圖曼海峽。基欽納於十一月三日寫道，他被基茲的大膽計畫說服，「我壓根兒不願簽署撤離令，認為撤離會帶來最嚴重的災難，會使我軍大部分人喪命或被俘。」蒙羅被解除地中海遠征軍總司令之職，派赴薩洛尼卡。由於德．羅貝克堅決反對此議，基欽納提議讓海軍上將羅斯林．威姆斯（Rosslyn Wemyss）接替德．羅貝克，統領加利波利之役的海軍，讓澳紐軍司令、仍鬥志昂揚的伯德伍德將軍，全權掌管陸軍。為帶頭替這場戰役寫下豪壯的最終章，基欽納首度前往加利波利半島視察戰場。[17]

基欽納的昂揚熱情，在此次視察後消失無蹤。屢屢時運不濟的邱吉爾，其中一件倒楣事就發生在這時：為辦妥海軍增援之事，基茲離不開倫敦，因此未能在基欽納前往愛琴海途中與他在馬賽會合。於是，當這位陸軍大臣抵達利姆諾斯島的穆德羅斯時，德・羅貝克得以對基茲的構想大潑冷水，且被基欽納聽了進去。但或許是岸上連綿不斷、一事無成的野營地景象讓人洩氣，加上基欽納本人的老邁和舟車勞頓的疲累進一步催化，才使他對再度強攻海峽的構想打了退堂鼓。當基茲終於趕來，在薩洛尼卡港灣裡的達特茅斯號（Dartmouth）上見到基欽納時，這位老邁的軍界大老看來「疲倦、煩亂」。基欽納告訴基茲，「我去看過了。那個地方很可怕，你絕對撐不下去。」就在加利波利半島戰役的末尾，即將出擊的關頭，基欽納和二月十九日此役初開打時一樣臨陣畏縮，他也突然有了同樣的省悟。在麥克馬洪和來自開羅的麥克斯韋建議下，基欽納這時決定要來自英法的新增援部隊，連同從加利波利半島抽調的師，登陸亞歷山大勒塔。

當然，在上個冬春季時，這一想法最富新意、最有可為，但那時它未獲採納。話說七月時，若在奇里乞亞登陸，本有可能獲得最立竿見影的效益，除了孤立美索不達米亞與敘利亞境內的鄂圖曼軍隊，還可挽救數千亞美尼亞人的性命，結果，那時候，這構想似乎只是為了把敵人注意力從已在加利波利開闢的戰線引開。由於已在薩洛尼卡又開闢了另一個戰線，基欽納最近突然想到的點子，就比較難打動作戰會議：東邊既已有了兩個勉強守住的灘頭堡，幹嘛還要開闢第三個灘頭堡？而且，冬天逐漸逼近，要趁德國武器和彈藥還沒開始經由巴爾幹半島大量湧入之際，執行較少死傷的撤退，若不快點，其機會之窗很快會關上。由於只有基茲贊成出動海軍進攻，與他長官和其他將領的意見相忤——連伯德伍德都於聽到來自塞爾維亞的消息後，死了進攻念頭——撤離似乎是唯一的答案。一九一五年十一月二十二日，基欽納發電報給作戰會議，表示應撤離蘇夫拉灣和澳紐軍小灣的部隊，海勒斯角戰線則要暫時守住（但大概不久後也要跟著撤兵）。然後他回到倫敦，說明如此做的理由。經過又一輪的激烈爭辯和背後傷人，作戰會議於十二月七日決定撤離澳紐軍小灣和蘇夫拉灣。大張旗鼓的達達尼爾海峽戰役就要劃下句點。

好似要對加利波利半島戰役下達最後判決似地，十一月最後一星期大暴風雨襲擊該半島，大雨傾盆下了二十四小時，接著「下了兩天的雪和凍雨」。這波衝擊在澳紐軍小灣尤其強烈，該地許多來自紐澳和印度的軍人此前從未見過雪。更令人憂心的是冬衣尚未送來，海象太惡劣，船無法靠岸。到了一九一五年十一月三十日，已有約一萬人凍傷或失溫，或者在海灘上凍死。不管協約國一方原還剩下什麼戰鬥意志，這時都在濕冷天氣裡慢慢流失。

如果在如此酷寒情況下撤離，當然絕不輕鬆。但上天突然又轉換面容，笑顏俯臨愛琴海。一九一五年十二月，天氣溫和，大部分日子陽光普照，乾冷、清新的空氣，使人一旦暖和起來，身體狀況和脾氣也跟著大大改善。那些病倒的人，還有從前線退防下來的人得知他們要被送回國，而非送回海灘，心裡既驚且喜。撤退在秘而不宣中逐步進行，且在十二月十二日終於將此事告知澳紐軍小灣與蘇夫拉灣的士兵。協約國方面費心維持部隊仍在的假象，包括用煤油罐架起「自行射擊步槍」，以在每個單位離開後繼續時斷時續的射擊一陣子。數百萬發子彈，還有手榴彈，丟入海裡。到了一九一五年十二月二十日午夜，北邊兩個灘頭堡的部隊已在幾乎神不知鬼不覺下完全撤走。海勒斯角的英法部隊在一月上旬跟進，撤離非常順利，只有在一月七日，因土耳其於古利尖坡（Gully Spur）發動最後攻勢，才被打斷。這波攻勢敗得很慘，利曼因此決定再度按兵不動，從而使最後剩下的一萬七千名協約國軍人得以在幾乎不受騷擾下撤走。在這場此時只讓人聯想到協約國之徒勞無功的戰役裡，撤離作業幾乎無懈可擊，只在最後上船時有少許死傷。[18]

先前漢彌爾頓和蒙羅警告，撤離期間會死傷三至五成兵員，因此，如此順利的撤離自然令英國人鬆了口氣。但英國挫敗之大，卻是無從掩蓋。協約國方面的死傷，據估算超過二十五萬，英國死傷約二十萬五千人，法國則是四萬七千人。土耳其方面死傷一樣多或更多，估計在十九萬至三十五萬之間，但使都城免遭占領，保住了內憂外患的鄂圖曼帝國。土—德在加利波利半島的勝利是防守勝利，未攻占敵人領土，但仍該被視為一次大戰最了不起的勝仗之一。誠如利曼於一九一六年一月九日向恩維爾報告的，「感謝主，整個加利波利半島上的敵人都已肅清。」在回憶錄中，利曼一直小心維持冷靜超然的語調，但在憶起海勒斯角海灘上敵人撤離後的景象時，終於掩不住自己的興奮心情：

南邊部隊的戰利品特別豐碩，接收了四輪貨運馬車放置場、汽車放置場、堆積如山的武器、彈藥和掘壕工具……大部分營帳和營房未拆走，有一部分還帶有一應的設備。數百匹馬成排躺著，被擊斃或毒死，但有不少馬和騾被擄獲，轉交給土耳其炮兵……繳獲的無數作戰物資供土耳其軍隊使用。裝在許多船上的果脯、麵粉、木頭轉送到君士坦丁堡。衣衫襤褸、營養不足的土耳其軍人所拿走的東西多不勝數。[19]

從更東邊傳來的消息，同樣令英國作戰會議開心不起來。自十月上旬起，就有一個高階德國代表團駐在喀布爾，想拉攏阿富汗投入聖戰，推翻英國在當地的統治。這個代表團以幹練的巴伐利亞炮兵軍官奧斯卡・馮・尼德邁耶（Oskar von Niedermayer）為團長，團員還包括獲授權商談結盟條件的高階德國外交官韋爾訥・奧托・馮・亨提希（Werner Otto von Hentig），以及兩名自封為土邦主但流亡國外的印度革命分子，一個是印度教徒馬亨德拉・普拉塔普（Mahendra Pratap）王公，一個是穆斯林穆罕默德・巴拉卡圖拉（Mohammed Barakatullah）。尼德邁耶一行人也帶了德皇威廉二世和鄂圖曼蘇丹穆罕默德・雷夏德五世要給當地埃米爾的精緻皇帝賀函；二十七封寫給據傳與英國在印度統治當局失和的印度土邦主的信，每封信都有德國總理貝特曼・霍洛維格署名，「以皮革華麗裝幀」；要送給阿富汗統治者哈比布拉埃米爾（Emir Habibullah）和其大臣的精美禮物，包括「鑲嵌珠寶的金錶、金質自來水筆、杖頭包金的手杖、手工裝飾的步槍和手槍、雙筒望遠鏡、相機、指南針各數個，電影放映機一台」，以及十二個收音機鬧機。尼德邁耶一行人避開英俄所設立、阻止他們越過波斯邊界的哨兵線後，這時正受到阿富汗埃米爾的盛情款待，同時在思考要不要取道開伯爾山口帶頭入侵英屬印度。那個冬天哈比布拉考慮到種種因素，其中之一就是英國遠征加利波利半島的成敗。[20]

從年初到年尾，英國情報單位一再收集到令人不安的情報，顯示有人在德國或土耳其煽動下陰謀推翻英國的統治。在印度軍第一三〇俾路支團，有人策畫譁變，但一月在孟買遭撲滅。二月，在新加坡駐軍裡，發生更嚴重的印度兵譁變，靠法、俄、日戰艦協助才敉平，但有四十七名英國軍官遇害。六月，德國間諜文森．克拉夫特（Vincent Kraft）在新加坡被捕。受訊問時，他供認受命在孟加拉挑起叛亂，且他身上所帶地圖說明了他的意圖，地圖上標出海岸上用來臨時堆集軍火的可能登陸地點。從克拉夫特口中掌握情資後，英國人加強在南中國海、麻六甲海峽的巡邏，強化海軍對緬甸、孟加拉附近沿海區域的偵察。至少有一艘載著德國所提供之軍火的船隻亨利S號（Henry S.），在印度洋被捕獲、扣押，另有一艘被擊沉於海上。藉由一九一五年十二月中旬的一連串突入搜捕，英國人也扼殺了德國欲在加爾各答挑起「聖誕節」叛亂的圖謀。雖然尼德邁耶在喀布爾受到哈比布拉埃米爾的禮遇，對英國來說，發動入侵聖戰以推翻英國統治的威脅已遭暫時打消。[21]

在一九一五年進入尾聲之際，這些遙遠地方的圖謀似乎令德里、倫敦的領導階層膽戰心驚，但從許多方面來看，來自美索不達米亞的消息遠更令人不敢輕忽。對大本營設在巴斯拉的英—印遠征軍來說，這一年年初的順利令人對未來情勢看好。由於底格里斯河淺，海軍艦隻往上游航行到古爾奈之後，就難以再往更上游走，因此英國人最初把重心擺在替下游陣地構築防禦工事和抵禦土—德對卡倫河區域油管的攻擊上。一九一五年三月上旬，一支約五千人的土耳其非正規軍，在一小隊德國軍官和當地貝尼拉姆（Beni Lam）部族的阿拉伯人伴隨下，越過波斯邊界攻擊英國在阿瓦士（Ahwaz）的駐軍，但羅賓遜（C. T. Robinson）准將於夜間先發制人突襲，輕鬆將其擊退。四月，在巴斯拉西南邊的沙伊巴（Shaiba），出現更一面倒的交手，敘萊曼・阿斯凱里貝伊在那裡集結了四千名土耳其正規軍，加上約一萬阿拉伯人、庫德人非正規軍，欲威脅有約七千名印度兵防守的英國左翼側。在一九一五年四月十二至十四日的一連串激戰後，鄂圖曼方潰敗，死傷約六千人，被俘約七百人。糟糕的是槍炮聲還沒響，陣中大部分阿拉伯人、庫德人就逃跑。數千土耳其官兵得以北逃，但他們的指揮官敘萊曼・阿斯凱里貝伊，不管是因為再遭慘敗，羞憤難抑，還是由於覺得遭他所要保衛的當地阿拉伯穆斯林出賣，他竟舉槍自盡。[22]

一時之間，英國在美索不達米亞似乎聲威大振，所向披靡。沙伊巴之役後，貝尼拉姆和大部分其他部族背棄鄂圖曼。四月二十三日，查爾斯·湯森德（Charles Townshend）將軍抵達巴斯拉接掌第六浦那師，受高階將領約翰·尼克森（John Nixon）爵士節制。一八九五年湯森德在印度西北邊疆省（Northwest Frontier）的奇特拉爾堡（Chitral Fort）擊退圍堡之敵，就此聲名大噪，成為「印度軍」裡的傳奇人物。尼克森命令湯森德往底格里斯河上游重啟攻勢。五月三十一日凌晨五點，湯森德部朝巴蘭（Bahran）的土耳其陣地開火，守軍潰散，往阿馬拉（Amara）回逃。阿馬拉鎮位於河彎處，姆夏拉河（al-Mscharra River）在該河彎處注入底格里斯河。晚春漲潮期間，阿馬拉幾乎完全被水包圍，底格里斯河和姆夏拉河河面都寬達三百公尺，特別利於英國河上艦隊進攻。湯森德本人，在珀西·考克斯爵士和海軍上校努恩陪同下，乘埃斯皮耶格勒號追擊撤退的土耳其人，該船擱淺後，改乘英國皇家海軍彗星號。但他們的速度跟不上吃水最淺的英國皇家海軍魔鬼號（Shaitan）。魔鬼號有船員九人，船長為海軍上校馬克·辛格頓（Mark Singleton）。令人吃驚的，這個只有十人的先頭部隊差點獨力拿下浸在水中的阿馬拉，接受了兩百五十名土耳其士兵和十一名軍官的投降，然後湯森德乘彗星號抵達，俘虜了另外一百二十八名鄂圖曼軍官、一千三百八十四名士兵，收繳他們的武器（包括十二門野戰炮、五門海軍炮、兩千七百一十八枝步槍），另有兩千名土耳其人北逃。湯森德部只死四人，傷二十一人。

難怪尼克森受了德里總督查爾斯・哈丁格（Charles Hardinge）鼓勵後，命令湯森德往底格里斯河和幼發拉底河上游追擊土耳其人，以「在俄國人抵達該地（巴格達）之前」占領該城。[23]

這個決定很要命。士兵對美索不達米亞的惡劣環境、酷熱、蚊蠅猖獗已迭有怨言。這裡的環境類似加利波利半島，但更為濕熱，衛生條件較差，猶如在爛泥濕地裡打仗、生活。當地部族不時的襲擾，還有狙擊手從兩邊頻頻開槍奪人性命，更加劇不安。英國每拿下一場勝利，的確就有更多阿拉伯部落民背棄鄂圖曼人，但這有利有弊。非正規阿拉伯戰士，在戰場上往往無戰力可言，卻可能要落伍士兵的命，包括——尤其是——自己陣營裡的落伍士兵。英、德軍官都被美索不達米亞境內貝都因人的殘暴嚇到。誠如愛德蒙・巴羅（Edmund Barrow）將軍爵士所論道，「阿馬拉阿拉伯人，最初以歡呼聲回應（鄂圖曼）左翼先頭部隊，如今卻襲擊這支分遣隊，脫光他們的衣服，洗劫一番，然後殺掉。」那年春天在卡倫河地區打仗的德國軍官漢斯・呂爾斯（Hans Lührs）談到從阿瓦士撤退之事，說「阿拉伯人把戰死者的衣服剝光，讓他們光著身子，未予以掩埋。」交戰雙方的正規軍軍人，看過這類事情之後，心裡都七上八下。[24]

七月，英國人在幼發拉底河贏得又一場慘勝。為保住通往巴斯拉的西北通道並掩護湯森德的左翼側，由喬治・戈林（George Gorringe）少將統領的一支外籍部隊被派往納西

美索不達米亞戰役
俄羅斯帝國
巴庫
裏海
凡湖
大不里士
烏爾米耶湖
摩蘇爾
埃爾比勒
德黑蘭
鄂圖曼帝國
底格里斯河
基爾庫克
哈內金
札格羅斯山脈
哈馬丹
幼發拉底河
提克里特
迪亞拉河
庫姆
薩邁拉
克爾曼沙阿
波斯帝國
拉馬迪
法魯賈
巴格達
泰西封
卡巴拉
希拉
庫特阿馬拉
迪茲富勒
納傑夫
迪瓦尼耶
阿馬拉
卡倫河
阿瓦士
納西里耶
古爾奈
巴斯拉
阿巴丹島
阿拉伯河
法奧
科威特
阿拉伯沙漠
波斯灣
巴林
0
250哩
0
250公里

里耶，並由英國皇家海軍蘇山號（Sushan）上的海軍上校努恩帶路。這時已是盛夏，白天蔭涼處的氣溫常飆升到攝氏四十九度。當英國印度步兵接近小溪、運河旁的納西里耶土耳其陣地時，他們得「一碼一碼匍匐前進，從浸水的壕溝爬到另一個浸水的壕溝，在沼澤地般的濕熱天氣裡，飽受昆蟲叮咬。」英國的第一次強攻，七月十四日發動，結果一敗塗地，四百人死傷了一百二十人，由於貝都因族阿拉伯人緊接著像禿鷹般衝上來，英軍救不回同袍屍體，只能把他們棄置在水中。戈林報告道，由於英國低估敵人實力，他的處境變得「非常艱鉅」。可從下游調來增援的兵力，只有三百五十名「還拿得動武器的病號」，由此可見那年夏天英國在美索不達米亞的處境。七月二十四日，吹起涼爽的微風，戈林的部隊才得以奮力重啟攻擊。納西里耶之役很慘烈，刺刀衝鋒和近身肉搏奪走約兩千名土耳其和四百名英國印度兵的性命。巴斯拉安全無虞。[25]

至這時為止，印度軍所向披靡，但有種種原因讓人無法放心。政治上，英國逐漸占領美索不達米亞，捅開馬蜂窩，麻煩紛至沓來。併吞之舉未得到英國盟友認可。法國人已為英國看來欲染指奇里乞亞感到憂心，畢竟法國想從鄂圖曼屍體瓜分一大塊肉，而奇里乞亞是那一大塊肉的一部分。俄國人未聲稱巴格達為其所有，但也未同意英國將該城據為己有。英國征服阿拉伯人土地後，是要將其併吞，納入英國統治，還是讓其享有與一九一四年前的埃及類似的某種受保護國地位，仍不清楚，如果是後者，誰來擁有名義主權，阿拉伯部落民？從後勤看，進向阿馬拉之舉已使英國的交通線，從古爾奈算起，往底格里斯河上游拉長了將近一百公里，而這段交通線是多沼澤的低矮灌木叢，狙擊手在此可找到許多掩護之處。納西里耶在幼發拉底河的廣大漕運線，距下游的巴斯拉兩百公里。光是要為士兵補給，使其時時保有活命所需的基本食物，就不容易，要讓他們保有健康的身子則幾乎不可能。英國人每攻下一段河彎、一座土堡、一座城鎮，就為狙擊手增添了一個狙擊目標。每一場仗都造成更多傷兵送往下游治療，如果他們走運，未落入貪婪的貝都因人手裡的話。湯森德部每前進一哩，就距鄂圖曼第六集團軍在巴格達的主要預備隊更近一哩，土耳其人正在巴格達拼命招兵買馬，迅速組建新的憲兵營。

湯森德未因這些惱人的難題而縮手，繼續往底格里斯河上游挺進，進向位於庫特（Kut）的下一個河彎要地。庫特位於巴格達南邊，兩地的公路距離約一百八十公里（但走水路的話，要三百二十二公里）。庫特城區橫跨底格里斯河與哈伊河（Shatt-el-Hai）交會處；陸上貿易路線也穿過這裡。由於穀物貿易，照鄂圖曼美索不達米亞的標準，庫特是個相當繁榮的城鎮，有約六千人口、一支守備部隊、一個海關，還有「一些蓋得不錯的房子和一座碼頭」，碼頭周邊有花園和海棗樹。接掌鄂圖曼第三十八步兵師殘部和第三十五師部分兵力的努雷丁貝伊（Nureddin Bey），已在該城南邊約十一公里處的堅固防禦陣地集結他的部隊，並鑿沉船隻封堵河上交通。最令人佩服的防禦工事，乃是後來湯森德所謂的「由土木工事、戰壕、最現代的稜堡組成的一道防線。」土耳其人還挖了暗坑，坑由上往下收窄，最底部插一根「三呎長的削尖木樁」。壕溝偽裝得很好，英軍觀察員要逼近到不到一百碼處才認出它們；有些交通壕深達十至十二呎。但壕溝線中斷三百碼，因為那一段地較乾硬，挖壕不易。[26]

經過仔細且耐心的偵察，湯森德完成出擊準備。一九一五年九月二十七日，美索不達米亞戰役開打以來的最大一場仗爆發，英軍火炮猛烈齊射，接著士兵拼命前衝，穿過那段未鑿戰壕的區域，並以河上的佯攻掩蔽此進攻——坑道兵在該處河上架浮橋，好似要告訴敵人主攻要攻往何處。結果這又是一場以險勝收場的糊塗仗，及時的戰場通信完全未能掌握最新動態。英國方面發現鄂圖曼防線上那段缺口比原先認定的還要窄，由德拉曼將軍指揮的英國主攻部隊差點遭包圍，因為土耳其軍追擊遲緩，才得以脫困。最後，努雷丁貝伊的部隊似乎大部分被消耗戰打敗，士氣陡落，最後，為免他的士兵走上集體投降之途，只有下令再度往上游撤，別無他法。土耳其方面一千一百五十三人被俘，另有死傷約兩千八百人，但英國在這場原本可能只是想警告對方的交手裡，死傷一千兩百三十三人。[27]

印度軍該不該往巴格達繼續挺進？湯森德本人擔心傷亡慘重和補給線易遭切斷，本來傾向於在庫特掘壕固守，等過了冬天再說。但尼克森很想繼續進攻，而且有德里當靠山。德里當局眼見帝國這一年諸事不順，正以愈來愈強的力道催促英國政府在這一年結束前幹出足以振奮人心的大事。一九一五年十月，情勢很清楚，加利波利半島之役一敗塗地；塞爾維亞就要被同盟國攻占；德國人在喀布爾生事；就連中立的波斯都似乎要落入土─德陣營手裡，德黑蘭各地盛傳艾哈邁德沙（Ahmad Shah）受德國人鼓動，就要「執行希吉拉（hejira），也就是從都城出走到聖城庫姆（Qom）」，一如當年先知穆罕默德從麥加戰術性轉移到麥地那。為扭轉這股困阨之勢，似乎有必要如印度總督哈丁格向倫敦所呈報的，「在某地出手」，而「藉由攻打巴格達可輕鬆」實現此需求。尼克森同意此議，告知德里和倫敦，遠征軍所面對的敵人「士氣渙散」、「軍心動搖」。英國作戰會議為是否增援巴斯拉的尼克森還是要約束其行動，苦惱了好一陣子，最後，一九一五年十月二十一日，終於勉為其難同意「襲擊」巴格達（但不長期占領──至少眼下如此）。愛德華．格雷爵士向莫里斯．韓基說明倫敦為何興趣缺缺仍批准出兵征服鄂圖曼巴格達：「眼下得先吃以增強實力，即使後來得再花時間消化」，用語出奇類似在三月十日「那一幫海盜」瓜分「土耳其屍體」的會議發言。[28]

對湯森德和其士兵來說，消化的時刻來得很快。奪取巴格達一點也不「輕鬆」，需要正面強攻位於泰西封（Ctesiphon，薩爾曼帕克／Salman Pak）的又一個強固的土耳其防禦陣地，*努雷丁貝伊已在該陣地集結了約一萬八千正規軍和三十八門野戰炮，挖掘了兩道戰壕，並以多艘繫在一塊的小船構築了最後路障。恩維爾親戚哈利勒貝伊已於不久前抵達巴格達，以在剛被任命為鄂圖曼第六集團軍司令的德籍陸軍元帥戈爾茨帕夏指揮下率先布防（但戈爾茨這時仍在往美索不達米亞途中）。一九一五年十一月二十二日早上八點，就美索不達米亞標準來看，一個「酷寒的早上」，湯森德統率來自浦那師的約一萬一千名「印度軍」正規軍，兵分三路強攻土耳其戰壕線，另一個機動的「飛行」縱隊受命包抄敵人左翼側。在以廓爾克人和旁遮普人為主的中路（「B」縱隊）帶頭進攻下，湯森豪部隊拿下第一道戰壕線和約八門炮，但在第二道戰壕線遭擊退。湯森德部第一天就死傷四千人，其中傷兵占多數，他們的後送變成後勤的大麻煩。十一月二十三日，湯森德重啟攻勢，但土耳其人守住防線，因而不久後就收兵。戰況太慘烈，十一月二十四日早上，雙方都開始撤到更強固的防禦陣地，然後當哈利勒和努雷丁貝伊看出敵人在撤退，隨即下令部隊前進。[29]

與阿馬拉或庫特的戰況不同的，泰西封之役對英國人來說連慘勝都談不上。土耳其方面的死傷再度高於英方——一萬八千人裡死傷約六千一百八十八人，英國方面一萬一

* 薩爾曼帕克是鄂圖曼土耳其語對此地的稱呼，根據穆罕默德的理髮師薩爾曼（蘇萊曼）帕克之名而命名，有人認為他死後就葬在這附近。

千人下場廝殺，死傷四千兩千人——但英國的死傷比例較高且損失較難填補，包括一百三十名英國軍官和一百一十一名「印度軍」軍官。此外，這一次最終由土耳其人占領戰場，入侵的一方退回下游。到了一九一五年十二月一日，撤退的浦那師已抵達「不可靠的避難所」庫特，即十月時湯森德提議掘壕固守度過冬天但遭尼克森、德里、倫敦否決的那個地方。令湯森德和其士兵感到遺憾的，這中間一個多月在泰西封打的這場仗把他們的戰力和士氣消耗殆盡，而且浪費掉本來可以用來掘壕防禦的寶貴時間。在這同時，河運出了問題，致使撤退不順，因為許多載有武器的船隻困在灘泥裡動彈不得，為防落入土耳其人之手，不得不予以擊沉。海軍上校努恩憶道，平底船「不斷擱淺」，要拖走它們所需動用的其他河船跟著受困，尤其是在擱淺的平底船上載有湯森德所不願拋下的傷兵時。往下游走，情況一樣糟，因為從巴斯拉到庫特長達八百公里的補給線，任何一點都可能被知悉英國人撤退而壯了膽子的貝都因人蓄意破壞。[30]

最不妙的是傳來鄂圖曼人追擊的消息。十一月底，英軍的空中偵察報告說「有數大股敵人縱隊前進，人數估計一萬兩千，帶有火炮，還有一支騎兵旅。」十二月八日，努雷丁貝伊對庫特的數個英國陣地發動三邊炮擊。雖然未能讓英國人束手就擒，土耳其人輕鬆包抄了湯森德部，在謝赫薩德（Sheikh Saad）下游數哩處渡了河並控制河道，從而完成對庫特的包圍。在包圍圈合攏前夕，湯森德讓他的騎兵隊先行脫困，但他和他的步兵

（約一萬一千六百名戰士，還有數千名支援人員）被困在有土牆環繞的庫特城，只帶了六十天的配給，而城外將他們團團包圍的鄂圖曼軍隊，這時占有兵力優勢。這支鄂圖曼軍隊會於不久後由一位著名的德國陸軍元帥和鄂圖曼陸軍部長恩維爾的親戚哈利勒貝伊接掌。恩維爾將把他的一世英名寄託在圍攻庫特上，而在倫敦，這個冬天將會很冷。

CHAPTER 12
埃爾祖魯姆和庫特
Erzurum and Kut

如果俄軍大舉來犯，你不論怎樣總可以撤往錫瓦斯。
——恩維爾帕夏，致鄂圖曼第三集團軍司令穆罕默德·卡米勒帕夏，一九一六年一月[1]

在高加索戰線和波斯戰線，經過一九一五年夏的狂暴激情，一時似乎風平浪靜。凡城的奇特遭遇，則是這段激情歲月的縮影。凡城整個春天被族群屠殺攪得天翻地覆，然後在五月時落入俄國人之手，接著是倖存的穆斯林城民大舉出逃，然後在阿卜杜勒·凱里姆帕夏打贏曼濟克特之役後，鄂圖曼人於八月上旬奪回此城，城裡的基督徒居民隨之遭到屠殺。阿卜杜勒·凱里姆帕夏重蹈俄軍過度擴展的覆轍，貿然攻入烏爾米耶之後，俄國人於不到四星期後奪回凡城，但這個被雙方激烈爭奪的美麗城市這時已幾乎無異於鬼城。到了十一月，俄國騎兵部隊已再度巡邏凡湖南岸，監視進入比特利斯的通道，好似鄂圖曼在曼濟克特的勝利和接下來對亞美尼亞人的屠殺從未發生過。

若考慮到其他地方的事態，東土耳其於一九一五年秋的戰略地位變得較不重要，也就不足為奇。俄軍退入波蘭令沙皇政權大為驚恐，於是尼古拉二世於九月親自接掌陸軍總司令部，以提振後方民心。保加利亞十月參戰後，塞爾維亞大敗，決定了加利波利半島上協約國軍隊的命運，導致十二月至一月的撤軍。就連美索不達米亞戰線的重要性，在鄂圖曼最高指揮部眼中，都已開始凌駕高加索戰線，恩維爾從埃爾祖魯姆及時轉移第三集團軍兩個完整的師（第五十一師和第五十二師），促成十一月土耳其在泰西封的大勝。至於隨著英國撤出加利波利半島而閒下來的該半島守軍（總共約二十二個師），恩維爾做出連他的盟邦都大感意外的舉動，建議將其中七個師調去加利西亞（和或許義大利）援助奧地利人，並下令開始為一九一六年春第二次蘇伊士運河攻勢作準備。經過在薩勒卡默什、凡城、曼濟克特的激烈廝殺，高加索戰線似乎已遭遺忘。

但俄國人未忘記此戰線。一九一五年九月二十四日，俄軍總司令部命令最近被沙皇奪去所有兵權的尼古拉大公接掌高加索軍區，顯示俄國對諸戰線的主從已有所調整——恩維爾和德國人照理應更密切注意調整。儘管一九一五年「大撤退」令這位羅曼諾夫王朝的大公顏面稍稍無光，這時他已把自己的一世英名賭在高加索戰場上，且不願因敵人輕忽此戰場就掉以輕心。可以理解的，俄軍總司令部的將軍要到東歐諸戰線的局勢穩定之後，才肯撥出兵力或作戰物資（這時總司令部已遷到更東邊的莫吉廖夫〔Mogilev〕因為布拉諾維奇已落入德國人之手）。但到了十一月，尼古拉大公已運用其可觀的影響力，給新組建要開赴波斯的遠征軍供應了糧秣等軍需品。這支遠征軍有一萬四千人（八千騎兵和六千步兵），司令官是騎兵將領巴拉托夫（N. N. Baratov），薩勒卡默什之役後追擊敵軍立下大功的英雄。巴拉托夫的先頭部隊在加茲溫—德黑蘭公路上展現武力且儼然作勢要強攻波斯都城後，艾哈邁德沙於一九一五年十一月十五日把德黑蘭獻給俄國人，德國、奧地利領事見狀逃跑。到了二月，巴拉托夫的騎兵隊已掃清波斯北部的德國、土耳其軍隊，恢復俄國在亞塞拜然的威望，（理論上）作勢要從東邊入侵美索不達米亞，以解救被圍在庫特的湯森德部。[2]

巴拉托夫成就甚大，但這番成就所代表的意涵，卻在不久後才被體會。入侵波斯之舉，實現了肅清亞塞拜然境內敵人這個戰略目標，但也為尤德尼奇所正悄悄謀畫的攻勢，即要在東土耳其境內發動野心大上許多的俄國攻勢，提供了大大有用的偽裝（但尼古拉大公尚未獲告知此事）。尤德尼奇希望趁恩維爾還未能從加利波利半島急調部隊過來增援之時（他估計這要花上三個月），一舉將鄂圖曼第三集團軍打得一蹶不振，於是設想以迅猛的突襲突破鄂圖曼在克普呂柯伊的防線，藉此打破鄂圖曼對通往埃爾祖魯姆之通道的防衛，在第三集團軍得到增援之前「局部殲滅」該集團軍。一九一五年十二月，俄國運兵火車開始從提弗利司出發前往南邊的大不里士，幾乎每天出車，好似要增援巴拉托夫，但每個晚上車子又開回。尤德尼奇刻意昭告官兵放假過節，紅紅火火準備聖誕節盛宴，為欺敵（maskirovka）戰術劃下完美局點。當時，東正教聖誕節比今日還要盛大，過節活動往往一連一個星期或更久。高加索集團軍，在新兵加入後，這時總兵員將近二十萬，如此龐大的兵力，意味著節慶活動規模會非常大，從而為另一個偽裝提供了絕佳機會，因為可以拿準備過節為幌子，將冬季攻勢所需的補給品送到更接近前線處，而且的確這麼做。尤德尼奇的後勤部隊未狂歡飲酒，反倒忙著分發短毛皮外衣（polushubki）、毛襯裡的棉褲、棉手套、氈靴、毛皮帽，以及特別用心的，每人兩根短棍木柴（由於聖誕節前夜要放原木入爐中燃燒，分發短棍木柴完全應景，不會讓人起疑——另一方面，這可供士兵在荒涼酷寒的托普尤勒升火，先前的薩勒卡默什戰役期間，許多沒木頭可用的土耳其人活活凍死）。由於沙俄仍用比格列高里曆（公曆）晚了十三天的儒略曆，節慶活動會在公曆一九一六年一月七至十四日期間達到最高潮。按照尤德尼奇的計畫，攻擊發起日為東正教聖誕節假期的第四天，即公曆一月十日。[3]

尤德尼奇保密到家，連一九一五年十二月十八／（公曆）三十一日才到任的高加索軍區司令，都不知情這些準備作業，由此可見尤德尼奇欺敵本事的高超。尤德尼亞不得不小心，因為他知道高加索戰線幾個月來愈來愈不被看重，不只因為鄂圖曼人，還因為俄軍總司令部。經過一九一五年的慘敗，沙皇尼古拉二世和其參謀長阿列克塞耶夫（M. V. Alekseev）急欲恢復俄國在歐洲的主動性和威望，打算在加利西亞對較弱的奧匈帝國軍隊發動新攻勢。阿列克塞耶夫認為土耳其人經過薩勒卡默什之役和更晚近在凡湖附近的幾次失利，明顯對俄國在高加索不構成威脅，因而認為沒理由留龐大兵力在那裡，並在一九一六年一月上旬要求提弗利司派兵增援波蘭。可想而知，尼古拉大公得知要抽調他所轄部隊，要貶低他戰區的重要性，大為憤怒，決心全力支持尤德尼奇所提議的攻勢。

俄軍的攻擊讓對方幾乎完全措手不及。俄軍開始攻擊時，鄂圖曼第三集團軍司令穆罕默德．卡米勒帕夏人在君士坦丁堡的陸軍部，他的參謀長古塞因傷寒病情嚴重，已請了病假在德療養。增兵波斯和準備過節的欺敵行動顯然奏效，在土耳其人本該高度警戒時使埃爾祖魯姆指揮部毫無戒備。但若說土耳其陣營沒人預料到俄軍會於不久後（甚至這麼快）來犯，那是誇大之詞。穆罕默德．卡米勒帕夏人在都城，正是為了請恩維爾增兵，以防俄軍來犯。據這位第三集團軍司令所述，恩維爾完全不擔心此事，他說如果俄軍來犯，就「撤到錫瓦斯」。[4] 即使恩維爾想迅速派兵到埃爾祖魯姆，也無法如願，因為俄國黑海艦隊雖然對戈本號有所忌憚，實力還是足以騷擾土耳其的黑海沿岸，有效封鎖通往特拉布宗的海路。從君士坦丁堡有鐵路通到安卡拉，但誠如約翰・巴肯（John Buchan）筆下的主人公在其暢銷戰時驚悚小說《綠斗篷》（*Greenmantle*）裡所發現的，從安卡拉的鐵路線終點站到埃爾祖魯姆，距離超過八百公里，連接兩地的唯一公路，交通流量大且是碎石子路，大部分士兵得徒步走過其中大半路段，火炮和其他裝備則得用獸拉車慢慢運過去。因此，在穆罕默德・卡米勒帕夏不在埃爾祖魯姆期間暫代第三集團軍司令之職的阿卜杜勒・凱里姆帕夏，不得不以他手中的武力盡力應付——分屬第九、第十、第十一軍的約七萬四千步兵、七十七挺機槍、一百八十門野戰炮。[5]

這絕對不夠。尤德尼奇在兵力上只稍占上風（若計入亞美尼亞志願營，約八萬步兵，相對於鄂圖曼的七萬四千步兵），但他能把來自第二突厥斯坦軍、第一高加索軍、第四高加索步兵師的八十五個作戰營的過半數投入克普呂柯伊攻勢，並有兩百三十門野戰炮支援，炮彈則靠駱駝運送。[6]比數量優勢更為重要的，由於尤德尼奇的細心準備，俄軍的裝備遠比土耳其人更能應付高加索寒冬環境。事後來看，這一點，加上一切是如此出其不意，乃是俄軍得勝的關鍵。

尤德尼奇計畫的攻勢，在一九一六年一月十日，東正教聖誕節假期第四天，展開第一階段。第二突厥斯坦軍，在普熱瓦爾斯基（Przvalski）將軍領軍下，進攻位於托爾圖姆湖（Lake Tortum）與恰基爾巴巴（Çakir Baba）嶺之間的鄂圖曼軍左翼（北翼），欲奪取卡拉山（Kara Dağ，黑山／Black Mountain）上的高地，並誘使鄂圖曼人從哈桑卡萊派援軍過來。阿卜杜勒·凱里姆帕夏在哈桑卡萊維持了一支戰略預備隊，但該隊只有六千兵力。突厥斯坦士兵遭遇頑強抵抗，特別是來自鄂圖曼機槍手的抵抗，未能於兩天激戰後拿下高地。但普熱瓦爾斯基的攻擊實現了此攻擊的主要戰略目標，即把阿卜杜勒·凱里姆帕夏的注意力轉移到北邊，促使他往北翼派了兩個師（第三十一師和第三十四師）。然後尤德尼奇在阿拉斯河（Aras River）流域放出第一高加索軍攻打鄂圖曼軍右翼，使土耳其人更加摸不清俄軍的意向。該地的戰事更為激烈，包括刺刀近身攻擊和鄂圖曼機槍的猛烈火網（倒楣的俄國農民似乎未被告知他們的攻擊是佯攻）。至這時為止，俄國人往敵人左右兩翼進攻了三天，死傷慘重卻未分出勝負，除了拿下幾道前沿壕溝，幾無所獲。阿卜杜勒·凱里姆帕夏未完全上當，推斷俄國的攻擊至少有一個是佯攻——很可能是對北翼的攻擊，因此他把戰略預備隊調到南邊。

這時尤德尼奇打出王牌。這位俄國參謀長推斷克普呂柯伊防線最弱的環節位在恰基爾巴巴嶺旁敵軍中路與右翼交會處，於是已在該處集結了他最強的打擊力對付鄂圖曼第三十三師和第三十四師。這股進攻兵力約三萬五千人，共四十二個營，包括第十四、第十五、第十六高加索步兵師的所有兵力，部署了二十六門野戰炮和八門榴彈炮。尤德尼奇把他所預定的突破性攻擊定在這場攻勢作戰的第五天，而由於他把這個意圖偽裝得很好，阿卜杜勒·凱里姆帕夏在第四天（一九一六年一月十三日）派其兵力大大居於劣勢的第三十三師出擊，渾然不知正把自己部隊送入尤德尼奇已集結之大軍的嘴裡。於是，在主要進攻於第五天開始之前，土耳其軍中路已被俄國的防禦火力削弱。

一九一六年一月十四日（俄國東正教新年）破曉，俄國人「密集炮轟」卡爾辛（Karsin）與卡倫德（Kalender）之間的鄂圖曼軍中路。早上十一點，位於馬斯拉哈特（Maslahat）的土耳其主要戰壕已被拿下，不敵的鄂圖曼第三十三師，還有鄂圖曼第十八師部分部隊，被迫撤退。到了下午，俄國先頭縱隊已急速穿過科濟強（Koziçan）與吉利居爾（Cilligül）這兩座高地之間的山谷，拿下位於希薩爾戴雷（Hisar Dere）的重要道路會合點。希爾薩戴雷的良好路況，使俄軍得以往南直奔鄂圖曼軍設於克普呂柯伊的司令部。在更往南處，俄軍左翼於阿拉斯河流域重啟攻勢，由於敵人中路正在撤退，這場進攻的戰果更大。一月十五日，俄軍拿下將敵人北翼與中路隔開的恰基爾巴巴嶺，打通了托普尤勒嶺上的一長段山脊。前一個冬天，許多土耳其人凍死在托普尤勒，但俄國人有氈靴、毛皮外衣和毛皮帽護身，在這道無遮蔽的山脊上較捱得住冬天的寒風。俄軍步步為營向前推進，到了第七天（一九一六年一月十六日），已從側翼包抄了位於阿拉斯河畔的鄂圖曼軍右翼，切斷其與克普呂柯伊司令部的聯繫。鄂圖曼軍大勢已去。

但阿卜杜勒・凱里姆帕夏並非全盤皆輸。一如恩維爾在薩勒卡默什所發現的，再怎麼周全的作戰計畫，當碰上自然力時，特別是在隆冬之時，往往不管用。尤德尼奇轄下以高加索人為主的士兵，得到一西伯利亞哥薩克師的助陣，很能吃苦，且抗寒準備差不多是二十世紀初期軍人所能指望的最周全程度。但他們仍是人，就連出身山區、吃苦耐勞的俄國農民，穿過積雪時，行軍速度都變慢。尤德尼奇認為勝券在握，於是在一月十六至十七日那個夜晚下令其先頭縱隊轉向往南，以切斷阿拉斯戰線上鄂圖曼軍的退路。阿卜杜勒・凱里姆帕夏在那一天更早時推斷這場仗已贏不了，隨之在尤德尼奇的命令生效之前數小時，就已下令全面撤退——而此時，俄軍的追擊腳步太慢，無法切斷其退路。等到尤德尼奇的西伯利亞哥薩克師於第九天（一九一六年一月十八日）抵達哈桑克萊時，它已幾乎是個不設防的城市，只有四個鄂圖曼後衛營留下來掩護友軍撤退。這正是哥薩克人所盼望的那種戰鬥，對付孤立無援的敵人。哈桑克萊留後的土耳其人遭殲滅，一千人死，一千五百人受傷，他們的四門炮全被收繳。俄國人打破了克普呂柯伊防線，拿下克普呂柯伊城。但由於阿卜杜勒・凱里姆帕夏早早看出情勢不妙，鄂圖曼大部分兵力未遭俄軍圍殲，退回到既有高山以提供絕佳防衛，還有大要塞扼守的埃爾祖魯姆。土耳其人再度逃走，謀求來日再戰。[7]

但克普呂柯伊之役，俄國大獲全勝，是至這時為止俄國在高加索戰線上最大且最重要的勝利。鄂圖曼第三集團軍，自薩勒卡默什之役以來一路潰退，在此又損失兩萬兩千人，除了約一萬人戰死、受傷或凍死在雪地裡，還有五千人被俘和差不多同樣多的人逃兵。第十一軍損失將近七成兵力。阿卜杜勒·凱里姆帕夏的及時撤退，的確挽救了將近四萬兵員，可用來以較安全的埃爾祖魯姆為大本營繼續戰鬥。而且他只有二十或三十門炮落入敵人之手——數量不少，但對於仍有防禦據點可倚恃的軍隊來說，還不至於要命。這些都千真萬確，但同樣千真萬確的是，尤德尼奇已在雙方幾乎勢均力敵的一個戰線上徹底擊敗土耳其人。俄軍能在中路取得戰術優勢，乃是藉由讓鄂圖曼軍在兩翼取得優勢，並以過度積極的佯攻作掩飾，才得以達成。尤德尼奇的勝利是戰略自信與高人一等的參謀作業所促成。誠如鄂圖曼軍方在事後檢討時所推斷的，俄軍面對掘壕固守而大占上風的敵人，損失（死傷約一萬人）卻少於土耳其軍，原因在於後勤較出色：「俄國人死傷少於土耳其人，因為事先做好過冬準備。」[8]

這時尤德尼奇希望重演埃爾祖魯姆大捷。在追擊太慢而未能包圍或孤立土耳其在克普呂柯伊的分遣隊後，這位俄國參謀長不想讓敵人好整以暇恢復實力和士氣。被捕的土耳其官兵埋怨他們指揮官的無能，使尤德尼奇更加深信第三集團軍已失去戰力，其士氣已潰散於雪地裡。哥薩克巡邏兵、支持俄方的亞美尼亞人、空中偵察報告（俄國人有約二十架飛機投入戰場），都說撤退的土耳其人已完全棄守通往埃爾祖魯姆的通道，退回到該城的堡壘和戰壕裡，好似要做最後抵抗。種種跡象顯示敵人士氣渙散，擋不住正面強攻。總之，尤德尼奇向尼古拉大公如此表述他的論點，只要求他將此事轉達俄軍總司令部（大公擔心他的彈藥存量，很可能會在又一場攻勢中耗盡）。阿列克塞耶夫和沙皇心喜於終於找到一位稱職的野戰指揮官，表示完全支持尤德尼奇再啟攻勢。

強攻埃爾祖魯姆並非易事。這是整個鄂圖曼帝國裡防禦工事第二嚴密的城市（僅次於君士坦丁堡），由十六座堡壘構成三道強固的堡壘防線，封住從東邊哈桑克萊延伸過來的山谷，還有兩組保護翼側的要塞封住北邊十二公里處和南邊五公里處的入口。一八七七至一八七八年的俄土戰爭後，一組英國工程師受聘改善此城的防禦工事，然後，一八九〇年代起，德國技術顧問再予以進一步強化，在帕蘭德肯（Palandöken）山的數個高地上建了南堡壘（此山如今是土耳其首屈一指的高山滑雪勝地）。高山則提供另一道屏障，令敵人難以輕易進犯，戴韋博雲（Deve-Boyun）嶺俯扼前往該城的中部通道和東北通道，海拔兩千五百公尺，土耳其人已在該嶺最高處蓋了一座要塞，控制下方山脊的射界。在該城北邊，杜姆盧山（Dumlu Dağı）海拔兩千九百六十三公尺。總之，第三集團軍有戰鬥力的兵員只剩約四萬，但在埃爾祖魯姆有兩百三十五門固定或半固定的火炮，分布在扼控該城入城通道的山頂要塞周邊，安裝在尤德尼奇部隊進犯時得踏著冬雪吃力走過的狹窄山口的頂上；土耳其人還有一百一十二門機動加農炮，只要哪

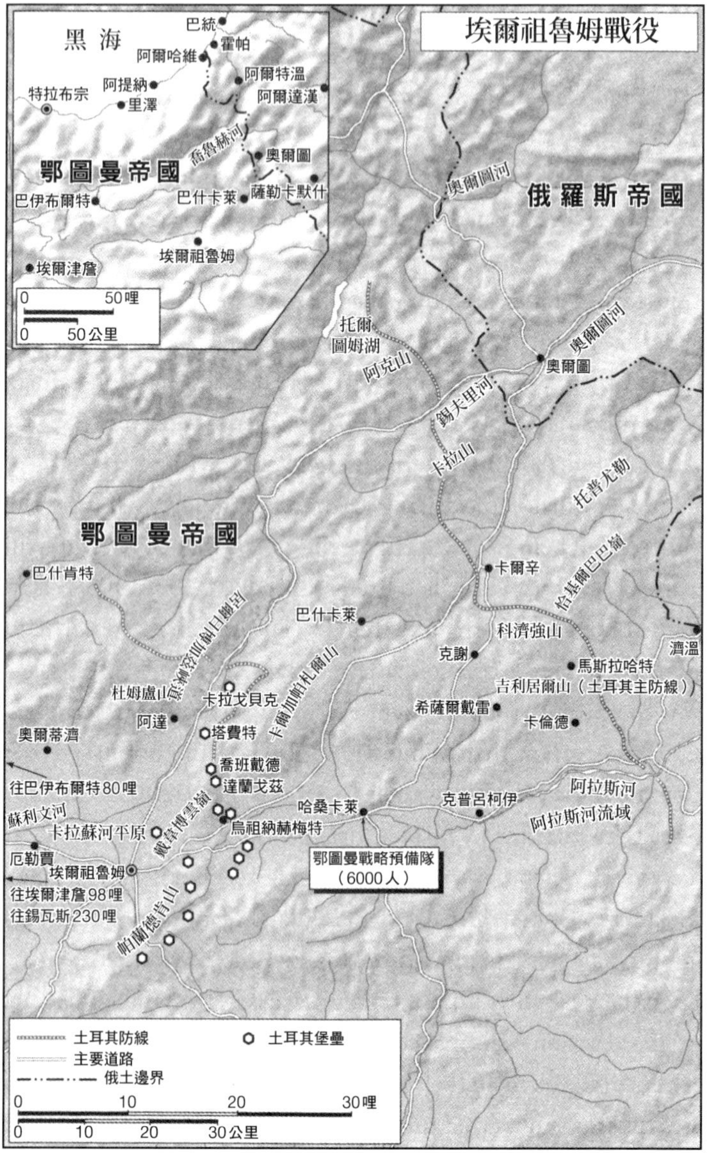
埃爾祖魯姆戰役
黑海
巴統
霍帕
阿爾哈維
阿爾特溫
阿提納
特拉布宗
里澤
阿爾達漢
喬魯赫河
奧爾圖
鄂圖曼帝國
巴伊布爾特
巴什卡萊
薩勒卡默什
埃爾祖魯姆
埃爾津詹
0 50哩
0 50公里
奧爾圖河
俄羅斯帝國
托爾圖姆湖
阿克山
錫夫里河
奧爾圖
卡拉山
托普尤勒
鄂圖曼帝國
巴什肯特
卡爾辛
巴什卡萊
科濟強山
克謝
濟溫
馬斯拉哈特
吉利居爾山（土耳其主防線）
杜姆盧山
卡拉戈貝克
阿達
希薩爾戴雷
卡倫德
奧爾蒂濟
塔費特
喬班戴德
達蘭戈茲
往巴伊布爾特80哩
哈桑卡萊
克普呂柯伊
阿拉斯河
阿拉斯河流域
蘇利文河
卡拉蘇河平原
烏祖納赫梅特
厄勒賈
埃爾祖魯姆
往埃爾津詹98哩
往錫瓦斯230哩
鄂圖曼戰略預備隊
（6000人）
土耳其防線
土耳其堡壘
主要道路
俄土邊界
0 10 20 30哩
0 10 20 30公里

個地方可能守不住，這些炮似乎都可移去增援。如果俄軍撐過這些炮的夾擊，接下來還得對付圍住此城的最後一圈壕溝和鐵絲網區，隱蔽良好的步兵和機槍隊在此隨時等著痛擊來犯之敵。

土耳其的防禦表面上看來固若金湯，卻有不少漏洞。第三集團軍在埃爾祖魯姆的火炮，大部分固定在堡壘內，而且它們大多不是最重型的現代口徑炮。沒有一門炮口徑大於六吋，而且六吋炮寥寥可數。大部分炮為八七釐米、八〇釐米、七五釐米野戰炮，還有約四十門九〇釐米（三·五吋）速射克虜伯炮。土耳其人在克普呂柯伊遺棄了數十挺機槍；在埃爾祖魯姆只剩三十九挺。第三集團軍有戰鬥力的兵員只剩四萬，不管是哪個地方的哪個部隊，都殘缺不全。特別是第十一軍，兵力不到一萬，幾乎和一個師無異。土耳其「營」此時只有約三百五十人，相對上，俄國的「營」是一千人。這意味著阿卜杜勒·凱里姆帕夏即使有心守住整條防線，也心有餘而力不足。儘管許多山脊和山口有堡壘或野戰炮守衛，但誠如一九一六年一月二十七至二十八日那個晚上，俄國人在科爾內斯（Kornes）村附近執行簡單的偵察時所發現的，還有一些山脊和山口未有堡壘或野戰炮防衛。數名講土耳其語的俄國軍人，大體上只動動嘴巴，就穿過敵人防線，然後「抓到第三十八步兵師師長、八名參謀官、該師獸醫、該師炮兵指揮官和三名他的參謀。」返回己軍防線途中，這些俄國人還擄獲三門炮，俘虜兩百人，為這次大膽出擊劃下完美句點。尤德尼奇根據此事推斷，「戰線上有極大缺口」。如果他找到這些缺口，派足夠的兵力穿過，進入敵後，可從後面攻占許多築有防禦工事的鄂圖曼陣地。[9]

尤德尼奇強攻埃爾祖魯姆的計畫，類似攻擊克普呂柯伊的計畫，既執行了多項煞有介事的佯攻，且集結壓倒性兵力打擊敵人弱點。但這一次，前後步驟要更緊湊，要差不多同時在數個地點發動一連串一波接一波的攻擊，以使鄂圖曼無法增援關鍵區。稍有不同之處，乃是針對戴維博雲嶺發起的主要佯攻位在中路，並對烏祖納赫梅特（Uzunahmet）的帕蘭德肯山的遙遠東北隅發起小型牽制性攻擊，以支援該佯攻；右邊不會有大型佯攻。但尤德尼奇再次打算在鄂圖曼防線的中段、右段的重要接合處突破，為此要取道居爾日博加茲峽道（Gürcü Bŏgaz Defile），而土耳其人只用位在土耳其前線旁的卡拉戈貝克（Karagöbek）堡壘和較接近城門的塔費特（Tafet）堡壘，守衛此峽道。只要把三個完整的步兵師灌入這個（相對來講）防守薄弱的缺口，尤德尼奇即可從側翼包抄正南邊戴維博雲嶺高地上、西南邊帕蘭德肯山高地上、北邊與西邊的杜姆盧山高地上的所有防禦工事，抵達地勢開闊低平的卡拉蘇河（Kara-Su）平原（卡拉蘇河往下流往埃爾祖魯姆的東城門／卡爾斯門）。[10]

尤德尼奇此計要成功，速度是關鍵，而他的官兵，經過最近克普呂柯伊之役的勝利，士氣大振，不負所望。一九一六年二月十一日下午兩點，俄國火炮（將近兩百五十門）向戴維博雲嶺上的鄂圖曼兩個主要堡壘達蘭戈茲（Dalangöz）、喬班戴德（Çoban-Dede）開炮。土耳其人開火還擊，南邊帕蘭德肯山外稜脊上的烏祖納赫梅特堡壘也開炮助陣。俄國炮兵未對土耳其諸堡壘造成多大損害，但猛烈的齊射炮火似乎讓亞美尼亞裔上校皮魯米揚（Pirumyan）統領的俄國第一五三巴金斯基團（Bakinski Regiment）勇氣大增。該團摸黑爬上達蘭戈茲堡壘牆，奇襲該堡守軍，經過數小時「刺刀激戰」，該堡壘於拂曉時落入巴金斯基團之手。在喬班戴德堡壘的正東南方，俄軍第一五六埃利札韋特波爾斯基團（Elizavetpolski Regiment）取得類似戰果，拿下居屈克特伊（Küçüktöy）的高地。從第一晚拿下兩場大捷來看，尤德尼奇似乎表明他不久後就要在此發動主要攻勢，要強攻戴維博雲嶺上築有防禦工事的鄂圖曼陣地。已從君士坦丁堡回來，剛好趕上這場仗的穆罕默德·卡米勒帕夏，指示他的部隊隔天發動一連串攻擊，以奪回達蘭戈茲，肅清戴維博雲嶺上的俄軍。

他這麼做正中尤德尼奇下懷。俄國戰力最強的幾個師——第四高加索步兵師和驍勇善戰的普熱瓦爾斯基將軍統領的第四和第五突厥斯坦步兵師——靠戴維博雲嶺上的激烈戰鬥掩護，二月十二日早上啟動主要攻擊，攻入居爾日博加茲峽道。鄂圖曼第十軍不敵，幾乎立即就從卡拉戈貝克堡壘撤離。該軍在毀掉該堡壘的火炮後，撤退到圍繞塔費克堡的後陣地。在該處挖掘壕溝後，這支土耳其軍隊頑強抵抗，第三十一和第三十二師在二月十三日反擊成功。一九一六年二月十四日，俄國強攻塔費特堡，傷亡慘重，但俘虜一千五百人，繳獲二十門炮。這時一名土耳其軍官叛逃，帶走一張埃爾祖魯姆城的守備圖，上有炮兵配置情形；第五天，此圖立即派上用場，俄軍朝土耳其炮陣地猛轟。*各戰線繼續出現零星戰鬥，特別是在俄軍攻擊力道最弱的帕蘭德肯山南坡上，但到了二月十五日下午三至五點時，俄軍飛機已回報敵人正全面撤退，全城到處陷入火海。二月十六日早上約七點，一個捷列克哥薩克（Terek Cossacks）團從卡爾斯門（東門）進入埃爾祖魯姆要塞埃爾祖魯姆失陷。[11]

這是第一次世界大戰期間的大捷之一。俄國人繳獲三百二十七門敵炮，鄂圖曼第三集團軍的火炮幾乎全落入俄軍之手。該城約四萬土耳其守軍，死傷至少一萬，被俘與逃兵者也差不多一萬，倖存的部隊則往西逃向錫瓦斯。俄國人在此役死一千人，受傷、凍傷者八千人，但這些人和克普呂柯伊之役死傷的約一萬人，攻破了一座據稱固若金湯的要塞城市，幾乎完全摧毀鄂圖曼第三集團軍的戰力。尤德尼奇的勝利將震撼這整個地區，使俄國的威望陡升。

尤德尼奇想趁敵人仍陣腳大亂時擴大戰果，堅持以比克普呂柯伊之役後還強的力度追擊敵人。二月十六日下午時，已有兩個哥薩克團開拔前往厄勒賈（Ilıca），並在天黑時拿下這座位於埃爾祖魯姆西邊最靠近該城的鎮，俘虜三千多人，繳獲三十門炮。穆罕默德・卡米勒帕夏想在撤退中力挽頹勢，下令由身經百戰的邊民組成的六個後衛營在巴伊布爾特（Bayburt）抗敵，同時把他麾下的其他官兵撤回到更西邊約兩百公里處的埃爾津詹。埃爾祖魯姆曾是鄂圖曼第三集團軍最看重的據點，這時卻成了俄國穩固的前沿基地，尤德尼奇可從此派兵往安納托利亞的心臟地帶探查、攻擊。

話說回來，在攻打埃爾祖魯姆的同時，為掩護先頭部隊的側翼，並搶在鄂圖曼援軍從加利波利半島大舉抵達之前行動，尤德尼奇已下令他的左翼（烏爾米耶—凡城—比特利斯）、右翼（從阿賈里亞沿著黑海岸）同時繼續攻擊。由於把所有人力物力投入中路攻勢，提弗利司司令部只騰得出第六高加索步兵師增援左翼攻勢，但隨著克普呂柯伊慘敗的消息慢慢傳到防守穆什、比特利斯兩城入城通道的第一〇六、第一〇七鄂圖曼步兵團，造成人心惶惶，這一增援兵力根本綽綽有餘。經過二月上旬一場小亂仗，一支哥薩克人先頭部隊於十六日（埃爾祖魯姆陷落之日）大搖大擺走進穆什，未遇任何抵抗。俄軍暫停攻勢以等候增援的步兵師前來會合，然後於二月底再度出擊，一九一六年三月二

＊在約翰・巴肯的《綠斗篷》中，一名南非獵人暨冒險家帶著從德國軍官那兒偷來的參謀地圖叛逃，投入俄軍陣營。這段情節雖然在現實上不大可能，但俄國方面的原始資料表明，這場戰役期間有張鄂圖曼參謀地圖轉交到尤德尼奇手上——儘管那時埃爾祖魯姆可能已被攻陷。

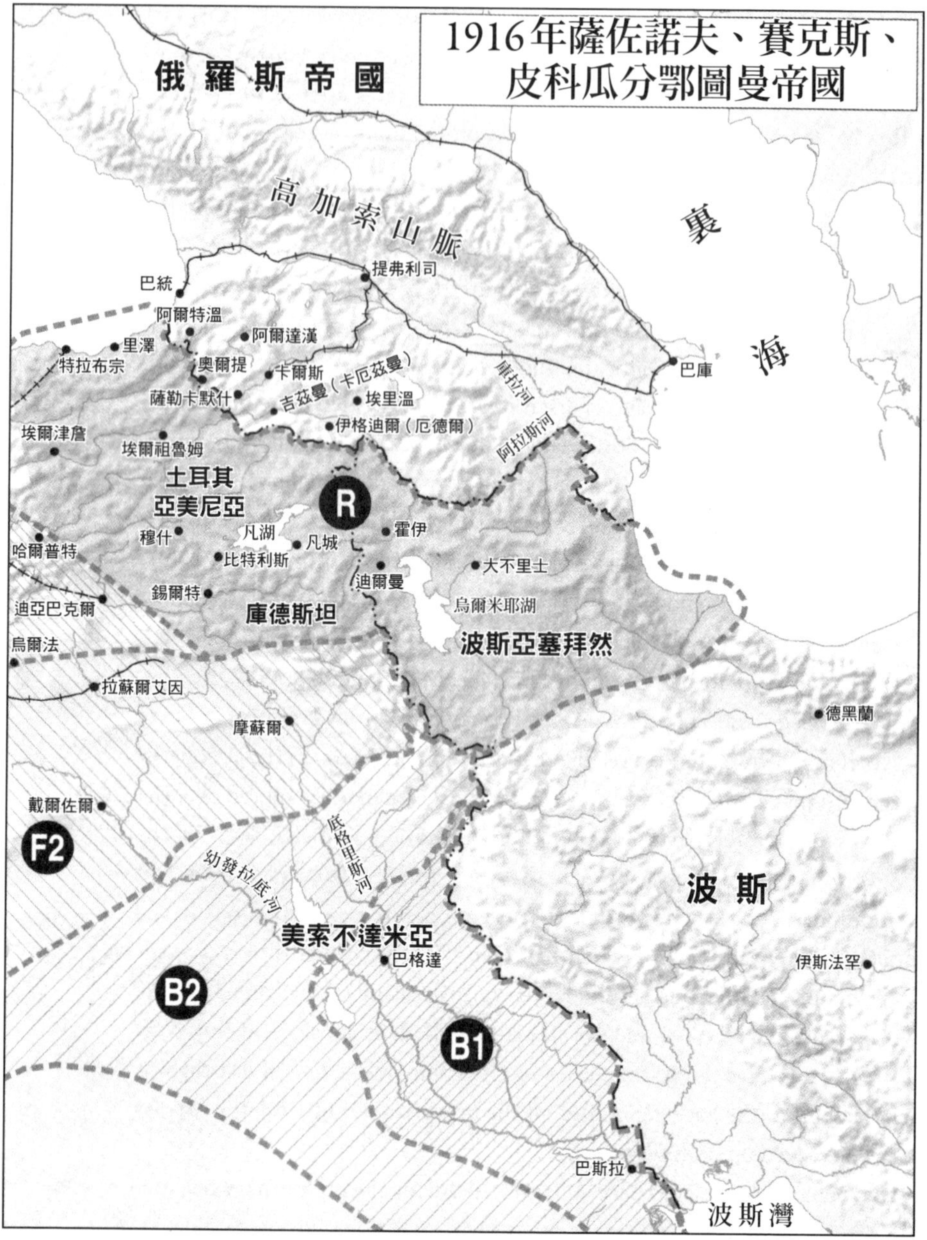

1916年薩佐諾夫、賽克斯、皮科瓜分鄂圖曼帝國
俄羅斯帝國
高加索山脈
裏海
提弗利司
巴統
阿爾特溫
阿爾達漢
里澤
特拉布宗
奧爾提
卡爾斯
薩勒卡默什
吉茲曼（卡厄茲曼）
埃里溫
巴庫
庫拉河
阿拉斯河
伊格迪爾（厄德爾）
埃爾津詹
埃爾祖魯姆
土耳其
亞美尼亞
R
穆什
凡湖
凡城
霍伊
哈爾普特
比特利斯
迪爾曼
大不里士
烏爾米耶湖
迪亞巴克爾
錫爾特
庫德斯坦
烏爾法
波斯亞塞拜然
拉蘇爾艾因
摩蘇爾
德黑蘭
戴爾佐爾
F2
底格里斯河
幼發拉底河
波斯
美索不達米亞
巴格達
伊斯法罕
B2
B1
巴斯拉
波斯灣

羅馬尼亞
布加勒斯特
康斯坦察
多瑙河
瓦爾納
保加利亞
塞凡堡
擬議的俄國海軍交通線
黑海
計畫建造的法國鐵路：迪亞巴克爾—錫瓦斯—薩姆松
阿德里安堡（埃迪爾內）
米迪亞
錫諾普
君士坦丁堡
卡斯塔莫努
薩姆松
埃諾斯
伊茲米特
吉雷松
希臘
計畫建造的俄國鐵路 特拉布宗—錫瓦斯—安卡拉
布爾薩
薩卡里亞河
埃德雷米特
埃斯基謝希爾
安卡拉
錫瓦斯
愛琴海
克孜勒厄爾馬克河
阿菲永
士麥那（伊茲密爾）
開塞利
鄂圖曼帝國
馬拉蒂亞
科尼亞
梓墩
馬拉什
奇里乞亞
托羅斯山脈
阿達納
亞歷山大勒塔
阿勒頗
敘利亞
塞浦路斯（英）
貝魯特
大馬士革
地中海
亞歷山卓
加薩
耶路撒冷
埃及（受英國直接統治）
開羅
0
250哩
B1 紅區：英國直接控制區
B2 B區：英國間接控制區
F1 藍區：法國直接控制區
F2 A區：法國間接控制區
R 俄國直接控制區
I 尚待決定歸屬的國際控制區

日晚抵達比特利斯城郊，而土耳其人已在環繞該城的山壁上構築防禦工事，該城則仍為積雪所覆蓋。這一次由第六高加索步兵師攻下城池，未發一槍一彈。俄國人摸黑悄悄爬上土耳其陣地，上刺刀，經過「數小時激烈近身肉搏」打敗敵人，俘虜千人，繳獲二十門炮。倖存的土耳其軍人，好似已放棄阻止俄軍挺進的念頭，不是往西逃，而是往南逃到錫爾特。[12]

俄軍右翼雖然遭遇地形所帶來的重重險阻，挺進一樣神速。敵人的據點分布在多山且林木茂密的盧里斯坦（Luristan）黑海沿岸，俄軍要攻克它們，只能從水上，需要海軍的密切配合。對俄軍來說，有利的是前指揮官利亞柯夫（Lyakhov）將軍已有這類軍事行動的經驗。一九一五年二月，在薩勒卡默什之役後進行全面掃蕩期間，他拿下霍帕（Hopa）港且更往西挺進到阿爾哈維（Arhavi），然後碰上土耳其人在阿爾哈維河高起的西岸掘壕固守，才被迫停下。一九一六年二月五日利亞柯夫重啟攻勢以掩護尤德尼奇的側翼，只發動一波攻勢（由大本營設在巴統的俄國海軍中隊炮轟了兩天），就把土耳其人驅離戰壕。土耳其人丟下五百具屍體，退回到維傑（Vice）。十天後，俄國海軍中隊對維傑施以類似的打擊，迫使土耳其人於二月十六日再度戰術撤退——這一天也是埃爾祖魯姆和穆什陷落之日，由此可看出尤德尼奇的整體戰略構想有多周密。但利亞柯夫也有其貢獻，動用了人稱埃爾皮迪佛雷（elpidiphore）的黑海運貨拖船。這種粗龍骨的特殊拖船，設計來以搶風航行的方式逆流而上進入許多沿岸河川，這時則拿來充當運兵船。俄軍用此類船在阿提納（Atina）附近的鄂圖曼防線後方登陸，切斷土耳其防禦體系的主要部分與里澤之間的聯繫。里澤是巴統與特拉布宗之間的最大港口城市，而特拉布宗則是鄂圖曼第三集團軍首要的海運補給站。一九一六年三月八日，俄軍占領里澤，從而距特拉布宗只約五十公里。[13]

好似要把尼古拉大公（其實是尤德尼奇）正式封為鄂圖曼帝國征服者似地，隔天，在彼得格勒，俄國外長謝爾蓋·薩佐諾夫與獲英國授權談判的專家馬克·賽克斯和法國的喬治·皮科，開始商談如何瓜分此帝國。若在一九一六年三月的幾個月前開始商談此事，肯定沒什麼道理，當時英法聯軍丟盔卸甲撤出加利波利半島，而湯森德的遠征軍則兵敗泰西封，此時還被圍在庫特。對鄂圖曼局勢始終影響最大的俄國，經過一九一五年的百般搪塞推諉，終於大舉投入戰場，鄂圖曼帝國屍體的瓜分，自此可以認真進行。

一九一五年三月的初步談判期間，薩佐諾夫就把一手弱牌打得有聲有色，此時他享有強勢的談判地位，講話當然較大聲。若考慮到俄國在達達尼爾海峽之役或加利波利半島之役幾乎沒出半點力，卻仍爭取到戰後將君士坦丁堡和鄂圖曼海峽據為己有的好處，此時他提出更為過分的要求，也就不足為奇。賽克斯和皮科在來到彼得格勒之前已達成一暫時性的雙邊諒解，私下劃定英國紅區和法國藍區的各自控制區，英國宣稱阿拉伯半島、巴勒斯坦和美索不達米亞的大半地區為其所有，法國則宣稱敘利亞（包括黎巴嫩）、奇里乞亞和「土耳其亞美尼亞」、「庫德斯坦」兩地區的大半地區（從奇里乞亞經美索不達米亞北部到烏爾米耶境內）為其所有。誠如薩佐諾夫所知的，賽克斯和英國人除了務使法國控制區成為英俄間的緩衝區，完全無意支持法國對其與俄國接壤地區的所有權主張（倫敦、聖彼得堡的戰略家都認為，英俄這兩個中亞「大博奕」的老對手會在德國戰敗後立即再度對奕）。於是，在一九一六年三月十一日與賽克斯和英國大使喬治·布坎南爵士私下會晤時，薩佐諾夫堅持要賽克斯親自將地圖草圖上涵蓋「土耳其亞美尼亞」和「庫德斯坦」的法國「藍」劃掉，改將這兩個地區，連同波斯亞塞拜然和土耳其北部，劃歸俄國。誠如薩佐諾夫於一九一六年三月十三日某份正式的外交備忘錄上所載明的，「黑海與始於烏爾米耶省……經過凡城下方、穿過比特利斯、穆什、哈爾普特（埃拉濟／Elâziğ）、直到（錫瓦斯附近）塔夫拉（Tavra）、安提塔夫拉（Antitavra）的山脈這一條線之間的土地，必須完全歸俄國處置。」賽克斯照辦。[14]

賽克斯這位不折不扣的業餘外交官，應付不來這樣的情況。* 但俄國人不是隨便說說。在與賽克斯、皮科進行相當不對等的談判的同時，薩佐諾夫召集陸海軍首長，以敲定俄國在戰後小亞細亞的理想邊界。海軍部長格里高列維奇和海軍不只想要特拉布宗（這時尚未落入俄國之手），還想要戰略地位重要的錫諾普半島。一八五三年，克里米亞戰爭一開場，俄國人在此拿下摧毀鄂圖曼艦隊的著名勝利。†若如願，俄國的黑海艦隊將有機會主宰塞凡堡—君士坦丁堡—錫諾普這個戰略三角，使羅馬尼亞或保加利亞的海軍從此無法威脅黑海西半部。薩佐諾夫一反常態，表現審慎外交作風，以戰後土耳其的殘塊總得有個地方擺為理由，否決諸位海軍上將的意見。一九一六年四月二十六日，他向法國人提出他的定案「折衷」提議（賽克斯已代表英國同意俄國的要求）：「埃爾祖魯姆、特拉布宗、凡、比特利斯諸省，遠至特拉布宗以西的黑海沿岸某一點，劃歸俄國」（特拉布宗這個最後城市已在十天前落入俄軍之手，從而使薩佐諾夫的要求更有底氣）。至於更南邊的部分，薩佐諾夫提議「位於比特利斯以南和穆什、錫爾特……高山一線之間的庫德斯坦省」由俄國統治（這時錫爾特尚未被俄國攻占，但受到來自現屬俄國所有的比特利斯的威脅）。薩佐諾夫並以小惠安撫法國，提議錫瓦斯、哈爾普特和迪亞巴克爾三城歸法國，但若他的提議成立，這三個城市將成為戰後俄國邊界上的邊境城市，很可能落入她的勢力範圍（俄國已在計畫建造從特拉布宗經錫瓦斯到安卡拉的一條鐵路）。

＊ 俄國要求賽克斯重劃他原本親自向法國承諾支持的外交地圖，賽克斯回道，只要俄國「認真看待」巴勒斯坦境內的猶太復國主義問題，就答應俄國要求。這一廉價的承諾，不用薩佐諾夫付出任何代價，他自然不吝給予。

† 更晚近，錫諾普是冷戰期間美國情報機關的監聽站。

皮科遭賽克斯背棄且法國在亞洲土耳其沒有駐軍，除了照辦，幾無別的選擇。於是，這個瓜分鄂圖曼帝國的惡名昭彰的賽克斯—皮科（較貼切的說法應是薩佐諾夫—賽克斯—皮科）協定，在俄國的強大施壓與影響下，在俄國於戰場上繼續擊潰土耳其的情況下，在俄國首都談定。[15]

在一次大戰的這個緊要關頭（至今仍少有人知道的緊要關頭）搖搖欲墜的鄂圖曼帝國還能保持完整，純粹因為急著瓜分該帝國的協約國列強彼此擺不平。前後將近百年，土耳其的命運堪稱取決於英俄能否談定瓜分計畫。一八五三年三月沙皇尼古拉一世與英國大使喬治·漢彌爾頓·西摩（George Hamilton Seymour）晤談時首度用到「病夫」一詞，沙皇想談談全面瓜分鄂圖曼帝國的計畫（結果一些性急之徒，例如史特拉福·坎寧，拿他的話作為正當理由，力促英國打克里米亞戰爭）。* 一八七八年，英國首相迪斯累里派艦隊上場，才迫使俄軍在聖斯帖法諾停住，不再逼向君士坦丁堡。如今，一九一六年，英俄兩國是與法國並肩作戰的盟友，鄂圖曼帝國的喪鐘似乎終於響起——只是英俄兩國在鄂圖曼戰場上還是始終談不成一致的戰略。

並非英國人沒往這方面努力。俄國人若在達達尼爾海峽戰役和加利波利半島戰役期間信守對基欽納的承諾出兵，鄂圖曼戰爭說不定在一九一五年春就已結束。俄國人展現其私心算計作風，在一九一六年一月十日，即協約國部隊完全撤出海勒斯角的隔天，由尤德尼奇發動摧枯拉朽的克普呂柯伊攻勢，藉以趁英法兵敗加利波利半島時牟求一己之利。這算是某種協同行動，但那是單邊的協同，尤德尼奇推斷（雖然是出於私利但夠明智的推斷），如果趁恩維爾尚未能從加利波利半島調兵到埃爾祖魯姆之際發兵進攻，他的勝算較大。當然，若是在前一個春天或夏天時發動攻勢，有可能把土耳其兵力引離加利波利半島，從而使協約國不無可能打贏五月的克里提亞之役或八月的阿納法爾塔之役，儘管勝算還是不大。但協約國在該半島的成敗，不在尤德尼奇關心之列（儘管英國打達達尼爾海峽戰役，宣稱原先是為了把鄂圖曼兵力引離高加索）。可憐的湯森德和英印遠征軍被圍困在土城牆城鎮庫特的慘境，也不是俄國要解決的問題。由此可以理解為何尤德尼奇和尼古拉大公於一九一六年一、二月全力攻打埃爾祖魯姆，而非在與俄國的克普呂柯伊攻勢出奇的幾乎同時的當兒，英國人於美索不達米亞與土耳其人數回合慘烈廝殺而拼命欲突破包圍之際，揮兵南侵美索不達米亞以替英軍解圍。英國新組建的底格里斯軍（Tigris Army Corps），兵力一萬九千，軍長為芬頓．艾爾默（Fenton Aylmer）中將爵士。該軍於一九一六年一月七日發兵全面進攻庫特南邊漢納（Hannah）一地的鄂圖曼戰壕線，在天黑前俘虜約八百人，繳獲兩門炮。但出於尋常原因，這場攻勢迅即受阻。隔天，土

* 但與世人普遍的看法不同的，是他並未說出「歐洲病夫」這個字眼。

兵累到無法再度下戰壕與敵廝殺；然後下起雨，到處泥濘。無論如何，英軍發現鄂圖曼的防禦陣地「極為強固」，有些戰壕下挖達九呎深。接下來兩個星期，一場場強攻未能令土耳其人投降。一九一六年一月二十三日，艾爾默下令停止攻勢，往底格里斯河下游撤退，死傷共兩千七百人。不消說，俄國袖手旁觀。[16]

提弗利司的確南距巴格達數百哩遠。尤德尼奇即使有心派兵南進，以引走包圍庫特的鄂圖曼兵力，也難以辦到。但巴拉托夫的遠征軍在波斯，相距只有兩百五十哩，比英國位在巴斯拉的後方基地更靠近庫特。一九一六年二月二十六日巴拉托夫拿下克爾曼沙阿（Kermanshah）時，他的哥薩克部隊距邊境城鎮哈內金（Hanekin）只有一百二十哩，距巴格達只有兩百哩。這時，尼克森將軍自然而然請尼古拉大公命巴拉托夫解救受困於庫特的湯森德。而在庫特，土耳其人已在戈爾茨帕夏和從加利波利半島過來的數十名德國軍官和工兵指導下，建起幾乎堅不可破的攻城工事，並有一百五十挺德國「最新式」機槍助陣。*但巴拉托夫和湯森德雖可直接無線通信，尼古拉大公卻不願多逼巴拉托夫提早出手（事實上，指揮鏈有點尷尬，波斯北部事務屬坐鎮提弗利司的總督沃隆措夫—達什科夫管轄，不受正規軍指揮部節制）。尼克森尚未爭取到巴拉托夫給予任何承諾，就下令艾爾默再度出兵解救湯森德，從而徒然削弱自身實力。艾爾默如此急於行動，理由之一是認為湯森德的糧食會在四月十五日左右時耗盡；此外，還有個顧慮，即不久後，庫特城以南區域會因為春季發大水整個幾乎無法通行。艾爾默打定主意要包抄鄂圖曼人右翼（即南翼），於是命令部隊突襲位於杜賈伊拉（Dujaila）的堡壘，並佯攻位於漢納（即最近一次攻擊的目標）的中路作為掩護。英國的新攻勢於一九一六年三月七至八日，賽克斯與皮科抵達彼得格勒之時發動。令艾爾默大為苦惱的是，他再度「發現敵人把陣地守得非常牢固，且正大舉增援。」第三十七旅的士兵一度在杜賈伊拉稜堡拿下立足點，但不久後就被土耳其人的猛烈反攻擊退。這一次，只打了幾個小時，英國強攻該城的護城堡壘未能得手，死傷將近四千。艾爾默因兵敗漢納和杜賈伊拉而名聲掃地，辭去軍長之職，遺缺由他的參謀長喬治·戈林少將爵士接任。[17]

在這同時，在庫特土城牆內，瘧疾猖獗，糧食就要用盡。即使按最低保命所需來配給，都撐不到五月。三月，守軍不得不殺掉馱畜和庫特城裡「瘦成皮包骨的貓狗」。誠如某軍人回憶挨餓程度時所說，「如果走路或站著，腳底發疼，如果躺下，肩背發疼，如果坐著，臀部發疼。」到了四月，另一個軍人在日記裡寫道，「我的雙腿瘦到嚇人，比手臂還瘦，能拉起皮纏住腿。」雪上加霜的是，氣溫已高得讓人吃不消，往往高到攝

* 這批德國機槍進駐之事，我們係從俄國情報報告得知。巴拉托夫可能因此打消了與土德陣營交手的念頭，就和當初俄國憑藉出色的情報工作，事先掌握鄂圖曼沿岸炮台的部署情況，從而可能使埃伯哈特決定不出兵博斯普魯斯海峽一事差不多。俄國人或許自私，但不笨。

氏四十九度。這時，巴拉托夫和他在波斯的俄國遠征軍連往邊界佯攻都還沒做。[18]

一九一六年四月一日，尼古拉大公終於有所行動，透過他的參謀長博爾霍維提諾夫（Bolkhovitinov）將軍傳話，要巴拉托夫往巴格達進發，藉此竭盡所能引走圍攻庫特的鄂圖曼兵力。戈爾茨帕夏早就料到俄國會有此動作，早巴拉托夫一步派了四個鄂圖曼營和十二門炮往波斯邊界上的哈內金進發。戈爾茨帕夏要德國軍官博普（Bopp）少校負責防守哈內金，表明他對俄國威脅的看重（或許流於誇大的看重）。結果，博普沒機會一展身手。一如一九一五年春埃伯哈特找各式各樣的藉口，就是不肯赴博斯普魯斯海峽助陣，巴拉托夫說要對巴格達發動名副其實的牽制性攻擊，需要「很長時間，最重要的是，所有必要的兵力和工具得一應俱全。」在這些齊備之前，巴拉托夫不願出克爾曼沙阿一步。

當初就是尼古拉大公的拖延種下俄國盟邦在達達尼爾海峽和加利波利半島死傷慘重的禍根，基於這樣的羞愧，這時這位大公終於要巴拉托夫出兵，因為他派不出援兵。於是，一九一六年四月二十日，巴拉托夫終於要他的哥薩克部隊往西邊的鄂圖曼邊界進發，一九一六年四月二十五日抵達邊境城鎮哈內金郊外。這時，巴拉托夫通報湯森德，「只要五天（他的部隊）就能走到巴格達」。他的牽制性攻擊看來會在四月三十日發動——而後來的發展表明，那已是湯森德糧食用盡，不得不向土耳其人投降的隔天。俄國人再度姍姍來遲，沒能解救英國人。[19]

事實上，與埃伯哈特對博斯普魯斯海峽虛應故事的出擊不同的是，這支俄軍始終未抵達目的地。從克爾曼沙阿行軍到哈內金途中，已有五百人死於中暑、瘧疾、霍亂，然後又從無線電得知湯森德已投降，巴拉托夫隨之決定不去巴格達。他的部隊已在煩惱馬兒的草料難尋，眼下的良策似乎是盡可能保住他麾下的哥薩克部隊，至於發兵攻擊以解救受困的盟國部隊，管它的！英國人向提弗利司司令部抱怨俄國對盟國太不仗義後，一九一六年五月下旬，尼古拉大公下令——最後一次下令——要巴拉托夫「解救在庫特阿馬拉南邊的底格里斯河沿岸作戰的（英國印度）部隊」。這一次，巴拉托夫連佯裝遵命都不裝，反倒把他的哥薩克人和騎兵隊撤回到較涼爽的盧里斯坦山區。但一九一六年七月，尼古拉大公卻表彰巴拉托夫在波斯展現的「無上英勇」（甚至暗暗表彰其在美索不達米亞的同樣表現），湯森德和他的士兵若得悉此事，肯定只能說那是天大的笑話。[20]

鄂圖曼帝國再度因其兩個最危險敵人在對付土耳其上各行其是而保住國祚。由於俄國騎兵未趕來解救，在春季大水開始淹沒山谷時，湯森德部只能在瘧疾橫行的庫特城內慢慢餓死。四月中旬，戈林最後一次不計成敗力求突破，試圖從側翼包抄底格里斯河以西、桑奈亞特（Sannaiyat）附近的鄂圖曼人左側防線。他的官兵全力以赴，但這時土耳其人已從巴格達調來許多士兵，突破幾乎不可能。經過四月十五至十六日和四月二十至二十二日一連串慘烈的進攻和反攻，雙方都死傷數千人，但都未能突破對方的防線。有位英國軍官以雅不願意的欽佩口吻寫道，土耳其人「打得很漂亮」，戰力強到連令人聞之色變的廓爾喀兵都退下陣來。這時，庫特城裡的食物配給只能撐六天，湯森德底下的憔悴官兵變得恍惚。前來解救的戈林部，情況幾乎一樣糟，已沒力氣再做徒勞的強攻。自一月起，英國印度軍為解救湯森德部，總共死傷了兩萬三千人。戈林很清楚，庫特「守不住了」，唯一的問題是湯森德要在什麼條件下投降。這時，「在有人餓死於城門的情況下」，已在談判投降條件。[21]

一九一六年四月三十日，湯森德下令毀掉僅存的火炮和軍火，降下英國國旗，升上白旗，然後他將佩劍和手槍交給哈利勒帕夏（這時是「庫特」帕夏）。對恩維爾來說，這是場大捷，他的哈利勒帕夏這時俘虜了約一萬三千名英國子民（大部分是印度人）。這是自約克敦之役以來，英國軍隊投降最多人的一次，其中大部分人被派去巴格達鐵路幹粗活。[22]由「阿拉伯的勞倫斯」帶領的一支說阿拉伯語的英國情報官特遣隊，曾利誘哈利勒，言明只要放走湯森德和他的官兵，就給他價值一百萬英鎊的黃金，結果哈利勒不為所動（甚至有人說賄賂金額為兩百萬）。這一不受利誘的行為，使這場可拿來大作宣傳的大勝更加激動人心。沒錯，雖然俄國人在東土耳其正連戰皆捷，但從該地區傳來的消息仍令土耳其人擊節讚嘆。緊接在加利波利半島之役後，哈利勒貝伊在美索不達米亞又拿下大勝，簡直讓人瞠目結舌。如果土耳其人能連敗威震世界的英國人，鄂圖曼病夫肯定還不到病入膏肓。

對恩維爾來說，不幸的是敵人也未一蹶不振。大英帝國，在這場戰爭，一如在其打過的大部分戰爭，總是未在開打時就奮力一搏打垮敵人。但它有龐大的預備兵力可動用，其遍及全球的間諜網和受其金錢贊助者，讓它有多種招式可用來對付敵人。恩維爾才剛有時間享受哈利勒貝伊在庫特的勝利，就得處理伊斯蘭世界之心臟地帶的一場叛亂。鄂圖曼帝國統治境內穆斯林子民的正當性，因為這場叛亂而整個受到質疑。

CHAPTER 13

雙重嚇唬：鄂圖曼聖戰和阿拉伯人叛亂
Double Bluff: Ottoman Holy War and Arab Revolt

殺死統治伊斯蘭領土的異教徒，已成神聖義務。
——德國所製作之阿拉伯語聖戰小冊的譯文，約一九一四年十一月[1]

然後，（青年土耳其黨）否定真主的話「男人所分得的要是女人所分得的兩倍」，讓男女平等……他們削弱蘇丹的權力……不准他自行選定他御用內閣的首長。他們還做了其他類似的事，掏空哈里發的基礎。
——麥加行政長官侯賽因，召喚阿拉伯穆斯林起來反叛不虔誠的鄂圖曼政府，一九一六年六月[2]

鄂圖曼蘇丹的哈里發（遜尼派伊斯蘭信士社團的最高統治者）之位，始終建立在他的世俗權力上，也就是他的武力上。自土耳其人於一五一七年征服阿拉伯半島的伊斯蘭聖地（麥加和麥地那）起，這個頭銜大體上未受到質疑，但在帝國擴張的年代，鮮少祭出這個頭銜。只要帝國強盛，就沒必要一再提醒小穆斯林國鄂圖曼蘇丹的最高統治地位，因為那被視為理所當然，不需特別點明。從這個意義上看，哈米德蘇丹重振帝國在泛伊斯蘭世界的公信力一事，反倒在無意間承認了鄂圖曼威信在近代的衰落，成為在帝國沿著民族或宗教斷層線四分五裂之前，欲使穆斯林團結於鄂圖曼蘇丹之下的最後努力。一九一四年十一月，青年土耳其黨祭出蘇丹—哈里發權力，宣告對俄國和協約國發動聖戰一事，同樣反映了土耳其在對抗其歐洲對手的戰爭中，作為「異教徒」強權（像是德國之類）的盟友，其交戰理由是多麼站不住腳。如果恩維爾底下那些以穆斯林為主的應徵入伍兵真的非常清楚為何而戰，那就沒必要向他們大肆宣說戰爭目的。

在英屬埃及或印度境內，大規模伊斯蘭暴動未能成真，但聖戰並非一敗塗地。在英國統治的印度，跡象顯示土耳其人和德國人就要打贏宣傳戰，愈來愈多證據表明蘇丹宣告其為全球伊斯蘭共主一事，在遙遠印度次大陸，比在更接近鄂圖曼核心的地區，受到更為認真的看待。到了一九一五年夏，波斯已成為聖戰陰謀的溫床，在全國各地清真寺，出現以反英、反俄聖戰為主旨的激烈布道。在前往阿富汗途中，奧斯卡・馮・尼德邁耶已在亞塞拜然境內協助組織了數起破壞俄國人所用公路橋梁的行動，以及一連串劫富濟貧式的駭人搶銀行行動，以為反協約國的恐怖活動提供資金。在布什爾（Bushire）附近，德國特務威廉・瓦斯穆斯（Wilhelm Wasmuss）已吸收了唐吉斯坦（Tangistani）穆斯林部落民破壞波斯灣岸的英國陣地（這位「德國的勞倫斯」有一著名之舉，即利用假的無線機組假裝與「哈志」威廉密切交談）。到了一九一五年秋，即艾哈邁德沙思量要不要從德黑蘭轉到庫姆，宣布對英俄發動聖戰之時，克爾曼沙阿、伊斯法罕、設拉子（Shiraz）已倒向土—德陣營，協約國派駐那些地方的領事已經逃亡。巴拉托夫的哥薩克人的確已在那時頒定法律，恢復協約國（或至少俄國）的威信，但他的遠征軍一萬四千名兵力的規模本身，正說明聖戰特務成功破壞了該國的穩定。

土—德陣營在北非推動聖戰一事，令英國人更為提心吊膽。一九一一至一九一二年的「的黎波里塔尼亞戰爭」期間，恩維爾已與作風狂熱的薩努西教團的謝赫沙里夫（Sheikh al-Sharif）建立聯繫，在土耳其被迫向義大利投降之後，仍留下他的兄弟努里（Nuri），以維持鄂圖曼在當地的勢力。世界大戰開打後，恩維爾和德國人都派特使赴利比亞沙漠裡的薩努西教團營地，帶了武器、禮物、賄款和其他東西，以誘使其對英國發動聖戰。一九一五年十一月，薩努西教團襲擊英國在西迪拜拉尼（Sidi Barani）的前哨基地，促使英國陣營裡約一百三十五名埃及穆斯林軍人開小差。十二月和一月，薩努西教團攻占索盧姆（Sollum）、巴克巴克（Baqbaq）、西迪拜拉尼，兵鋒最東來到馬特魯港（Mersa Matruh），距亞歷山卓只有一百七十五哩，並且拿下三個「可輕鬆抵達尼羅河」的埃及沙漠綠洲。這樣的發展已足以令埃及通基欽納膽戰心驚，使他不由得示警道，薩努西教團若進一步侵犯，會導致「整個埃及和蘇丹劇烈動蕩與騷亂」。薩努西攻勢於一九一六年二月逐漸止息，但已令麥克斯韋的埃及軍隊死傷各約四十五人和三百五十人，且提心吊膽不得安寧。[4]

相較於鄂圖曼戰線上的戰鬥規模，這些活動只是小小的插曲。但從另一個意義上看，在這些戰線，「聖戰」的衝擊面更廣，而且起了團結人心的作用，就和鄂圖曼軍隊雖在戰場上不時打得一敗塗地，卻因為「聖戰」精神支撐而不致分崩離析一樣。不管德國人所製作的聖戰宣傳小冊是否激勵穆斯林百姓拾起武器對付「統治伊斯蘭土地的異教徒」（亦即法、英、俄三國的基督徒），但為自己的宗教信仰而戰的觀念，肯定令鄂圖曼穆斯林軍人面對難纏的協約國軍隊時置死生於度外。鑽研加利波利半島之役的歷史學家亞蘭・穆爾海德（Alan Moorehead）寫道，「看過土耳其炮手在基利迪爾巴希爾作戰的人說，他們打仗時一副天不怕地不怕的拼勁，在伊瑪目向他們念著禱文時，跑到炮陣地就他們的崗位。」不管是什麼動機激使土耳其人抵抗英國異教徒，這激勵了鬥志。從達達尼爾海峽之役起到庫特城守軍集體投降為止，英國部隊在鄂圖曼戰場死傷了三十五萬人，而他們所面對的是個據說行將就木、在阿斯奎斯、邱吉爾等許多人眼中只會稍作抵抗的對手。[5]

不管土—德陣營的聖戰宣傳是否左右了戰局，英國人肯定未小看這類宣傳所帶來的威脅。例如，正是因為擔心蘇伊士運河和開羅被德國所鼓動的泛伊斯蘭吞沒，基欽納於一九一五年一月寫下那封給吉爾伯特・克萊頓並被轉交給麥加行政長官侯賽因的信。這封信建議道，「不妨讓一個血統純正的阿拉伯人（例如侯賽因之類據稱為先知穆罕默德後裔的哈希姆家族成員），在麥加或麥地那登上哈里發之位。」基欽納深信哈里發類似天主教教宗，掌管精神領域，卻未充分理解他向侯賽因所提建議的意涵——那就是取代鄂圖曼蘇丹，出任伊斯蘭世界的最高統治者，或至少是亞洲土耳其區阿拉伯語地區王國的最高統治者。一九一五年夏，這位麥加行政長官在所謂的「大馬士革草案」（Damascus Protocol）裡求之於開羅的，就是這樣的一個王國。[6]但基欽納和他的開羅顧問的確知道（或以為自己知道）在一九一四年十一月當鄂圖曼蘇丹宣布對大英帝國發動聖戰之後，若英國自己不小心應付將可能會失去：散布在印度次大陸、波斯灣諸國、埃及、英埃蘇丹（Anglo-Egyptian Sudan）的英國數億穆斯林子民的效忠。基欽納試圖將哈里發之位從君士坦丁堡「移」到麥加，從而實質上也在玩土—德陣營的聖戰把戲，強化哈里發之位對伊斯蘭世界的重要性，尤其是漸漸起心動念要成為哈里發的侯賽因本人，更加看重此一職位。*

* 穆斯塔法・凱末爾於一九二四年廢除哈里發之位後，侯賽因的確自封為哈里發，只是那時世人已不大關注他的一言一行。

若說不管是青年土耳其黨的傀儡蘇丹穆罕默德・雷夏德五世，還是基欽納認定的可能人選麥加行政長官侯賽因，都無法讓世上的三億穆斯林聽命於他們，這絕對有其可能（要伊斯蘭世界裡居於少數且不承認此二人為哈里發的什葉派聽命於他們其中任何一人，則是肯定不可能）。* 土耳其人和德國人冒著毀掉蘇丹公信力的風險，祭出蘇丹的宗教權威來推崇鄂圖曼戰爭，此舉的結果有好有壞（原因之一是麥加的行政長官，即伊斯蘭聖城的守衛者，尚未公開認可鄂圖曼聖戰）。妄想在英國人支持下當上哈里發的侯賽因，若召喚穆斯林起來反抗鄂圖曼統治，藉此申明他理當坐上此位的主張，大概會發現他的權力其實和蘇丹一樣有限。

因此，在英國人支持下取代蘇丹的想法，理論上再怎麼令他動心，實際上再怎麼有利可圖（自一九〇八年當上麥加行政長官起，侯賽因一直從英國駐紮開羅的專員那兒領取獻金，但他如果公開反叛土耳其，這筆錢的數目肯定會劇增），他都有充分理由避免與鄂圖曼政府公開決裂。此外，即使哈希姆家族是較具號召力的世系，鄂圖曼人的武力終究大上許多，可輕易派兵攻取麥加。侯賽因也不是唯一聲稱自己理當坐上哈里發之位的哈希姆家族成員。他的前任行政長官阿里・阿卜杜拉帕夏（Ali Abdullah Pasha）於一九〇八年劇變期間遭強行罷黜，而且恩維爾已揚言，如果侯賽因不聽話，會任命哈希姆家族裡遭驅逐之札依德（Zaid）支系的阿里・海達爾帕夏（Ali Haidar Pasha）為麥加行政長官。此外，侯賽因接受英國人撥款補助的同時，也收受鄂圖曼政府定期送來的黃金和武器，而如果找對門路，和德國人搭上線，說不定德國人也會對他下注，讓他三方逢源。誠如埃爾米哈比布拉在阿富汗所發現的道理，如果以「聖戰」為標的物要敵對的雙方出價競標，獲利可以極大（一九一六年時阿富汗埃米爾從英國在印度統治當局收受的金額一年已達四十萬英鎊；他還要求德國給予一千萬英鎊，以便他發動聖戰，揮兵入侵印度）。[7] 如果麥加行政長官能讓恩維爾和英國人都開心，就可以發大財，同時又不必召喚他的追隨者戰鬥，從而不致使自己的精神權威受到質疑。

戰爭第一年，侯賽因正是這麼做。在蘇伊士，這位麥加行政長官盡可能兩邊都不得罪，於是，拒絕派兵或駱駝支援傑瑪爾，但派了一位六十五歲的代表掌麥加的神聖綠旗（這位年老的掌旗人一九一四年聖誕夜死於耶路撒冷，高昂的聖戰熱情惡化了他的心臟病）。侯賽因既派次子阿卜杜拉到開羅，在基欽納示意拉攏之後，用甜言蜜語從英國人那兒盡可能撈取好處，同時派三子費瑟（Faisal）到君士坦丁堡探詢青年土耳其黨的想法。

前往君士坦丁堡途中，費瑟於一九一五年三月走訪大馬士革，待了頗長時間。誰向

* 德國人的確以一萬兩千美元的訂金，贏得卡巴拉一地什葉派大穆夫提（grand mufti）對鄂圖曼聖戰的支持，但最終這就和尼德邁耶從阿富汗埃米爾哈比布拉那兒爭取到的入侵英屬印度的承諾一樣，口惠而實不至。

誰說了什麼，未有史料可說明，但費瑟的目的似乎是就阿拉伯人發動反土耳其、挺協約國的譁變暨叛亂的成功機會，向盟約會（al-’Ahd）與青年阿拉伯會（al-Fatat）徵詢意見。這兩個秘密會社都由受過教育的阿拉伯裔軍官組成，性質都類似統進會。這些密謀造反的阿拉伯人為受到哈希姆家族出身的麥加行政長官關愛而受寵若驚，但未沖昏頭貿然接受此想法。他們似乎建議費瑟，他和他父親應固守既有作法，只有在英國承諾戰後讓阿拉伯語區立即獨立，才可答應助英國推翻鄂圖曼人。眾人一致認為，挑動雙方互鬥從中得利，沒有壞處，看看誰答應給阿拉伯人的好處最多再支持誰也不遲。在大馬士革探問過他眼中的「阿拉伯人意見」之後，費瑟前往鄂圖曼都城聽取青年土耳其黨的看法。

在君士坦丁堡，他受到的接待較冷淡。恩維爾和薩伊德・哈利姆帕夏已非常清楚哈希姆家族和英屬開羅往來之事，最初甚至不願見費瑟。介入調解者是研究阿拉伯文化的考古學家暨探險家馬克斯・歐本海姆（Max Oppenheim）男爵。此人替德皇獻上旨在打垮大英帝國的聖戰策略，在旅居君士坦丁堡時（即侯賽因成為麥加行政長官之前）就認識費瑟的父親。歐本海姆原本很失望他所敬重的侯賽因還不支持這個聖戰大業。費瑟知道歐本海姆很希望他的父親投入他的陣營，於是願意極力交好以贏取信任。一九一五年四月二十四日（加利波利半島登陸行動的前一天），費瑟去了這位德國籍東方學家在佩拉宮飯店（Pera Palace Hotel）的下榻處，告以他「很寬慰，伊斯蘭的利益與德國的利益完全一致。」然後，費瑟有點大言不慚地說，一九一四年十一月他父親侯賽因得知鄂圖曼發布聖戰令時，告訴他的兒子，「這下我如果死了，也了無遺憾」（怪的是侯賽因並未為此感動到公開認可反英聖戰——以免英國不再資助他）。[8]

這些話當然有不少是鬼話。但德土兩國關係存有耐人尋味的緊張關係，讓費瑟在此得以見縫插針加以利用，費瑟的說法也大略透露了侯賽因在其東方式諂媚背後的真正想法。誠如侯賽因和費瑟兩人所知的，自一八九八年「哈志」威廉做出赴大馬士革向薩拉丁墓朝拜的奇怪舉動，在那裡向「三億穆斯林子民保證，德皇將永遠是他們的朋友」起，伊斯蘭聖戰就一直是德國特別重視的目標。一九一四年一月恩維爾和青年土耳其黨出於自身利害考量，支持這一主張，此舉主要是為了擺個姿態，以鞏固土耳其境內穆斯林對鄂圖曼政府的支持，而非出於要發動全球聖戰摧毀大英帝國的什麼浪漫想法。從阿拉伯麥加的視角看，恩維爾熱情擁抱聖戰之舉，似乎比德國人的同樣舉動更為陰險，因為青年土耳其黨不已強行罷黜最後一位真蘇丹阿卜杜勒·哈米德二世——不折不扣的德皇友人——並扶立無實權的傀儡接任？他們不是已廢除哈米德為求泛伊斯蘭團結而任命阿拉伯人當帝國高官的作法？他們不是已接受從平等對待非穆斯林到讓女人享有權利的種種不符伊斯蘭教義的觀念？誠如費瑟在佩拉宮飯店向歐本海姆直截了當提醒的，他們不是已在麥加、麥地那這兩座聖城設立不受宗教左右的世俗學校，在那裡教授「異教徒」（即歐洲人）的語言？[9]

在為了一九一四年十一月的聖戰宣言半決裂之前，麥加與青年土耳其黨就互看不順眼。義大利戰爭期間，侯賽因挑明不予土耳其口頭支持，遑論招兵買馬助陣。表面上這是因為痛恨君士坦丁堡的新青年土耳其黨政權不符伊斯蘭正統，但為了的黎波里決裂一事間接表明，侯賽因也不想與任何歐洲強權為敵，特別是不想與英國駐紮開羅的專員為敵，後者不只送他黃金，還確保愈來愈多的朝覲信徒順利抵達麥加。朝覲是漢志經濟的真正基礎，而一九一四年世界大戰造成朝覲人數銳減，加上鄂圖曼軍隊的徵用和一九一五年敘利亞的蝗災，使哈希姆家族比以往任何時候更加倚賴外來補助，特別是英國送來的糧食。[10]要讓侯賽因與他所不信任的恩維爾站在同一邊，從而拋掉可讓其獲利的英國關係，光高唱伊斯蘭團結的高調，遠遠不夠。

但費瑟竭盡所能讓君士坦丁堡放心，他的父親會配合鄂圖曼政府。侯賽因的這個兒子建議歐本海姆請青年土耳其黨關閉該政權在麥加、麥地那的世俗學校，向阿拉伯青年灌輸向協約國強權發動聖戰的主張，藉此在世俗學校這件事上反將了青年土耳其黨一軍。費瑟還說，可向住在麥加的成千上萬英國子民和每年前來朝覲的另外成千上萬人不斷灌輸聖戰主張。他還存心要為難對方，建議土耳其和德國幫忙散播漢志居民集體餓死的情事，把飢餓怪到英國的統治頭上——儘管事實是誠如費瑟所坦然承認的，自戰爭開打，英國就時時在紅海岸停泊四艘巨大穀物船，且幾乎獨力餵飽當地居民。更為偽善的是，費瑟建議讓他的父親派聖戰特使搭英國船到英埃蘇丹和印度，並以「各種改革會的擁護者」自居以掩護其身分。針對侯賽因承諾對自己金主發動聖戰一事，歐本海姆問此承諾有多認真，費瑟答道，「我們會盡自己本分，成功與否則由阿拉決定。」[11]

這是廉價的承諾，輕易許下也輕易就遭毀棄。恩維爾真正想知道的，乃是侯賽因要如何協助傑瑪爾預定於一九一六年春對蘇伊士運河重啟的攻勢。第一次進攻時，麥加行政長官避開了出兵助陣的責任，但傑瑪爾和恩維爾都不願讓此事再發生。蘇伊士之役將成為測試侯賽因忠貞程度的絕佳工具：如果他未對這場重要戰役提供具體援助——不只是一面旗和一個勉強掌得住旗的男子——那就表明他是英國的人。費瑟立即轉達侯賽因的話，（透過歐本海姆）承諾恩維爾，他父親準備「招集阿拉伯騎兵和其他貝都因人組成一支軍隊，參加（日後）進攻蘇伊士運河的行動」，但他一如以往謹慎，不交待具體細節。恩維爾得知此事後，召見費瑟，要求侯賽因至少派一個兒子到大馬士革加入傑瑪爾的軍隊，且好意暗示道，如果費瑟本人來，那再好不過。[12]

一如恩維爾所知，鄂圖曼第四集團軍司令部所在地——大馬士革，是費瑟所不宜久留的危險城市。如果麥加是穆斯林世界的精神首府，大馬士革（尤其在開羅於一八八二年遭英國人占領後）則是阿拉伯人政治陰謀橫行的非正式首府。敘利亞，當時一如現在，有著多得叫人眼花撩亂的族群和教派，包括遜尼派與什葉派穆斯林、阿拉維派教徒（Alawites）、馬龍派（Maronte）基督徒、希臘東正教徒、亞美尼亞人與亞述基督徒、德魯茲派教徒、本土的米茲臘希（Mizrahi）猶太人和西班牙系（Sephardic）猶太人。據稱自十字軍時代起就對黎巴嫩、敘利亞有染指野心的法國，老早就在培養與當地阿拉伯人的關係（這些阿拉伯人裡，基督徒占多數但非全部）。傑瑪爾於一九一四年十二月在大馬士革接掌第四集團軍，上任後的首批作為之一，乃是廢掉法國領事館，因為他在該領事館發現搞煽動造反的阿拉伯人與協約國往來的許多證據。令傑瑪爾大為驚駭的，他還發現與敵人密謀生事的，不只基督徒，還有敘利亞穆斯林，特別是陸軍軍官。費瑟會晤過歐本海姆而於一九一五年五月下旬返回大馬士革時，傑瑪爾已打掉第四集團軍裡三個純阿拉伯人的師，逮捕數十名涉嫌與協約國密謀生事的軍人、平民（包括與費瑟見過面的數人）。令許多外國觀察家大感意外的，傑瑪爾似乎要挑阿拉伯裔穆斯林來殺雞儆猴，儘管基督徒族群裡不忠的證據更多（敘利亞猶太人的政治立場介於兩者之間，並未特別忠於鄂圖曼政府，但比基督徒更謹慎於與協約國特務密謀之事）。一九一五年八月在貝魯特遭傑瑪爾下令處死的十一名阿拉伯裔叛國者，十人是穆斯林，只有一人是基督徒。另有四十五名叛國者在缺席的情況下被判死刑，其中許多人眾所皆知與費瑟、侯賽因過從甚密。恩維爾要求調費瑟到傑瑪爾帳下，箇中意涵很清楚。他是人質，會受到嚴密監視。[13]

恩維爾與傑瑪爾不放心費瑟，合情合理，儘管他們未完全掌握他所作所為的詳情。第一批處決行動震撼鄂圖曼敘利亞時，哈希姆家族已深深捲入叛國活動無法脫身，而計畫中的叛國活動，規模非常浩大。開羅與麥加之間的交易，從基欽納答應建立一個「神聖的阿拉伯古萊氏（Koreishite）哈里發國」（此前從未存在的東西），到侯賽因含糊而幾乎不可信的保證（會有鄂圖曼軍中的十萬或者說不定二十五萬阿拉伯士兵投誠到他旗下），始終都有異想天開的成份。然後，侯賽因與亨利・麥克馬洪爵士（基欽納欽點的駐開羅高級專員繼任人選），就巴勒斯坦、敘利亞、美索不達米亞的未來安排，有過注定談不出結果的談判。在這些談判中，麥克馬洪非常巧妙的避免許下清楚的承諾，致使直到今日外交史學家（和某些政治人物）仍在爭論當初英國人到底許諾戰後由誰來統治每個區域。由於法國在仍進行當中的「薩佐諾夫—賽克斯—皮科」談判中聲明巴勒斯坦和敘利亞為其所有，且倫敦當地意見分歧，麥克馬洪未能讓侯賽因如其所願也就不難理解。「麥克馬洪—侯賽因通信」，在雙方各懷鬼胎下進行，只有在事後回顧時才受到認真看待和賦予重大意義。當時，侯賽因只是想知道他可從開羅那兒騙到什麼好處，甚至英國人有向侯賽因和阿拉伯人的陰謀造反許下幫助的承諾。愛德華・格雷爵士（在難得不含糊以對的時刻）稱這承諾為「絕對無緣成真的空中樓閣」的東西。[14]

到了一九一六年，由於新蘇伊士攻勢已在籌備中，麥加行政長官侯賽因已沒多少時間可用來操弄雙方從中得利。對於開羅，哈希姆家族原本大可繼續幾乎無限期的拖延。英國人希望他們造反，但可用來操控侯賽因的工具，就只有定期給他的酬勞；如果不繼續給他酬勞，他大可更用力壓榨土耳其人和德國人。相對地，恩維爾和傑瑪爾能重重打擊哈希姆家族，不管是從疏到親逐步逮捕與費瑟有關係的人士，還是以武力恫嚇麥加，還是革去他的麥加行政長官之位，都能達到重擊該家族的效果。侯賽因想趁傑瑪爾還未在蘇伊士攤牌，最後一次壓榨青年土耳其黨，於是在一九一六年初期向恩維爾發出正式請求，請鄂圖曼當局結束對敘利亞境內約六十名阿拉伯密謀者還在進行的審判，保證「我在整個漢志地區的獨立自主，封我為世襲君主」，如此一來他就會忠貞不貳。麥加行政長官向青年土耳其黨要求的東西，基本上就是基欽納和麥克馬洪所承諾給他的東西——一個獨立的阿拉伯王國（只差在沒要求哈里發的頭銜，那是鄂圖曼人顯然不會給的東西）。這值得一試。[15]

鄂圖曼人的回覆令侯賽因洩氣。一九一六年四月上旬，傑瑪爾召見費瑟，示以侯賽因的放肆要求，要求一個解釋。費瑟能做的，就是斷言他父親受誤解，或者說他父親的信息在從阿拉伯語譯成鄂圖曼土耳其語的過程中有所誤譯。傑瑪爾完全不接受侯賽因的要求。他告訴緊張不安的費瑟，「假設（鄂圖曼）政府答應你們的要求，只為了在我們正處於動蕩不安的時期確保你們不致添亂子。然後，如果戰爭結果是我們獲勝，屆時還有什麼能阻止政府以最嚴厲的手段處置你們？」為讓麥加知道政府的意思，傑瑪爾宣布新一波逮人行動，逮捕敘利亞境內的阿拉伯民族主義者，並通知侯賽因他會派三千五百士兵經過漢志——宣稱是為了助德籍少校奧特馬爾・馮・史托欽根（Othmar von Storzingen）在葉門為歐本海姆成立一新的聖戰宣傳中心。[16]

一九一六年五月，事態來到緊要關頭，史托欽根代表團已抵達大馬士革，正大張旗鼓為其進軍漢志作準備（包括讓歐本海姆的德國籍伊斯蘭專家卡爾・諾伊費爾德與其十八歲庫德族情婦奉子成婚，以讓他在進入麥加、麥地那這兩座聖城之前，完成正式皈依伊斯蘭的手續）。* 距預定的第二次蘇伊士攻勢的發起日只剩幾星期時，傑瑪爾送五萬磅黃金到麥加，還有武器（約一千五百枝步槍），以裝備侯賽因所承諾組建的貝都因營。五月五日，他簽發二十一名密謀作亂的阿拉伯人的處決令，隔天在大馬士革和貝魯特將他們公開吊死。費瑟與其中某些死刑犯有私交，出面反對處死，傑瑪爾即示以書面的犯罪證據。費瑟壓下驚駭之情，（據傑瑪爾的回憶）被迫同意判決公正合理。然後，侯賽因的兒子告假離開大馬士革，說是為了替蘇伊士攻勢組建漢志貝都因人部隊。傑瑪爾的

* 卡爾・諾伊費爾德（Karl Neufeld）此前曾被馬赫迪囚在蘇丹十八年，一八九八年在恩圖曼（Omdurman）被基欽納釋放。諾伊費爾德似乎並未為自己重獲自由而感激英國人。

猜疑至此幾乎得到證實，隨之給了費瑟五千磅黃金和五千個「瑪麗亞・泰蕾莎銀泰勒」（〔Maria Theresa silver thaler〕自一七八〇年鑄造以來，在阿拉伯世界一直很受珍視的銀元），並祝他好運——但堅持要一小隊鄂圖曼士兵陪費瑟同去。[17]

阿拉伯人的第一起叛亂行動，事先就可料到且不光彩。費瑟一抵達漢志，即甩掉他的土耳其護衛隊，帶著傑瑪爾給的現金潛逃，猶如要補償他自己的叛國損失。然後，據傳說，一九一六年六月五日或其前後，麥加行政長官侯賽因拿起滑膛槍，發出傳統的起義信號——朝麥加的鄂圖曼軍營裡開了一槍（除非叛亂發生在麥地那，那此說就有待商榷）。這個日期至今仍有爭議，原因之一在於，據侯賽因給開羅的最新承諾，他原打算在六月十六日起兵造反，因為受到傑瑪爾的威脅，他才提早動手。我們說造反始於六月五日，乃是根據侯賽因的四子宰伊德（Zeid）與英國駐開羅的東方秘書（Oriental secretary）羅納德・斯托爾斯（Ronald Storrs）六日在吉達會晤時說漏嘴的一段話。當時斯托爾斯問宰伊德，英國要給侯賽因那麼多錢（最近一次索要的金額是七萬英鎊），侯賽因究竟答應做什麼作為回報，宰伊德脫口而出道，他「很高興能向你宣告，（阿拉伯人叛亂）昨天已在麥地那發動了。」不管叛亂是否前一天就在麥地那（或麥加？）開始，宰伊德透露的信息，斯托爾斯深信不移，於是另外給了宰伊德一萬英鎊，還有要給費瑟與阿卜杜拉的五條香菸（斯托爾斯還答應給一挺馬克沁機槍，但那要再一個星期才會送到吉達）。

不管侯賽因的叛亂究竟始於哪一天，到了一九一六年六月第二個星期，叛亂似已在進行。到了六月底，侯賽因的部隊已壓制住麥加和塔伊夫（Taif，位於麥加南邊山區）的小股土耳其部隊（但未能壓制住土耳其駐麥地那守軍，該地守軍兵力大上許多，且透過鐵路得到來自大馬士革的補給），也控制住吉達、延布（Yenbo）這兩座紅海港口城市。在這兩座港市，英國皇家海軍原本即能用其武力嚇跑敵人。[18]

這些初期戰果令造反者誤判大局。一如侯賽因本人在其歷次向開羅許諾時所始終強調的，阿拉伯人稱兵造反的真正功用，在於誘發土兵集體逃亡，破壞土耳其軍隊的戰力。侯賽因在其宣告起義的阿拉伯語新聞稿裡（這與向開羅發出的新聞稿不同版本），替他的叛亂披上虔誠的伊斯蘭外衣，他提醒真正為阿拉而戰的阿拉伯軍人，「統一與進步」的政府否定

> 真主的話「男人所分得的要是女人所分得的兩倍」，但他們卻讓男女平等。他們更且要麥加、麥地那、大馬士革的守軍為了新且愚蠢的理由（在齋戒月）開齋……從而移除本教五大基石之一……他們削弱蘇丹的權力，使他尊嚴掃地，不准他自行選定他御用內閣的首長。他們還做了其他類似的事，掏空哈里發的基礎。

從宣傳的角度看，這份新聞稿寫得很好。侯賽因指控青年土耳其黨政權信教不誠之事，大體上屬實，那些指控一下子就戳破該政權之聖戰宣傳的虛假。但如果從鄂圖曼軍隊裡，除了少數幾個軍官，沒有哪個阿拉伯人部隊整個變節投奔英國陣營來看，他的懇切召喚最終落空。一如鄂圖曼聖戰，侯賽因的聖戰也未能發動。[19]

但這不表示那完全未起作用。說來諷刺，侯賽因叛亂所導致的第一批嚴重後果之一，乃是擾亂了英國統治的平靜。開羅或許猛向漢志發送「阿拉伯半島上的任何一吋土地，包括伊斯蘭的聖地，都不會被我們或其他哪個政府併吞」的承諾，但英國自己的穆斯林子民很清楚誰是麥加叛亂真正的幕後主謀。根據從德里發出的那些令人憂心的報告，一九一六年夏，英國自身的聖戰策略，在印度次大陸所激生的穆斯林民怨，似乎比去年冬天德國欲將聖戰輸送到那裡所激發的穆斯林民怨還要多。印度穆斯林「對阿拉伯人毫無同情之心」，得悉麥加叛亂後並非毫無所感：許多人高聲譴責侯賽因的背叛行為。[20]

麥加叛亂的另一個間接後果，對協約國來說較有利的後果，乃是激化土耳其人與德國人之間的緊張。首先，因為派史托欽根—諾伊費爾德軍事代表團經漢志前往葉門一事，鄂圖曼最高指揮部裡已出現嚴重失和——這支代表團，據說有一支具威脅性的土耳其護衛隊同行，因而成了激發侯賽因造反的因素。傑瑪爾惱火於諾伊費爾德在大馬士革那場可笑的公開皈依儀式，惱火於德國贊助而大搞特搞的聖戰宣傳。恩維爾已知悉率領德國代表團前去拉攏什葉派大穆夫提的德國少校佛里茨・克萊因（Fritz Klein），在卡巴拉試圖偽裝為穆斯林之事——結果當地的什葉派穆斯林得知那些吻他們手致意的人並非穆斯林之後，不得不立即執行三步驟的淨手儀式。恩維爾批准史托欽根代表團赴葉門（歐本海姆的高明點子之一），根本是勉為其難。批准之前，他向這位德國武官示警道，「一隊德國人要穿過麥地那和麥加，即使有土耳其人護衛，也不可能如願。沒人能保證他們不會在途中遇害。」好似要證明恩維爾的觀點無誤，六月爆發侯賽因之亂後，史托欽根代表團在延布附近遭貝都因人攻擊，他們的土耳其護衛隊大部分死於伏擊（這兩名德國人經歷這場襲擊竟保住性命，但另一群德國人同一個月在吉達北部遇害）。史托欽根大為震撼，坦承恩維爾說的對，在漢志沒人能確保他的安全，但他把此事歸咎於恩維爾鎮不住哈希姆家族的叛亂。[21]

對於侯賽因的叛國，鄂圖曼報界最初連提都不提，但到了晚夏，此事已被幸災樂禍的英法宣傳機器傳到世界各地，根本封鎖不住。但漢志發生英國人所贊助的叛亂，卻未使阿拉伯裔軍人逃兵，反倒被大部分土耳其軍人視為歐洲人（特別是德國人）另一個背信棄義的表徵。德國人不只招來俄國人的攻城略地，還導致阿拉伯人煽動叛亂。在鄂圖曼陸軍似乎要解體之際，該軍中任職的德國人之多已達到歷史新高（一九一六年時已將近一萬），這現象也不利於德、土關係。一份反德的宣傳小冊在部隊裡流傳，小冊力促土耳其軍人勿「為了把我國變成德國殖民地」犧牲性命。一九一六年上半年，二十四名土耳其軍官因為攻擊或騷擾德國公民遭軍法審判。特拉布宗陷落的消息於四月傳抵君士坦丁堡時，被視為心向德國的恩維爾帕夏遭一名狂熱穆斯林攻擊，該穆斯林指責他把土耳其拉進德國的戰爭裡（後來行凶者未因此事喪命）。[22] 一九一六年六月，即侯賽因反叛那個月，俄國探員報告，德國大使館和佩拉區裡被人知道有德國人居住、工作的建築，都架設了德國機槍隊，防範暴民攻擊。八月，德國公民領到手榴彈防身，在錫瓦斯，土耳其軍官勸當地德國軍官立刻離開土耳其，以免遭遇「可怕的屠殺」。[23]

在多災多難的那一年，土耳其民怨的矛頭不只指向德國人。在拉濟斯坦（Lazistan）的俄國先遣隊防線沿線，傳出數名本都（Pontic）希臘人遭報復性殺害的情事（據認因為協助入侵者而喪命），接著，在特拉布宗港落入俄國人之手後不久，希臘裔於五月時遭土耳其人逐出特拉布宗省（送往內陸的卡斯塔莫努和錫瓦斯這兩座據認〔至少眼下目前〕不致遭俄國人侵犯的城市）。九月開始謠傳希臘終於要參戰，隨之發生更大規模的驅逐希臘人行動，主要發生於色雷斯、士麥那（伊茲密爾）之類西部區域。鄂圖曼希臘人受到的迫害不如亞美尼亞人一九一五年所遭遇的嚴重，但一九一五、一九一六年至少十五萬希臘裔被迫離開家園，此前的巴爾幹戰爭至一九一四年間，也有差不多同樣數目的希臘裔被迫漂泊異鄉。[24]

可想而知，一九一六年動亂期間，鄂圖曼亞美尼亞人未能躲過迫害。理論上，塔拉特已於一九一五年秋結束驅逐亞美尼亞人的行動（一九一六年三月十五日他在發給所有地區行政長官的指示中重申此事），但仍有某些官員利用某種漏洞對付「危險人物」。一九一六年，數千名亞美尼亞裔被以這個籠統的藉口，逐離位於科尼亞、安卡拉、安泰普（Antep，加齊安泰普／Gaziantep）、馬拉什的家園。一九一六年十一月在士麥那附近的某墓地裡發現私藏的軍火後，約三百名亞美尼亞裔被逐離該地，但這一次，德國人難得一見的出手干預。赴各地巡察而這時剛好在該城的利曼・馮・桑德斯，插手阻止進一步的驅逐行動。一九一六年，青年土耳其黨政府也把數千名庫德人驅離靠近俄國先頭部隊的前線區，藉此表明他們驅離人民並非完全以宗教為考量。[25]

一九一六年席捲鄂圖曼帝國的仇外風潮，沒有哪個外國人或少數族群得以倖免。佩拉區，即君士坦丁堡裡主要的外國人居住區，路牌上的外語（和希臘語、亞美尼亞語）全部被拿掉。德、奧、匈的軍官被告知只能穿鄂圖曼制服，以免引人側目。在都城的大學裡任教的德國籍教授被命令以土耳其語授課，在課堂上戴非斯帽。恩維爾和塔拉特開始力促柏林和維也納認可徹底廢除最惠國條約時，許多德、奧國民認為這代表該是時候離開土耳其了（一九一七年一月德奧兩國禁不住脅迫終於同意此事）。巴格達鐵路正被「土耳其化」，因為該鐵路的大部分外籍工程師就要離開。一九一六年十月，為該鐵路提供資金的德國銀行家要求收手，以免到頭來血本無歸（由於該鐵路仍未完成，此要求遭否決）。誠如恩維爾的友人漢斯・胡曼一九一六年十一月向東方學家恩斯特・耶克（Ernst Jäckh）寫道的，「我認為，德國和土耳其已不再互解互諒，不管是政治家，還是人民，都是如此。」[26]

從某個意義上說，一九一六年席捲土耳其的仇外心態，純粹源於世界大戰打得國疲民困，就和先前對義大利、巴爾幹聯盟打了三年仗後的心態一樣。到了一九一六年夏，土耳其死傷已至少五十萬。由於每年的徵召入伍兵只有九萬，如果照目前這樣的速率消耗下去，鄂圖曼陸軍可能到一九一八或一九一九年就沒兵可用。由於軍方亟需補充兵員，恩維爾於一九一五年四月廢除了針對非穆斯林的僅存幾項免服役措施——鄂圖曼政府努力喚起忠貞基督徒軍人的同仇敵愾之心，但該政權還在迫害國內大批希臘裔、亞美尼亞裔人民，致使這項努力，委婉地說，大打折扣。到了一九一六年六月，即侯賽因發動阿拉伯人叛亂那個月，鄂圖曼陸軍的徵兵人員已在招募年紀達五十五歲的男子，兵力的吃緊由此可見一斑（英、俄間諜也向母國欣然回報了這一情況）。[27]十一月，恩維爾向胡曼說明土耳其境內仇外、反德心態為何高漲時說，「我們已失去七個省，人民大量犧牲，經濟已完全垮掉。」[28]

帝國的人力吃緊，當然與恩維爾本身的政策，特別是前面已提過，一九一六年從加利波利半島調七個精銳師赴奧匈戰線的奇怪決定，有很大的關係。由於這一決定，鄂圖曼帝國沒有可用的兵力來擊退進犯的俄軍，增援傑瑪爾的第二次蘇伊士攻勢，或平定侯賽因在漢志的叛亂。埃爾祖魯姆陷落後，第三集團軍潰不成軍，據某些估計，光是逃兵就有五萬人。[29]為支撐住對俄的高加索戰線，恩維爾不得不幾乎從頭組建一支新軍，於是用色雷斯的第二集團軍殘部和新組建的第十六軍組成該支新軍。第十六軍軍長為穆斯塔法·凱末爾，軍中官兵大部分打過加利波利半島戰役。這些士兵被派去迪亞巴克爾，以在尤德尼奇消滅第三集團軍殘餘兵力之前，進攻位於比特利斯的俄軍南翼。恩維爾盤算著，如果一切順利，第二、第三集團軍能在埃爾津詹平原對接，然後奪回特拉布宗和埃爾祖魯姆。結果，第二集團軍於一九一六年八月二日發動攻勢時，對第三集團軍來說已經太遲，該集團軍已在七月二十五日獻出埃爾津詹。凱末爾的老兵部隊的確奪回比特利斯和穆什，但由於第三集團軍已遭擊潰，這兩場勝仗都是慘勝。到了九月底，山區降下初雪時，土耳其人已再度後撤，俄軍則守住從特拉布宗經埃爾津詹、穆什到比特利斯上方山區的一條紮紮實實的防線（鄂圖曼第二集團軍則在比特利斯死守）。[30]

就在恩維爾動用他僅存的戰略預備隊對付高加索的俄國人時，一九一六年八月第一個星期，土耳其同時發動了另外兩場不顧後果的攻勢。漢志發生叛亂之後，恩維爾和傑瑪爾本有可能乾脆取消第二次蘇伊士運河攻勢，結果侯賽因的放肆無禮似乎反倒使土耳其更加迫不及待要殺殺他英國金主的威風。但第二次出擊棘手許多，因為第一次出兵蘇伊士已使開羅開始提防土—德的意圖，而且隨著英國從加利波利半島撤兵，英國多出四個師可用來增援這時由阿切博爾德·默里（Archibald Murray）將軍統領的埃及遠征軍。默里曾任大英帝國副參謀總長，已決定採行前沿防禦方針，要從坎塔拉（Kantara）築一條新的單線鐵路進入西奈沙漠，抵達運河東邊二十八哩處的蓋提耶（Qatia），使英國人得以替附近羅馬尼（Romani），即埃爾阿里什（El-Arish）與運河之間的最大綠洲城鎮，構築防禦工事。克雷斯·馮·克雷森斯泰因得悉這些計畫，於是在一九一六年四月二十三日先發制人，襲擊英國這個新的鐵路終點站，但未能拿下蓋提耶或切斷英國人與羅馬尼的聯繫。八月上旬克雷斯回來以便發動主要攻擊時，英國人已在蘇伊士運河東邊將近三十哩處的蓋提耶—羅馬尼建立一道前沿防禦線。

但克雷斯盡了力。他再度利用埃爾阿里什綠洲（至少在那裡擊敗了英軍）率領第四集團軍第三步兵師的十二個營越過西奈沙漠，並有數個德國機槍連、四個德、奧十公分榴彈炮兵連、幾個戰壕迫炮營、德國突擊特遣隊同行。不管麥加行政長官有沒有派兵助陣，一九一六年八月三、四日夜抵達羅馬尼的鄂圖曼軍隊，戰力仍不可小覷，有官兵一萬一千八百七十三人，配備三千兩百九十三枝步槍、五十六挺機槍、三十門野戰炮。克雷斯派人偵察羅馬尼的英國防線，想找到弱點未果，最終決定大膽出擊，在八月四日早上出兵，結果遭遇第一、第二澳洲輕騎兵旅和紐西蘭騎兵旅領軍的英國騎兵部隊猛烈反擊，不敵而退。英國宣稱俘虜了四千人，令敵人死傷九千，（他們認為敵人的總兵力為一萬八千，但這個數目至少比真實數目多了一半）。克雷斯本人宣稱只死傷了約千人，但未否認他的部隊遭徹底擊敗。到了一九一六年八月七日，土耳其人、奧地利人、德國人已在向東越過西奈沙漠往埃爾阿里什撤退。第二次蘇伊士攻勢同樣失利，而且連運河的影子都沒看到就後撤。[31]

更奇怪的是一九一六年夏，恩維爾做了以下的決定：決定在哈利勒貝伊於美索不達米亞拿下勝利後乘勝追擊，入侵波斯，以及同意派第十五軍（三萬兵力）赴奧地利加利西亞。一九一六年五月，恩維爾親赴巴格達，下令阿里·伊赫桑帕夏（Ali Ihsan Pasha）的第十三軍大舉出兵攻入俄國所占據的波斯亞塞拜然之心臟地帶。一九一六年八月第一個星期，第十三軍抵達哈馬丹郊外。經過數日的小衝突，巴拉托夫下令其哥薩克部隊於八月九—十日那個晚上撤出該城，把主力部隊撤回到加茲溫。然後，阿里·伊赫桑帕夏下令要部隊休整，畢竟部隊從巴格達長行軍過來，兵疲馬困，而且因為不少人掛兵號，戰力大減，結果一休休到冬天。由於這場奇怪的攻勢，恩維爾給巴拉托夫在波斯的遠征軍稍稍帶來不便——而且在英國人每次於美索不達米亞重啟攻勢時，大大削弱了巴格達的防禦體系。在這同時，鄂圖曼第十五軍於一九一六年八月五日至二十二日間抵達加利西亞，剛好來得及在阿列克塞伊．布魯西洛夫（Aleksei Brusilov）將軍於六月攻破奧匈帝國防線後有助撐起加利西亞的防務。那年九月，陷入困境的鄂圖曼軍隊與俄軍激戰，為了保衛奧匈二元君主國，又死傷七千人。[32]

一九一六年初期，對在加利波利半島和庫特城對抗英國人的鄂圖曼人來說，前景一片光明，可惜好景不常，該年更晚時，鄂圖曼人在從黑海到蘇伊士運河的數個地方遭遇一連串戰略失利，中間只穿插著在波斯、加利西亞之類邊陲戰區取得的唐吉訶德式勝利。對這場戰爭的其他交戰國來說，一九一六年也不順遂。德國在凡爾登的攻勢（二月至十月）和英法在索姆河的攻勢（七月至十一月），都以殺戮的慘烈駭人而著稱於世，雙方都想戰勝對方，卻似乎都徒勞無功，徒然留下無數屍體。索姆河之役，緊接在加利波利半島之役和庫特之役後，終於讓阿斯奎斯的自由黨政府斃命，改由勞合．喬治擔任首相。在德國，法爾肯海因為凡爾登攻勢的徒勞無功引咎下台，為保羅．馮．興登堡和埃里希．魯登道夫（Erich Ludendorff）冷血無情的新政權出場讓出了空間，而這兩人上台後把文人總理特奧巴登．馮．貝特曼．霍爾維格也推到一邊。就連俄國，雖在埃爾祖魯姆取得漂亮戰果，且有布魯西洛夫將軍六月在加利西亞取得突破，也走得跌跌撞撞。布魯西洛夫的攻勢，一如侯賽因的阿拉伯人叛亂，最終變成猶如相約自殺，既滅掉此攻勢所要對付的奧匈帝國軍隊，也滅掉發起此攻勢的軍隊，集俄國自己的傷亡超過百萬。[33]

但如果有哪個交戰國已準備好從這場戰爭第三年（一九一六）的滿目瘡痍中得利，那肯定是俄國。俄國軍隊雖在歐洲受到重創，情況還是比奧匈帝國軍隊好，而且俄國仍有龐大的農民生力軍可供動用。俄國的軍用物資生產，在戰爭初期經歷多次停頓，到了一九一六年終於上軌道，莫斯科、彼得格勒、圖拉（Tula）的工廠這時的炮彈產量比奧匈帝國多三倍，幾乎與德國不相上下（而德國得把他們生產的大部分軍用物資送到西戰線）。從協約國運送到北部港口莫曼斯克的進口武器劇增，提高了俄國的產量。協約國將領在尚蒂伊（Chantilly）、彼得格勒的協約國跨國會議上思索一九一七年前景時「鬥志昂揚」——這不足為奇，因為這時他們在東、西戰線上，「兵員和槍炮多了至少六成」——而且俄國人正打算在一九一七年夏天之前裝備二十四個新陸軍師。在土耳其，尤德尼奇在作戰物資和兵力上至少比敵人多了一倍，且很可能還更多。在士氣上，俄國優於土耳其，幾乎是毋庸置疑，因為俄國人準備於一九一七年重啟攻勢，從埃爾津詹往錫瓦斯、安卡拉繼續推進。在拉濟斯坦，俄國人正沿著海岸線建造一條從巴統到特拉布宗的新鐵路，特拉布宗這時是俄國重要的前沿基地。黑海艦隊新司令官——海軍上將高爾察克（A. V. Kolchak），正在督導博斯普魯斯海峽大規模兩棲登陸行動的準備工作，包括組建一支特別的沙皇格勒斯基團（Tsargradskii Regiment），充當攻占君士坦丁堡的先鋒部隊。俄國期盼已久的黑海無畏級戰艦女皇凱薩琳二世號（Empress Catherine II），終於在一九一六年十一月三十日可派上用場，不久後，會有皇帝亞歷山大三世號（Emperor Alexander III）跟著問世（預期會於一九一七年春完工）。* 由於毛奇級戈本號退場大修，這時俄國在黑海享有毋庸置疑的海軍優勢（自一九一四年七月以來首見）。看過盟邦試圖在加利波利半島拿下其大戰利品而未果之後，俄國這時已準備好自己拿下君士坦丁堡。[34]

* 女皇瑪麗亞號（Imperatritsa Maria）在前一個冬天就已下水且投入作戰，但一九一六年十月內部爆炸而沉沒。

CHAPTER 14 俄羅斯的重要時刻

Russia's Moment

若為了某種人道主義的、世界主義的國際社會主義觀而宣布放棄最大的戰利品，那將是荒謬且令人遺憾的。

——帕維爾．米柳科夫，自由派立憲民主黨創黨者和俄國臨時政府首任外長，一九一七年三月[1]

俄國對鄂圖曼帝國大動干戈，其目的昭然若揭。數百年來歷代沙皇無不覬覦君士坦丁堡，視之為東正教傳統裡的「第二羅馬」，俄國戰略家預作綢繆，將此城命名為「沙皇格勒」。在一七六八至一七七四年的戰爭中擊敗鄂圖曼人且宣告克里米亞半島為俄國所有之後，凱薩琳女皇首度鄭重提出這想法。十九世紀，俄國對君士坦丁堡的染指念頭強烈到幾乎是老生常談，人盡皆知，致使英國人還拿這想法當主題編了歌曲，而有「俄國人別想拿下君士坦丁堡！」這麼一句副歌。這句歌詞已經說了「別想拿下」，這當然是使沙俄野心在一八二九年、一八五四至一八五六年和最近的一八七八年無法得逞的重要因素。但如今，時移勢易。一九一五年三月，英國已用嚴正的條約認可俄國對君士坦丁堡主權的聲索，且隨著一九一六年五月薩佐諾夫—賽克斯—皮科協議的簽署，再度認可這一惱人許久的聲索。沙皇這一數百年夢想的實現，就只剩一道障礙，那就是俄國對派兵登陸博斯普魯斯海峽沿岸以索取她的戰利品一事猶疑不決。

一九一六至一九一七年那個冬天，發動這一兩棲攻擊的時機比以往任何時候都有利。第一個有利因素，乃是毛奇級戈本號（即冷酷者蘇丹塞利姆號，但只有土耳其人如此稱呼此艦）退出戰場。蘇雄這艘德國無畏級戰艦，自一九一四年奇蹟似躲過英國追擊之後，一直是協約國陣營的心腹大患，在與俄國人的一連串激烈交手中，作為鄂圖曼海軍「不沉的戰列艦」，贏得實至名歸的威名。誠如某位雅不願長敵人志氣的英國人，在加利波利半島戰役尾聲時，向倫敦《晨郵報》（*Morning Post*）讀者所說的：

再度傳來戈本號重現黑海且遭潛艇攻擊受創的消息。這艘德國巡洋艦，不管是出於高明的決斷，還是出於不可思議的好運，似乎總能化險為夷。自大戰開打之初逃離小艦格洛斯特號的大膽追擊之後，她被魚雷擊中過，觸發過她自己布下的一枚水雷，曾在海上無霧的戰鬥中受創而導致船上發生爆炸，曾被拆下大炮供挪到岸上使用，曾在雖有乾船塢、但乾船塢容積明明不夠的地方，完成一道假水泥底板和其他重大修理。[2]

戈本號於一九一六年的交戰中發揮了作用，但未能阻止俄軍前進。一九一六年二月，戈本號把鄂圖曼人的補給運到特拉布宗，包括炮兵、機槍隊，差點協助保住埃爾祖魯姆。但這時，這艘堅不可摧的戰列艦據說已走完她最後的路。她的艦身和推進器受重創，加上君士坦丁堡煤炭嚴重不足，無法替她添加燃料，戈本號已被拆掉火炮，如今停泊在博斯普魯斯海峽裡，幾無防禦之力。海軍上將高爾察克要沙皇格勒斯基團出擊時，運氣會比加利波利半島戰役時的邱吉爾來得好，因為這艘曾經令協約國大為頭疼的戰艦似乎已爬不起來。*

從更廣的角度看，經過一九一六年的幾場戰役，俄國人已在戈本號被迫退出戰場之前，就徹底拿下黑海的制海權。俄國的第一艘黑海無畏級戰艦女皇瑪麗亞號十月時沉

* 戈本號會捱過一次世界大戰，成為土耳其共和國海軍的旗艦，表明她的確如傳說所說具有不死之身。在冷戰初期短暫再度震懾俄國人之後，冷酷者號終於在一九五〇年除役，一九七三年才被拖去報廢—因而比邱吉爾和她的其他大部分敵人存世更久。

沒於塞凡堡港，但一九一六年一月時，她趁戈本號還未能用其五門十二吋炮還擊，就朝戈本號發射了九十六枚十二吋炮彈（然後駛離戈本號射程），把蘇雄嚇出一身冷汗。這場交手未分出勝負，兩艘船都未受到重創。但從戰略層面講，瑪麗亞號已發出一重要信息：戈本號不再稱雄黑海。俄國這艘無畏級戰艦航速慢於蘇雄的旗艦，但火炮威力勝過戈本號。[3]

戈本號優勢的式微影響甚大，因為俄國人，相對於鄂圖曼人，已在驅逐艦、巡洋艦、魚雷艇和其他水面戰艦上享有相當大的優勢。即使在戈本號處於最佳狀況時，在如此廣闊的海域，也無法立即馳援任何地方，而且自戰爭開打以來，俄國艦隊在騷擾沿著黑海岸南北航行的土耳其運兵船、運煤船上已頗有成效。蘇雄的兩艘德國戰艦，在一九一六年初期克普呂柯伊—埃爾祖魯姆的決定性戰役中所扮演的角色，乃是武裝護航船隊的角色，由此可看出雙方海軍武力的失衡——戈本號和布雷斯勞號事實上做的是載運兵員和作戰物資，因為鄂圖曼帝國可用來護航運兵船的戰艦不足。這一作為的助益杯水車薪。戈本號載了四百二十九名官兵和火炮、機槍、三百箱彈藥到特拉布宗，布雷斯勞號只載了七十一名士兵和他們的武器。相對地，俄國人在拿下里澤和特拉布宗後，能走海路大舉增援尤德尼奇，包括增援兩個哥薩克偵察旅、兩個炮兵旅、兩個正規步兵師。光是一九一六年五、六月，俄國艦隊就把約三萬五千官兵和他們的馬匹、武器、裝備運送到黑海對岸以占領土耳其。[4]

在更西邊，俄國人和土耳其人長期爭奪君士坦丁堡東邊一百五十哩處宗古爾達克、埃雷利（Ereğli）的周邊海域，鄂圖曼都城的煤大部分從這兩個城市運來。而到了這時，俄國人也已在這場以牙還牙式的長期較量中占了上風。土耳其人在博斯普魯斯海峽口外布設的水雷，有助於阻止俄國艦隊進入海峽，但在海峽口更外面海域的東通道上，俄國人已開始布設自己的水雷以干擾蘇雄艦隊的交通系統。戈本號和布雷斯勞號都曾觸發俄國水雷，但它們也已多次護送運煤船到都城。一九一五年夏，戰局升高，德國人派潛艇進入黑海，俄國也出動潛艇反制，包括取了「蟹號」（Krab）這個貼切名字，世上第一艘在水下活動的布雷艇。但帶給土耳其船艦最大傷害者是俄國的水面艦艇，頻頻擊沉土耳其運煤船，甚至偶爾在運煤船有戈本號護航下予以擊沉。誠如德國某位海軍上校所論道，「這些配備火炮且航速快的俄國驅逐艦是黑海的真正霸主，什麼都不怕。」一九一六年二月，俄國為宗古爾達克附近的戰鬥，添加了一支生力軍，即由數艘簡單的第一代航空母艦組成的一支艦隊。這些航母由遠洋班輪改裝而成，從航母上起飛的水上飛機朝宗古爾達克港丟了炸彈，擊沉一艘運煤船。一九一六年間，俄國的黑海艦隊擊沉四艘德國潛艇、三艘土耳其魚雷艇、三艘炮艇、十六艘蒸汽運兵船和拖船、四艘摩托艇、約三千艘運煤帆船（但這個數目可能流於誇大，因為土耳其船長常將它們暫時沉沒於淺水

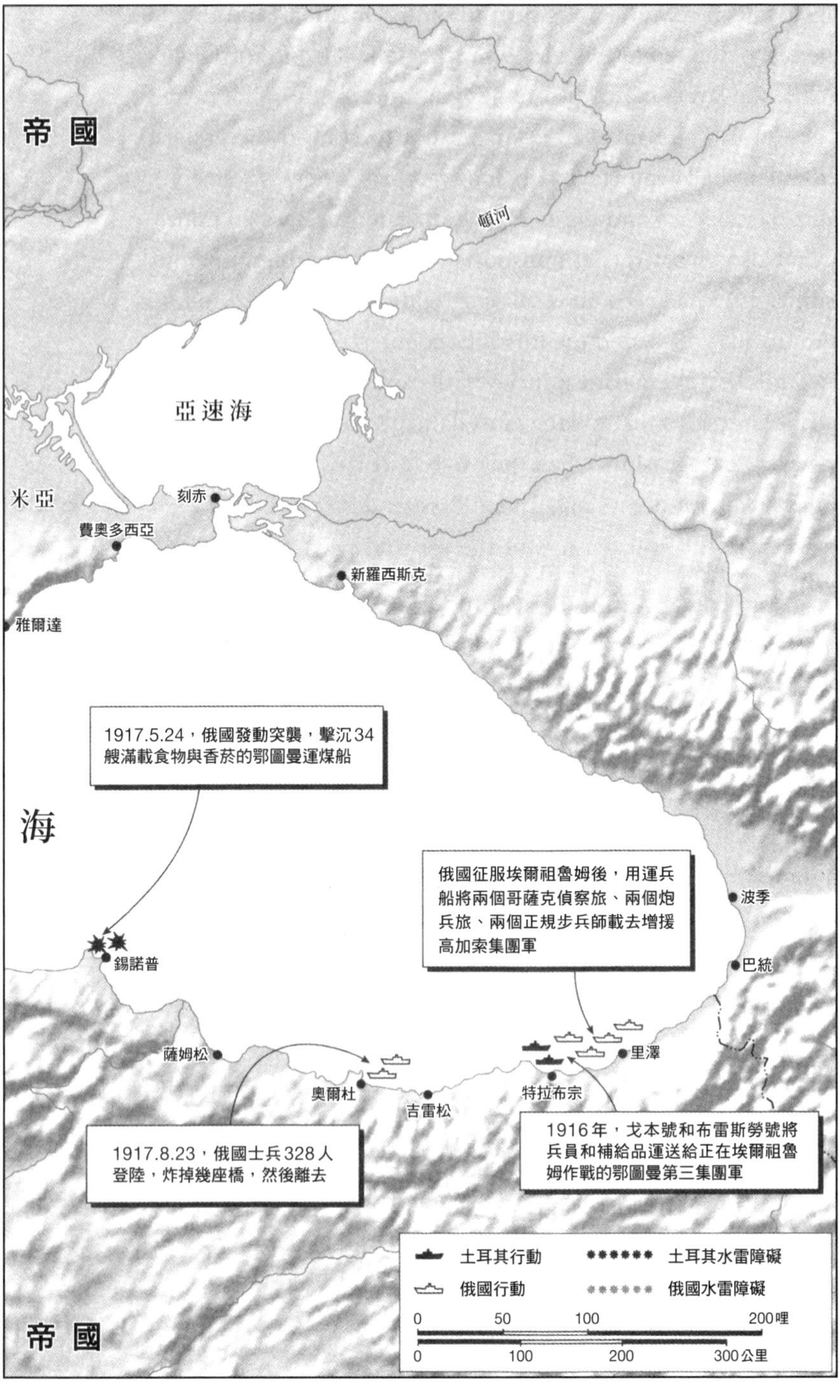
帝 國
頓河
亞速海
米亞
刻赤
費奧多西亞
新羅西斯克
雅爾達
1917.5.24，俄國發動突襲，擊沉34艘滿載食物與香菸的鄂圖曼運煤船
海
俄國征服埃爾祖魯姆後，用運兵船將兩個哥薩克偵察旅、兩個炮兵旅、兩個正規步兵師載去增援高加索集團軍
波季
巴統
錫諾普
薩姆松
里澤
奧爾杜
吉雷松
特拉布宗
1917.8.23，俄國士兵328人登陸，炸掉幾座橋，然後離去
1916年，戈本號和布雷斯勞號將兵員和補給品運送給正在埃爾祖魯姆作戰的鄂圖曼第三集團軍
土耳其行動
土耳其水雷障礙
俄國行動
俄國水雷障礙
0 50 100 200哩
0 100 200 300公里
帝 國

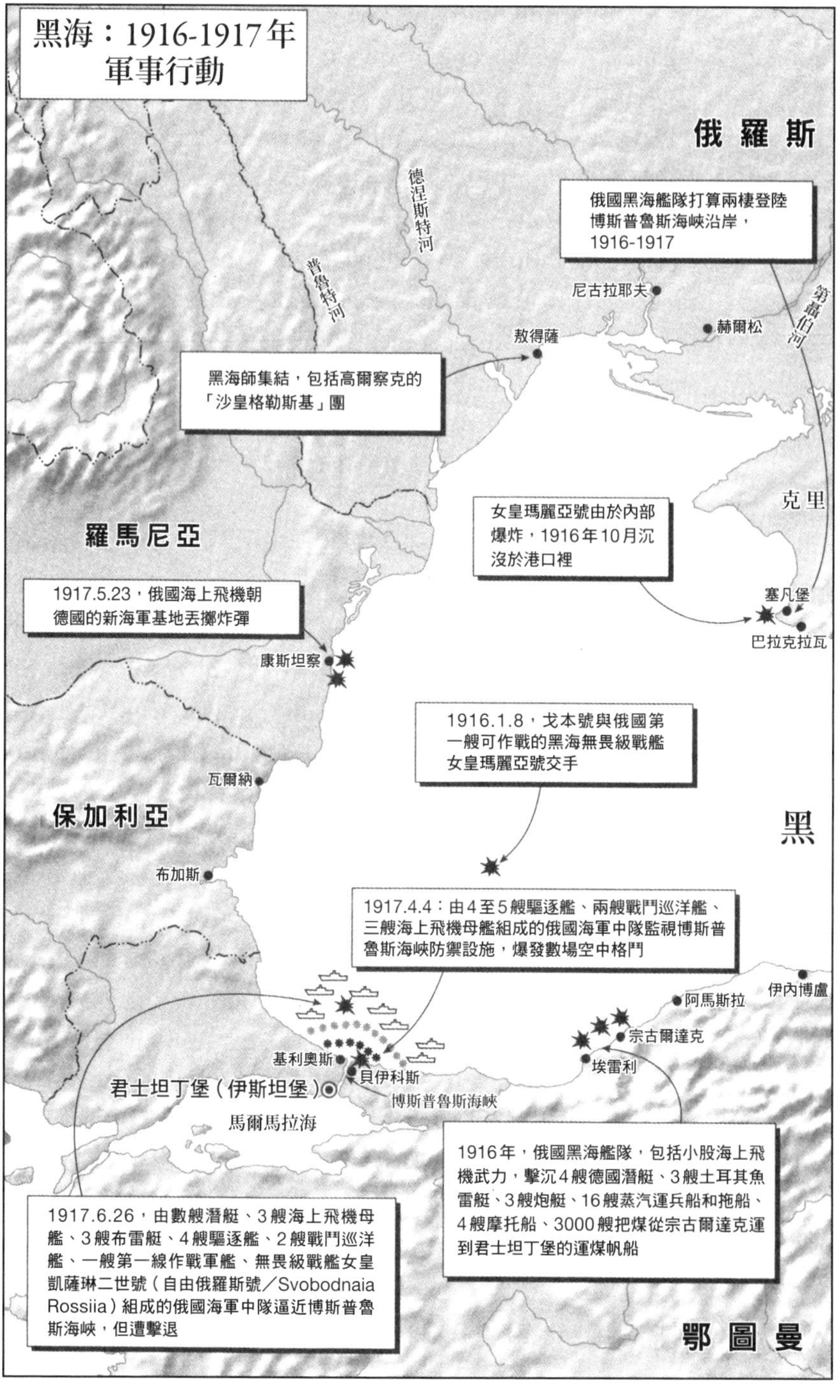
黑海：1916-1917年
軍事行動
俄羅斯
俄國黑海艦隊打算兩棲登陸
博斯普魯斯海峽沿岸，
1916-1917
德涅斯特河
普魯特河
尼古拉耶夫
赫爾松
第聶伯河
敖得薩
黑海師集結，包括高爾察克的
「沙皇格勒斯基」團
克里
女皇瑪麗亞號由於內部
爆炸，1916年10月沉
沒於港口裡
羅馬尼亞
1917.5.23，俄國海上飛機朝
德國的新海軍基地丟擲炸彈
塞凡堡
巴拉克拉瓦
康斯坦察
1916.1.8，戈本號與俄國第
一艘可作戰的黑海無畏級戰艦
女皇瑪麗亞號交手
瓦爾納
保加利亞
黑
布加斯
1917.4.4：由4至5艘驅逐艦、兩艘戰鬥巡洋艦、
三艘海上飛機母艦組成的俄國海軍中隊監視博斯普
魯斯海峽防禦設施，爆發數場空中格鬥
伊內博盧
阿馬斯拉
宗古爾達克
基利奧斯
貝伊科斯
埃雷利
君士坦丁堡（伊斯坦堡）
博斯普魯斯海峽
馬爾馬拉海
1916年，俄國黑海艦隊，包括小股海上飛
機武力，擊沉4艘德國潛艇、3艘土耳其魚
雷艇、3艘炮艇、16艘蒸汽運兵船和拖船、
4艘摩托船、3000艘把煤從宗古爾達克運
到君士坦丁堡的運煤帆船
1917.6.26，由數艘潛艇、3艘海上飛機母
艦、3艘布雷艇、4艘驅逐艦、2艘戰鬥巡洋
艦、一艘第一線作戰軍艦、無畏級戰艦女皇
凱薩琳二世號（自由俄羅斯號／Svobodnaia
Rossiia）組成的俄國海軍中隊逼近博斯普魯
斯海峽，但遭擊退
鄂圖曼

區，等俄國人離開該區域後再讓它們浮上水面）。海上情勢太糟，土耳其人不得不弄出一條取道薩卡里亞河（Sakarya River）的新內陸補給路線。蘇雄於一九一四年八月抵達君士坦丁堡後，曾向蒂爾皮茨保證君士坦丁堡的煤足夠，但到了一九一六年年底，德國人已每個月經由巴格達鐵路（這時塞爾維亞段已安全無虞）運送一萬四千噸煤到土耳其，以填補來自宗古爾達克日益擴大的供應缺口。

但這還是不夠。用以驅動戰艦的煤不夠，使蘇雄無法與俄艦爭奪宗古爾達克附近海域，從而使他能補給到的煤更少，如此惡性循環，缺煤日益嚴重。到了一九一七年一月，緊缺情況已嚴重到使鄂圖曼帝國剩下的戰列艦，包括戈本號、布雷斯勞號、圖爾古特·雷斯號（Turgut Reis）、哈米迪耶號（Hamidiye），連演習都做不了。好似放棄了在黑海與敵爭雄的念頭，蘇雄把這些戰艦上的火炮拆下，改架設在博斯普魯斯海峽和達達尼爾海峽的沿岸炮台上，以便針對他認為不久後就會從兩個方向過來的協約國進攻作最後抵抗。*5

誠如蘇雄所知的，鄂圖曼陸軍戰力太差，只要俄國發起最後進攻，絕對抵擋不了多久。第三集團軍的兵力頂多只剩三萬人，其轄下各部幾乎都已不成建制：軍已成為師，師已成為團，團的兵力則勉強和營相當，有些團則小到和連一樣。恩維爾和其新任戰區司令韋希普帕夏（Vehip Pasha）看出這個問題，一九一六年九月廢掉所有舊軍級部隊，把第三集團軍的殘部強行併為兩個新的軍，且一派樂觀將它們叫做「高加索第一、第二軍」（但它們要在一九一七年抵達外高加索的機率近於零）。第三集團軍一九一六年損失的兵力，粗估達八個完整的陸軍師。新組建的鄂圖曼第二集團軍的兵力稍強，具戰鬥力的兵員大約六萬四千人，但即使如此，經過晚夏幾場耗盡力氣的仗，特別是在初雪於一九一六年九月二十六日提早降下之後，該集團軍也處境艱險。叫人意想不到的，受寒害最深者是土耳其右翼（即南翼）：第三集團軍已從埃爾祖魯姆往西退到極遠，這時紮營於低地區，而第二集團軍則鋪展於比特利斯（海拔一千四百公尺）附近高地和戴爾西姆（〔Dersim〕海拔一千五百至一千七百）、賓格爾（Bingöl）兩地附近山谷（賓格爾一地的山峰最高達三千公尺）。在這道戰線上，只有駐紮比特利斯的穆斯塔法·凱末爾的第十六軍，還有銳氣，而這時該軍困在雪地裡，其官兵正在有記憶以來最酷寒、最漫長的冬天裡苦撐。到了一九一七年三月，第二集團軍大概已有一半兵力（超過三

＊蘇雄想必對英國議會政治不甚清楚，因為他針對一九一六至一九一七年冬天英國將對達達尼爾海峽重啟兩棲攻擊一事，花了不少心思預作規畫，好似跟著達達尼爾調查委員會日益讓人眼花撩亂的自我鞭笞行動亦步亦趨。蘇雄若見過邱吉爾侷促不安坐在被告席，接受數個星期不懷好意的盤問，肯定會在一九一七年把達達尼爾海峽的岸炮移到北邊的博斯普魯斯海峽——與一九一五年春，他移動兩地岸炮的方向正相反。

萬人）損失於凍傷、斑疹傷寒等傳染病、營養不良或飢餓、或單純的疲累不堪。在美索不達米亞的鄂圖曼第六集團軍，到了一九一七年初期，具戰鬥力的兵員也少到幾乎不到三萬。[6]

從俄國的視角看，更讓人樂觀的是鄂圖曼都城的情勢。協約國從加利波利半島撤兵後，恩維爾把鄂圖曼第五集團軍的大部分兵力調走，只留下兩個師，這時這兩個師守衛君士坦丁堡的南通道。第一集團軍仍駐守色雷斯，但因為先前部分兵力被調去加利波利半島，這時該集團軍兵力極弱，只有一個完整無損的步兵師（第四十九師）和一個騎兵旅。高爾察克估計恩維爾從加利波利半島北調援軍，至少要兩個星期才會抵達，於是（透過他的參謀長阿列克塞耶夫）呈報沙皇，說俄軍在博斯普魯斯海峽沿岸或附近地區登陸，遭遇的抵抗兵力只會有一個色雷斯師。阿列克塞耶夫認為從歐洲戰場抽調大批兵力打一場勝負難料的兩棲攻擊不甚妥當，認為那要動用數十個師才可能成功，但高爾察克自信滿滿，認為只要五個俄國步兵師就足以拿下博斯普魯斯海峽的歐、亞沿岸，為俄國拿下沙皇格勒這個上好的戰利品。[7]

當然，沙皇自己的農民兵也打得精疲力竭，和敵人一樣被天氣折磨得苦不堪言。這場戰爭的第三個冬天，在歐洲各地都是最難捱的冬天，除了刺骨的寒冷，還穿插著難以忍受的飢餓。德國人把一九一六至一九一七年那個冬天稱作「蕪菁冬天」（turnip winter），由於缺糧太嚴重，魯登道夫於一月發動著名的無限制潛艇戰，以餓死英格蘭，報復令德國人深受其害的英國海上封鎖。君士坦丁堡的麵包配給從已然少得可憐的一天兩百五十公克減為幾乎要餓死人的一百八十公克，從而加劇土耳其的其他弊病。同時，在俄國全境，大風雪使鐵軌沒於雪中，火車停駛，造成嚴重的民生用品供給瓶頸。在彼得格勒，物資短缺造成取暖油和麵包價格飆漲，從而使政府高層人士叛國投德的可怕謠言傳得更為厲害。

俄國的一九一七年二月革命，大家耳熟能詳，在此毋須贅述，但有重要幾點值得更細加檢視。厭戰的確是前線（特別是戰洲戰場）官兵的普遍心態之一，但反戰心態不是推動俄國首都情勢劇變的因素，至少在這場政治危機的初期不是。在一九一六年十一月一日至十四日的下議院重要辯論中，立憲民主黨創黨人、素孚重望的自由派政治人物帕維爾．米柳科夫，痛批沙皇最新任命的大臣會議主席鮑里斯．斯蒂默爾（Boris Stürmer）時（「那是愚蠢還是叛國？」），他的重點不是政府應退出戰爭，而是政府打仗不夠盡力。就連社會革命黨（Socialist Revolutionary）的亞歷山大．克倫斯基（Alexander Kerensky），雖然那天在下議院裡更為厲聲高談「叛國」主題，卻譴責沙皇的大臣「殘殺同胞和懦弱」，而非痛批他們是戰爭販子。與「農民信仰療法」術士拉斯普廷（Rasputin）和皇后亞歷山德拉（Alexandra）密切相關的惡毒謠言，同樣建立在他們兩人與德國人串通一說上（沙皇大部分時間待在前線，因此據認是這位皇后在那年更早時提拔斯蒂默爾）。由於有著倒楣的德意志人姓氏，斯蒂默爾被迫下台以平民憤，然後，一九一六年十二月二日，換特雷波夫（A. P. Trepov）赴下議院接受質詢。為堵住詰問者之口，特雷波夫首度公開透露英法已承諾戰後讓俄國據有君士坦丁堡和鄂圖曼海峽。俄國政治家搬出沙皇格勒來穩住輿論，這並非最後一次。誠如法國大使帕萊奧洛格在發回巴黎的急報中所指出的，那年冬天在彼得格勒愈來愈常聽到的話，乃是「如果打這場戰爭得不到君士坦丁堡，那幹嘛打？」[8]

儘管阿列克塞耶夫對這個想法不盡認同，但這想法在莫吉廖夫（Mogilev）的俄軍總司令部卻也漸漸得勢。尼古拉．巴吉利（Nikolai Bazili），即沙皇在俄軍總司令部的外交幕僚長，自一九一五年為薩佐諾夫擬訂俄國的併吞計畫後，就一直力主對博斯普魯斯海峽發動兩棲攻擊，只是他的主張長久以來被諸位將領出於個人成見予以漠視。* 沙皇尼古拉二世被高爾察克和巴吉利的主戰熱情打動，一九一六年十二月二十四日同意成立一支特別的兩棲黑海師，並將高爾察克的沙皇格勒斯基團撥入該師，但這個師只擁有約三千名可戰兵力。阿列克塞耶夫力主該師在宗古爾達克登陸，以拿下煤礦，往薩卡里亞河上游挺進，而非在博斯普魯斯海峽登陸。

一九一七年二月二十一日／公元三月六日，沙俄最後一任外長波克羅夫斯基（N. N.

Pokrovskii）向俄軍總司令部提交備忘錄，建議盡快出兵博斯普魯斯海峽，以免戰爭於那年結束時，俄國的戰利品遭盟國搶走。

俄軍總司令部的回覆還未送回，彼得格勒就爆發革命，二十三日的國際婦女節那天，罷工工人加入婦女的示威行列，二十五日帕夫洛夫斯基（Pavlovskii）警衛團朝茲納緬斯基廣場（Znamenskii Square）上的群眾開火，而帕夫洛夫斯基兵營的軍人誓言不再朝抗議民眾開火之後，彼得格勒衛戍部隊即發生譁變。一九一七年二月二十六日／三月十一日，阿列克塞耶夫找來巴吉利和拜訪俄軍總司令部的兩位已退休的舊體制政治家（薩佐諾夫和斯蒂默爾）共商大局，根據從彼得格勒傳來的不安消息評估帕夫洛夫斯基兵營的請求。斯蒂爾默十分清楚亂民的訴求，明確主張拿下君士坦丁堡乃是此時「平息俄國沸騰輿論所必須」。阿列克塞耶夫以從歐洲抽不出兵力為理由反對此議，但承認如今戍守特拉布宗的三個營或許可撥入兩棲攻擊部隊。但阿列克塞耶夫的參謀長安東·德尼金（Anton Denikin）熱衷出兵博斯普魯斯海峽，海軍在俄軍總司令部的代表布卜諾夫（Bubnov）海軍上將亦然。他們開始與高爾察克一起籌辦博斯普魯斯海峽登陸作戰的運兵事宜，以

＊巴吉利是法納爾人（Phanariot，指鄂圖曼帝國時期住在君士坦丁堡地區擔任土耳其重要神職及官職的希臘人）後裔，他的祖父康斯坦丁（Constantine）生於君士坦丁堡，一八二七年打過納瓦里諾（Navarino）之役。此役毀掉鄂圖曼帝國在地中海的海軍，使希臘獨立成為定局。

便阿列克塞耶夫可撥出部隊時派上用場。受制於黑海天候，俄軍六月前無法進行大規模兩棲作戰，因此還有時間好好準備。[9]

就在這些計畫已開始施行時，革命以迅雷不及掩耳之勢撕裂彼得格勒。一九一七年二月二十六、二十七日／三月十一、十二日，譁變軍人散布全城各地，強徵汽車，洗劫軍火庫、店鋪、餐廳、富人莊園。沙俄警察遭私刑處死；暴民洗劫內政部和秘密警察（Okhrana）總部。一九一七年二月二十八日／三月十三日，紅旗飄揚冬宮上方，自封「蘇維埃」（即工人、軍人代表會議）的組織接管彼得格勒剩下的公權力。隔天，彼得格勒蘇維埃向俄國武裝部隊發布「第一號令」，要陸軍聽命於蘇維埃並把軍事裝備和武器交由軍人委員會和水兵委員會掌管。「第一號令」以俄國社會主義知識分子的華麗詞藻鋪陳，但一般農民當下就懂得此令的意涵：「把軍官繳械」。接下來則是特赦所有沙俄政治犯，解散警察機關。一九一七年三月三日／十六日，即沙皇尼古拉二世（受阿列克塞耶夫和諸將領施壓）遜位的隔天，彼得格勒蘇維埃下令逮捕羅曼諾夫家族所有成員，包括高加索集團軍司令尼古拉大公。

或許有人會認為，首都沙皇政權的垮台會使俄軍總司令部正擬訂的攻占君士坦丁計畫胎死腹中，結果，彼得格勒的混亂反倒賦予這計劃新的生機。在令人目不暇給的政局變化背後，出奇平順的權力轉移正在實際治理俄國的政權裡進行。成立彼得格勒蘇維埃的同時，下議院臨時委員會（Provisional Committee of the State Duma）於一九一七年二月二十七日／三月十二日成立，在蘇維埃支配公領域的當兒，由這個委員會接下執政黨內閣的職責。新內閣的領軍者是幾位眾所公認的自由派，立憲民主黨黨魁米柳科夫從波克羅夫斯基手中接下外長之職，「進步集團」（Progressive Bloc）創黨人之一暨掌管作戰物質生產的下議院軍工委員會主委，亞歷山大・古契柯夫（Alexander Guchkov），獲任命為國防部長。整個三月，古契柯夫利用包羅廣泛的商業合同，採購運煤船和商船，供高爾察克計畫施行的博斯普魯斯海峽登陸行動使用。[10]新任自由派外長攬下波克羅夫斯基與巴吉利未竟的志業，打算藉由拿下沙皇格勒來喚回民心。誠如米柳科夫向某位自由派友人表示的，「若為了某種人道主義的、世界主義的國際社會主義觀……而宣布放棄最大的戰利品，那將是荒謬且令人遺憾的。」[11]一九一七年三月二十三日／四月五日，巴吉利告知米柳科夫，五月中旬前會有兩個整師可隨時上船開赴博斯普魯斯海峽，順利的話，同年夏天更晚時會有第三個整師。[12]在這同時，高爾察克報告，靠著古契柯夫的苦幹實幹和強徵羅馬尼亞的艦隊及所有商船（羅馬尼亞於一九一六年八月二十七日誤判情勢參戰，遭奧、德擊潰，該國這些船艦隨之避難於赫爾松），這時手上已有足夠的運兵船。[13]阿列克塞耶夫仍是一副慢郎中樣，但誠如巴吉利於一九一七年四月八日／二十一日呈文給米柳科夫時以充滿希望的口吻寫道的，德尼金比以往任何時候更有幹勁。[14]

這些不是紙上談兵。整個冬春一直在為大舉出征博斯普魯斯海峽作準備。在敖得薩，黑海師正在集結，每天都有士兵從大陸坐火車過來。黑海上每艘可用的船隻，從多瑙河平底船、到希臘運煤帆船、到吃石油的遠洋汽輪，都裝上兩棲作戰所需的裝備。四艘定期客輪，國王卡羅爾一世號（Regele Carol I）、達契亞號（Dacia）、皇帝圖拉真號（Imperator Trajan）、羅馬尼亞號（Romania），在德國人攻占多瑙河流域之前逃到黑海，這時已改裝為水上飛機母艦，以和俄國的阿爾馬茲號（Almaz）、皇帝亞歷山大一世號（Imperator Alexander）、皇帝尼古拉一世號（Imperator Nikolai）搭配作戰；每艘能載四至七架水上飛機。三月時，「第一號令」在敖得薩、塞凡堡、刻赤、新羅西斯克諸城所產生的效應，就和在俄國全境各大城市沒有兩樣，但初步的衝擊卻頗溫和。英國海軍聯絡官勒佩吉（G. W. Le Page）一九一七年四月二十九日從塞凡堡報告，「在這裡，一如在其他地方，有極端主義者，但普遍的心態是戰爭必須繼續打，直到消滅同盟國的武力為止。」在鄂圖曼戰線，甚至在俄國的歐洲戰線，官與兵之間的緊張關係，因人人追求同一目標而緩和。誠如勒佩吉以令人印象深刻的措辭論道的，「這場戰爭……無疑已免除許多殺戮。」四月中旬，海軍上將高爾察克有機會接掌戰力更強的波羅的海艦隊，但他婉拒，因為「他想留在這裡」，策畫征服君士坦丁堡的行動，統領與他有同樣目標的弟兄。[15]

不管有沒有阿列克塞耶夫的配合，高爾察克就是要把沙皇格勒斯基團投入戰場。

於是，一九一七年三月最後一星期，彼得格勒蘇維埃正在概略說明其欲在不搞「帝國主義」併吞下止戰求和的目標時，俄國的黑海艦隊對博斯普魯斯海峽的防禦體系展開第一次深入的探查。一九一七年三月二十六日，三艘高爾察克的水上飛機母艦來到博斯普魯斯海峽正西邊的土耳其色雷斯海岸，兩艘驅逐艦隨行護衛。這似乎是初步的偵察行動，飛機飛越上空，朝沿岸目標隨意丟下一些炸彈；兩枚魚雷發射，未擊中目標。[16] 一九一七年四月四日，即米柳科夫在記者會上宣布俄國尚未聲明放棄其征服君士坦丁堡和鄂圖曼海峽的戰爭目標，從而與彼得格勒蘇維埃槓上的那一天，（誠如海軍上將烏塞多姆在其呈給德皇的報告中所指出的）俄國人再度「浩浩蕩蕩」來到博斯普魯斯海峽，把由「五或六艘驅逐艦」、兩艘戰鬥巡洋艦、多達三艘的水上飛機母艦組成的一整個海軍中隊，派到位於博斯普魯斯海峽亞洲一側之貝伊科斯那一段黑海沿岸。這一次，出現了正格的空中格鬥，因為德國人和土耳其人迅即出動七艘水上飛機，以把俄國的水上飛機趕回母艦，使其無法偵察貝伊科斯的布防。[17]

高爾察克一九一七年春天出擊博斯普魯斯海峽之舉，如今幾已遭淡忘，但卻對當時正在彼得格勒激烈交鋒的俄國外交政策主軸爭奪戰有重大影響。為何而戰這個問題，堪稱是二月革命所打開的唯一政治疑問，儘管這個問題最初被淹沒在沙皇和其秘密警察下台所掀起的全民亢奮中。畢竟，在從芬蘭灣往南到比薩拉比亞（Bessarabia）的錫雷特河（Siret River），再跨越黑海進入小亞細亞、土耳其亞美尼亞、波斯亞塞拜然這長達數千哩的戰線上，數百萬悲慘的農民與敵人廝殺，究竟是為何而戰，為何而拼命？就在一九一七年三月中旬「第一號令」下達陸軍部隊時，巴拉托夫的哥薩克部隊正大舉進入美索不達米亞北部。如果問巴拉托夫他的士兵為何而戰，他的回答會是「帶領俄國走亞歷山大大帝的歷史道路」。[18]如果問尤德尼奇（一九一六年幾場對土大捷的策畫者，如今，由於尼古拉大公失勢而成為高加索集團軍司令），回答會大同小異。誠如尤德尼奇在與其士兵討論過「第一號令」後所報告的，「軍人委員會的全體委員」已決心「把這場戰爭打到勝利為止」。[19]合力籌畫博斯普魯斯海峽兩棲登陸行動的高爾察克和德尼金完全同意這看法——一九一七年最執著於征服鄂圖曼帝國的這三人，後來會成為反布爾什維克白軍的領袖，絕非偶然。在彼得格勒，古契柯夫和米柳科夫完全認同俄國的擴張主義戰爭目標，儘管米柳科夫為了安撫蘇維埃，在一九一七年四月十日淡化他的立場，表示俄國尋求以「民族自決」為基礎的「長久和平」。如果問米柳科夫所試圖安撫的那些社會主義政治人物，答案會是俄國的農民正「被這場可怕的戰爭奪走財產，葬送一生」——言下之意（儘管他們不願公開且清楚道出）就是俄國的擴張主義戰爭目標不公不義，應予以揚棄。如果問在戰場上與敵廝殺的士兵，答案則會因其所處的戰線而異（已占上風的土耳其戰線和波斯戰線，俄國士兵的反叛心態，遠不如在歐洲戰場上與德軍廝殺的俄國士兵那麼強烈），也會因其長官而異（一九一七年春遭私刑處死者，大部分是帶德意志人姓氏的軍官，由此可見士兵雖然不大清楚為何而戰，卻不想被德皇的軍隊擊敗）。[20]

圍繞著戰爭目標而急速升溫的爭執，在列寧於一九一七年四月三日／十六日下午十一點十分抵達彼得格勒後更為火熱。如果說有哪個人在這件事情上立場百分之百明確，那就是這位布爾什維克的流亡領袖。自一九一四年起，他就從中立國瑞士發過不只一個宣言譴責「帝國主義戰爭」。* 蘇維埃拐彎抹角的承諾，不為列寧所喜，更別提米柳科夫、古契柯夫、自由派那種張揚的愛國精神。在德國軍方派人護送下，列寧被從蘇黎士送到斯德哥爾摩，然後轉到芬蘭。抵達芬蘭車站後，列寧立即以激烈演說痛斥臨時政府繼續戰爭，要求俄國人民推翻該政府（「一切權力歸蘇維埃」）。列寧鮮明的反戰立場，闡明於他的「四月提綱」（April Theses）裡，但此立場激起當他安全待在國外時在俄國國內辛苦奮鬥的布爾什維克不少反對。一九一七年四月七日／二十日，列寧在《真理報》（Pravda）上發表他的反戰立場，在戰爭問題上質疑俄國社會主義者是真正的革命分子，還是只是

* 戰爭爆發時列寧人在維也納。奧匈帝國政府得知他贊成俄屬烏克蘭脫離自立後，立即發給他簽證，以便他前往瑞士。

帝國主義統治階層的工具？

身為臨時政府的外長，米柳科夫身陷這場政治風暴的中心。這位立憲民主黨黨魁竭力安撫彼得格勒蘇維埃的激進分子，但也極力要俄國的西方盟友（這時包括一九一七年四月六日參戰的美國）放心，俄國不會放棄共同的抗戰大業與德國單獨媾和。米柳科夫想解決看來無解的問題，向受到農民支持且仍支配蘇維埃的社會革命黨領袖，特別是向亞歷山大．克倫斯基，徵詢意見。這時，克倫斯基已被認定是激進派與政府間的調人（身為司法部長，他是蘇維埃執行委員會裡唯一入閣為官的執委）。但克倫斯基本人受到社會革命黨黨魁維克托．切爾諾夫（Viktor Chernov）施壓。一如列寧，切爾諾夫戰時流亡國外，毫無談判之意。他想要米柳科夫的外長之位，如果讓他如願，那將會使俄國如同聲明放棄帝國主義的戰爭目標。所以，克倫斯基運作出某種折衷方案來反制，他要米柳科夫在發給俄國諸盟邦的照會上簽名，該照會申明俄國「履行承諾」的決心——其實就是為俄國的戰爭目標再度背書，儘管照會上未清楚表明此意。

一九一七年四月二十日／五月三日，「米柳科夫」照會的內文刊登在俄國報紙上，在社會主義反對派陣營掀起軒然大波。彼得格勒蘇維埃發出一項反對該照會的決議，理由是「革命民主不容許為了……侵略性目的流血犧牲。」有個芬蘭人警衛團，由名叫特奧多爾．林德（Theodore Linde）的社會主義軍官領軍，齊步走到馬林斯基宮（Mariinski Palace）抗議（臨時政府常在此宮開會，但這一天是在古契柯夫的陸軍部辦公室開會）。眼見臨時政府碰上二月革命以來第一場嚴重的街頭騷亂，彼得格勒軍區司令拉夫爾・科尼洛夫（Lavr Kornilov）將軍請求臨時政府允許其平定急速升高的譁變。內閣採納克倫斯基的意見，否決這項要求。列寧聞到血腥味，召開布爾什維克中央委員會，起草了一份決議，將臨時政府斥為「十足帝國主義」。然後，布爾什維克示威者舉著「臨時政府下台」、「一切權力歸蘇維埃」的橫幅標語在街上遊行。為替示威者助威，布爾什維克軍事組織的領導人波德沃伊斯基（N. I. Podvoiskii），把芬蘭灣克隆斯塔（Kronstadt）海軍基地裡挺布爾什維克的水兵（以逞凶鬥狠而臭名遠播的一批人）叫到彼得格勒。到了一九一七年四月二十一日／五月四日下午，挺政府者和布爾什維克已在涅瓦大街（Nevsky Prospect）上暴力相向，造成三名抗議者喪命。科尼洛夫再度請命出動忠貞士兵恢復秩序，同樣遭拒，而且這一次蘇維埃發出一份公開抗命照會，表示上級軍官（例如科尼洛夫）所下達的命令，若未有蘇維埃執行委員會副署，士兵不必遵守。科尼洛夫大為氣憤，請辭其在彼得格勒已無發揮空間的職位，隨之改任面朝加利西亞部署的第八集團軍的司令。[21]

一直待在幕後的列寧，後來否認其有推翻政府之意。但列寧參與「四月」暴動之事清楚可見，賴不掉。在「四月提綱」中，列寧已擬出明確的政治路線，既不認同這場戰爭，也不接受臨時政府。布爾什維克未如願推翻政府，但已予以重創，曝露了克倫斯基的社會革命黨與古契柯夫—米柳科夫自由派在戰爭問題上的決裂，摧毀了軍隊尚存的少許不受彼得格勒蘇維埃左右的自主權。古契柯夫體認到這點，一九一七年四月三十日／五月十三日請辭，四天後米柳科夫跟進。俄國自由派失勢的直接受益者是克倫斯基，他接替古契柯夫出任陸軍部長（新任外長捷列申科無足輕重，大體上事事聽命於克倫斯基）。在日期注明為一九一七年五月五日／十八日的新戰爭目標宣言中，改組後的內閣誓言「將軍隊民主化」，聲明與帝國主義戰爭目標劃清界限，同時（比較讓人難以信服的），斷言「俄國與其盟友的戰敗將大大危害所有人，使全球和平的到來延後或根本無緣實現。」

米柳科夫下台之後，向滿腹牢騷且叛意愈來愈強的前線作戰士兵說明戰爭的必要，就換成克倫斯基的責任。這是件苦差事，但放眼全俄，沒有比他更適合的人選。克倫斯基靠在下議院發表譴責沙皇政府與叛國行徑的惡毒演說而聲名大噪，而在這之前，他就是極為成功的出庭律師，懂得如何以理服人。他啟程赴前線巡迴演說，以不知累為何物的幹勁激勵士兵，要他們相信他們是新俄國的尖兵，不再為可惡的沙皇打仗，而是為民主與協約國，為社會主義與人民，打仗。有位在場聽過克倫斯基演說者，把他巡迴前線之行比擬為「旋風」過境；還有人把他比擬為「噴出吞噬一切之火焰的火山」。

只要這位厲害的社會革命黨演說者在場，群眾的情緒即亢奮，變得興高采烈、愛國、熱情。但誠如較富批判性的觀察家所指出的，這些演說的衝擊，隨著「克倫斯基離開，立即消失無蹤。」隨著士兵有時間好好思考，許多人認定克倫斯基的論點禁不住常識判斷。因為，對俄國農民來說，為俄國的盟友——英、法、美（塞爾維亞，即俄國開戰的根由，已於一九一五年垮掉）——而戰，為何比為君士坦丁堡和鄂圖曼海峽而戰，乃至（誠如克倫斯基偶爾不耍花腔，平實建議的）為奧地利加利西亞而戰，還好？克倫斯基講民主，講共同的理想，講得再怎麼好，他真正的要求，乃是要前線軍人為某些人在遙遠首都——不管是彼得格勒、還是巴黎、還是倫敦——所憑空想出的戰爭目標而拼命。有句流行語說道，「我們如今有了自由，而且就要有土地，那為何還要讓自己變殘廢？」*[22]

但克倫斯基再怎麼真心誠意推銷他的外交政策，那政策裡有許多騙人的鬼話。由於一九一四年九月倫敦公約（London Convention）禁止協約國陣營任何成員與德國單獨媾和，又由於前一個冬天在彼得格勒、尚蒂伊舉行的協約國高峰會，要求俄國在東線發動牽制性攻擊以減輕西線的負擔，還有精神—物質上的因素（例如協約國作戰物資一整年大批

* 在大衛・連（David Lean）的史詩電影《齊瓦哥醫生》中，有虛構但精采的這麼一幕：一名類似克倫斯基的政委，站在啤酒桶上力勸士兵保衛家園、女人，勿向德國人投降，讓自己蒙羞。士兵大聲叫好，最後，桶子塌陷，政委掉入啤酒裡。士兵大笑，開槍殺了他。

迻到莫曼斯克），更別提一九一七年五月開始在舍曼戴達姆嶺（Chemin des Dames）的法軍裡擴散開來的譁變，故克倫斯基的確受到某種程度的束縛。就在他於蘇維埃和街頭所代為發聲的人們退出戰爭的念頭愈來愈強烈之際，他卻不得不想辦法減輕俄國盟友的困境，使德國人無法從東歐抽調軍隊前去打敗法國，從這點來看，他所受到的壓力很難不讓人同情。克倫斯基的困境，正是俄國本身的困境。大部分俄國人，和他一樣，想兩者兼顧：不想繼續打這場戰爭，但也不想丟臉的向德國人投降。從這個意義上看，克倫斯基是個典型的民主主義政治人物，用他的演說和政策來引導民心。

但他最終不是個了不起的政治家。俄國民心的問題，在於民心初萌，未協調一致，需要極明確的引導，而克倫斯基所願意給予的引導，明確程度遠不如所需。他若想在街頭重建法律與秩序，在軍中恢復紀律，本可以放手讓科尼洛夫鎮壓四月暴亂，然後讓前線部隊作好戰鬥準備，以便投入向西方盟國所承諾施行的加利西亞攻勢。反過來看，如果當初克倫斯基真的想結束「帝國主義戰爭」並「把軍隊民主化」，他本該否認要進攻奧地利的加利西亞，畢竟那正是彼得格勒蘇維埃所一再公開唾棄的那種帝國主義侵略。總參謀部原計畫於一九一四年入侵奧地利加利西亞，以把控制範圍擴及喀爾巴阡山脈，鞏固俄國在歐洲的防線。一九一六年，布魯西洛夫再度入侵加利西亞，以打垮奧匈帝國。好似受到這些舊政權將領的擺布，克倫斯基甚至任命布魯西洛夫為新任陸軍總司令，希望已在上一個夏天在那個戰線上揚名的他，會在同一個戰線上再有令人驚奇的表現。布魯西洛夫這項人事案，正暗暗表明克倫斯基完全不清楚布魯西洛夫為何要他的士兵入侵加利西亞。一九一七年六月十六日／二十九日此役開打，一支垂死的軍隊就此嚥下最後一口氣。德國增援部隊於一九一七年七月六日抵達，俄軍隨即後撤，進而一路潰逃，表明克倫斯基的演說未提振多少士氣。

在對鄂圖曼帝國作戰上，俄國的目標也有同樣的矛盾情況。一九一七年五月十五日／二十八日，接米柳科夫之位的新外長試圖在薩佐諾夫—賽克斯—皮科的條款和蘇維埃「不搞併吞下止戰求和」的目標之間，找到兩全其美之道。好似要證實俄國帝國主義幽靈不易被埋葬，革命俄國對戰爭目標的新陳述，先是提到「憑藉戰爭取得的亞洲土耳其諸省」，然後，用看來自相矛盾的方式，申言凡城、比特利斯、埃爾祖魯姆這三個前鄂圖曼省份將「永遠是亞美尼亞的」。這份政策備忘錄試圖將舊帝國主義的家父長作風與新而開明的人道主義融為而一，笨拙地載明這幾個「亞美尼亞」省將由俄國官員治理，俄國官員會協助將亞美尼亞、庫德、土耳其難民遣送回國。[23]

這則修正過的俄國對土戰爭目標的陳述，有一刪除之處發人深省。可想而知，君士坦丁堡和鄂圖曼海峽的問題太棘手，乾脆避而不談。這兩個地方都還未「憑藉戰爭」取得，因此，克倫斯基那個「改革過」的俄國外交部有理由能避談此事，好似那並未縈繞俄國政治家心頭幾十年。但事實上，俄國的海軍上將仍在謀畫征服鄂圖曼都城，不管有沒有得到彼得格勒蘇維埃的授權。「第一號令」頒布後，叛變情事四處傳出，連黑海艦隊都未能倖免，造成約二十名海軍軍官喪命，但高爾察克聲稱四月底時已恢復紀律。* 五月中旬，塞凡堡的水兵蘇維埃辯論是否該邀列寧前來該城——這時列寧已因為主張立即退出戰爭而臭名遠播。投票結果是三百四十二票對二十票反對此議。[24] 在陸地上，較平等主義的精神占上風，水兵不贊同向長官敬禮，但一旦上了船，大部分水兵服從命令。

就在發動加利西亞攻勢之前，克倫斯基正巡迴前線激發愛國心之時，俄國戰艦繼續在整個黑海沿岸作戰，而且差點切斷從宗古爾達克送過來、供給君士坦丁堡的煤炭。五月二十三日，高爾察克的艦隊突襲羅馬尼亞境內此時由德國控制的多瑙河三角洲，水上飛機在康斯坦察丟了炸彈。隔天，高爾察克突擊錫諾普，擊沉三十四艘滿載食物與菸草的運煤船。誠如英國海軍武官以得意心情寫下的，「土耳其人顯然以為俄國人太專注於內政而無暇出海」。五月二十五日，一支俄國海軍中隊再度出現於博斯普魯斯海峽外，但那只是為了布雷。蘇雄被嚇到，隔天報告隱約看見一艘俄國戰鬥巡洋艦出現在博斯普魯斯海峽以西的基利奧斯外海。由此可知，革命後，俄國黑海艦隊未放下武器，反倒似乎以以往更為活躍。[25]

但在岸上，士氣開始瓦解。「官與兵完全不體恤對方，」勒佩吉於四月上旬「第一號令」的效應開始顯現之時報告道：「軍官完全不關心自己士兵的福祉，完全無意安排娛樂供他們打發閒暇。」†高爾察克雖然受尊敬，還是隨時可能丟掉他的職位：有個惡毒的謠言在艦隊裡四處流傳，說他於二月革命期間要艦隊出海，明顯是為了避免有人在港口起義。俄國海軍在土耳其沿岸未停止作戰，證明大部分水兵願意善盡他們的軍人本分，但被徵召進黑海師的陸軍士兵則不覺得這麼做對得起自己良心。例如，一九一七年五月二十四日的錫諾普軍事行動，本該包含兩千名士兵登陸以攻擊該港，結果沒有一個步兵同意此事，登陸行動因此作罷。這時就連高爾察克都對登陸沙皇格勒之事失去信心。他告訴勒佩吉，「報紙上談到黑海艦隊鐵的紀律都是胡說八道」。高爾察克憤而請辭其司令職。由海軍中將盧金（Lukin）暫代，但高爾察克仍受到水兵委員會就近看管。[26]

六月二十一日，就在陸軍派兵馳援加利西亞時，另一場譁變震撼敖得薩，四名「極令人反感」的軍官遭士兵逮捕。這場譁變情勢迅速升高，一水兵委員會宣布將高爾察克

* 這情況看來很糟，但一九一七年春波羅的海艦隊的叛變又更嚴重得多，造成至少一百五十人喪命。此外，黑海艦隊裡被鎖定對付的軍官，大部分是帶有德意志姓氏的軍官（例如前艦隊司令埃伯哈特），由此可推知，在這個一九一六年時俄國已掌控大局的戰線上，可能仍有某種愛國主義餘緒在起作用。

† 勒佩吉曾建議教士兵英式足球，顯示他的觀念超越同時代人，結果他的俄國軍官同僚告訴他，「不能鼓勵這種野蠻、殘暴的休閒活動」。

革職（譁變士兵要他繳械，這位一身傲骨的海軍上將不讓他們如願，把佩劍丟進海裡）。敖得薩港一片混亂，但歷來所集結的最大一支俄國海軍中隊，一九一七年六月二十六日（發動加利西亞攻勢的僅僅三天前）駛往博斯普魯斯海峽——包括數艘潛艇、三艘水上飛機母艦、三艘布雷艇、四艘驅逐艦、兩艘戰鬥巡洋艦、一艘第一線作戰軍艦，以及最重要的，無畏級戰艦女皇凱薩琳二世號（這時改名「自由俄羅斯號」〔Svobodnaia Rossiia〕）首度投入作戰。下午兩點十五分，「自由俄羅斯號」船員看到布雷斯勞號噴出的黑煙，將前迴轉炮塔開火，齊發九次，但都未命中。然後，數艘俄國驅逐艦出動追趕，迫使布雷斯勞號往博斯普魯斯海峽後撤，最後消失於雷區。接著爆發一場短暫的空中格鬥，一架土耳其飛機低空掃射一艘水上飛機母艦，艦上的俄國人中止攻擊，後撤。[27]

征服沙皇格勒的夢想不肯消去，但俄國的對外擴張已失去勁道。一九一七年七月九至十日那個夜晚，一架敵機盤旋於聖斯帖法諾（耶西勒廓伊）的機場（差不多就在今日伊斯坦堡阿塔圖克機場的場區裡）上空，在君士坦丁堡引起恐慌。這架戰機朝金角灣丟下十枚炸彈，欲轟炸戈本號和將軍號，然後朝鄂圖曼陸軍部（Harbiye Nezareti）丟下另兩顆炸彈。空襲未命中目標，但幾艘停泊於戈本號附近的魚雷艇受損，一枚炸彈炸掉陸軍部的馬廄。但就蘇雄和烏塞多姆的判斷，轟炸機來自愛琴海，因而不是俄國軍機（其實是英國飛行員所駕駛的一架漢德利·佩吉公司生產的O/100 3124型轟炸機，飛自穆德羅斯）。[28]八月二十三日，一支俄國海軍中隊出現於土耳其外海，以掩護約三百二十八名士兵登陸奧爾杜的行動（奧爾杜位在特拉布宗與薩姆松之間約略中途的位置）。這些俄國農民有點敷衍了事，炸掉港口上一些建築，但未攻擊他們所奉命摧毀的主機庫，就登船打道回府。四天後，俄國人於沃納（Vona，今稱佩爾申貝／Perşembe，意為「星期四」）附近，再度發動一場虛應故事的登陸，結果土耳其人一從岸上開火，俄軍就打退堂鼓。一九一七年十月，直到布爾什維克奪取政權前夕，黑海司令部僅存的軍官繼續策畫大規模兩棲登陸錫諾普，原訂動用陸軍一個完整的軍，然後縮減規模為動用八個步兵營和八個騎兵營的「奇襲」，最後更打消此行動。[29]但這場戰役最具象徵性的時刻，在一九一七年七月二十六日，即敖得薩另一場譁變之後，就已發生。當時，一艘俄國摩托艇曲折而行，穿過博斯普魯斯海峽布雷區，最後來到距岸夠近的水域，讓船員得以將塞在瓶中的文告隔空拋到岸上。這份「俄國革命艦隊致土耳其國的聲明」寫道，

> 德國人不應插手俄國和土耳其。土耳其人的敵人和我們的敵人是同一個，即德國。因此，應將德國士兵、軍官、官員全數趕出土耳其。然後我們能與你們如好鄰居般一起生活。世上（即俄國革命後）僅存的專制政權是德國政權和奧地利政權。
>
> 於是，俄國世代追求的沙皇格勒夢想，擱淺在革命的礁石上。[30]

或者並非如此？細讀俄國革命艦隊的這封瓶中文告，可發現它不只是稍稍類似舊政權關於鄂圖曼海峽的政策備忘錄。一如克倫斯基，塞凡堡與敖得薩的革命水兵想魚與熊掌兼得。身為愛國者，他們仍憤慨於「土耳其在義大利戰爭、巴爾幹戰爭期間封住海峽」（在巴爾幹戰爭上，他們的認知有誤，而這錯誤本身正間接說明俄國人對此事的普遍看法），其不宣而戰的行為「大大傷害了俄國」。這些赤色水兵驕傲地告訴「土耳其國」，他們在彼得格勒的革命同志已「聲明放棄君士坦丁堡」，但他們仍想讓對方知道，「我們絕不容許博斯普魯斯、達達尼爾兩海峽落入德國人之手，因為那樣的話，俄國會受德國擺布。」這份聲明的作者堅稱德國出於自己在近東的帝國利益「逼土耳其參戰」，口吻就像邱吉爾和其英國內閣同僚，從中洩漏了對鄂圖曼政治天真而自以為是的理解，正說明了他們缺乏自知之明。因為，這份聲明雖然宣布放棄薩佐諾夫所爭取到的對君士坦丁堡的所有權，但撇開這點不談，這些革命分子的要求（將土耳其境內的德國人驅逐出境、保障俄國在鄂圖曼海峽的自由進出），與基本上以恃強凌弱口吻對待鄂圖曼帝國的傳統沙俄外交政策有什麼兩樣？[31]

在此，目的與手段混淆。這是所有革命運動的常見特色，但不因常見就不值得細加著墨。因為，如果「黑海水兵—革命分子」，例如克倫斯基和其在蘇維埃的同僚，真的想打贏這場戰爭，那為何將高爾察克革職，削弱海軍司令部的戰力？把原本稱霸黑海的俄國黑海艦隊削弱到勉強可以運作的程度，這些水兵還憑什麼向鄂圖曼政府提出要求？此外，這些愚昧的理論家把戰爭歸咎於德國對土耳其的帝國主義野心，從而只是在重彈俄國陸軍情報機關為打擊土耳其鬥志以便尤德尼奇征服該國所首先編造出的主張。如今，革命分子對鄂圖曼發動類似的宣傳鼓動，究竟意欲何為？要說服青年土耳其黨對他們的恩人和金主德國宣戰？誠如這分對土耳其人的瓶中文宣在結尾所說的，各地的民主國家，「尤其是自由美國」，如今都對德開戰，因此自由土耳其也該如此。這份聲明所追求的，比征服沙皇格勒還要不切實際。[32]

在革命俄國爭奪大權的諸多政治派系中，只有布爾什維克在外交政策未有這樣的混淆。克倫斯基迫於外力而必須在立場上有出人意表的轉變，把根本是俄國為了帝國利益而發動的戰爭，推崇為支持民主、反對德國獨裁統治與帝國主義的某種聖戰，這種事是列寧所雅不願為之的。列寧說要給予和平、土地、麵包的承諾可能大部分是違心之論（他沒有麵包可給，也完全無意讓農民保有土地，打算將土地收歸國有），但「和平」承諾出自真心：列寧的確想結束戰爭，儘管那意味著得向德國人投降。如果這意味著要放棄俄國較甜美的戰爭目標（「我們不想要達達尼爾海峽！」是布爾什維克的口號之一），那就這麼辦。如果這意味著不再擺出與英、法、「自由美國」之類的「民主」盟邦並肩作戰的樣子，那又何妨——他們終歸都是帝國主義者。如果向敵人請求停戰，意味著得讓自己背上德國代理人的罵名，但就此可結束「帝國主義戰爭」並展開世界革命，那代價並不算大。也就是說，俄國的革命分子中，只有列寧想要徹底改變外交政策，與舊政權的政策真正劃清界限。

到了一九一七年秋，俄國境內情勢已在照列寧的方向走。克倫斯基和新任總司令科尼洛夫的長期不和，在八月下旬爆發，導致政府與陸軍的關係無可挽回的破裂。布爾什維克七月第二次起事失敗之後，少數幾個仍在牢房裡苦撐的布爾什維克，在八月三十日／九月十二日的大赦中獲釋（列寧先逃到芬蘭，躲過牢獄之災）。這使該黨得以全力投入一九一七年九月十九日和二十五日／十月二日和八日在莫斯科、彼得格勒舉行的蘇維埃選舉，在這兩個城市首度都拿下多數席位。由於社會革命黨稱霸鄉間，布爾什維克在預定於十一月舉行的國會大選的確沒有勝算。但列寧不大在意這類小事情。由於克倫斯基和社會革命黨拿捏不定未來方向且孟什維克（社會革命黨內部派別）受制於自身原則（要求革命通過「資產階級—議會」階段，然後才能展開無產階級專政）而難有作為，布爾什維克是唯一有計畫——立即結束戰爭——的黨。作為政綱，這或許未贏得過半俄國人認同，畢竟大部分俄國人仍希望戰勝德國，但用來推翻克倫斯基的政府，這綽綽有餘。

一九一七年，德國人遵照孫子兵法的建議度過了大半年——未能在俄軍自我毀滅時趁機打擊他們——然後在這一年的十月時，在波羅的海沿岸重啟攻勢，拿下里加灣裡的數座島，接著拿下里加（Riga）。俄國人也撤出塔林（Tallinn）——德國人與彼得格勒之間最後僅存的武裝據點。仍是陸軍部長的克倫斯基於十月九日／二十二日下令增援此戰線，但駐軍委員會置之不理，指責他犯下將科尼洛夫撤職等諸多大錯。克倫斯基陷入孤立，受到俄國愛國人士和反戰革命人士兩方的鄙視，只能窩在冬宮，準備迎接他和彼得格勒城裡其他每個人都知道會發生的布爾什維克造反。這時，列寧已從芬蘭返國（何時回來、如何回來，至今無人知曉）；十月十日／二十三日，他召集布爾什維克中央委員會開會，針對要不要罷工進行投票。令列寧惱火的是，托洛茨基提議推遲革命兩星期，直到新蘇維埃代表大會召開，為起事找到一個看來站得住腳的藉口再發動。托洛茨基的動議以十票對兩票獲得通過。於是，直到一九一七年十月二十五日／十一月六日，布爾什維克武裝忠貞黨員才在彼得格勒分頭行動，逐一占領咽喉點。這次起義行動極為隱密，致使進行時只有少數俄國人知道此事。軍方已無意支持克倫斯基，因而唯一的抵抗來自戍守冬宮（臨時政府所在地）的衛隊（克倫斯基很高興終於有藉口用武力消滅布爾什維克，已搭乘從某個美國外交官借來的車子偷偷溜出城，希望在前線募集一支忠於他的軍隊）。* 一九一七年十月二十六日／十一月七日凌晨剛過兩點，內閣閣員遭拘禁，一名赤衛隊（Red Guards）隊員把時鐘定住，以記下這一刻（如今這個時鐘仍定在兩點十分）。

布爾什維克又花了數個星期才穩住莫斯科等歐陸俄羅斯城市的局勢，又花了五年才收復沙俄的其他領土。但在俄國外交政策上，卻是立即就有革命性變化。一九一七年十一月八日／二十一日，第二次蘇維埃代表大會通過「和平法令」（Decree on Peace）。此令根據列寧的指示寫成，等於是世界大戰全面停火宣告（此令認為在人民革命之後，其他所有交戰國也都會放下武器）。協約國陣營認為列寧是德國代理人，宣告一九一七年十一月九日／二十二日俄國送到外交特使手上的「和平法令」無效。三天後，列寧把他的和平法令送到德軍東戰線司令部（俄國境內沒有德國外交官可收下此文件）。在該司令部，他的單方面停火要求（此要求在該處被如此翻譯），得到遠更友善的接納。畢竟四月時德國外交部把列寧送到俄國，心裡就圖著這樣的結果。這樣的發展簡直令德國人樂不可支：隔天，柏林派駐斯德哥爾摩的對布爾什維克外交代表團的聯絡官庫爾特．里茨勒（Kurt Riezler），發了一份通告給德國所有駐外外交官，要他們在公開歡迎會上「勿表露他們的欣喜」。對德國來說，列寧的掌權乃是這場戰爭於一九一四年開打以來最好的消息。

對鄂圖曼政府來說，這個消息的重要不遑多讓。過去一年，俄國黑海艦隊讓土耳其人驚嚇連連，如今，君士坦丁堡終於安全，而作勢欲在春天時直搗安納托利亞中部的俄國高加索集團軍，將有幸完好無損捱過這個冬天。但就在來自北部的古老威脅消退之際，鄂圖曼帝國的南部防禦卻面臨比以往任何時候都要大的壓力。眼見鄂圖曼最高指揮部著迷於俄國境內這場大戲，英國出手的時機已經到來。

＊克倫斯基想在前線招兵買馬以發動反革命行動推翻布爾什維克，未能如願，於是離開俄國，從此未再踏足彼得格勒。五十年後，他受邀至美國史丹福大學演說，談這場俄國革命。對於自己在這場革命中的角色，他說毫不後悔。

CHAPTER 15

使阿拉伯人轉向

Turning the Arabs

他希望英軍援助，但完全不想要法國人援助或與他們有任何瓜葛。
——費瑟・本・侯賽因，麥加行政長官之子所言，出自某英國特務的報告，一九一七年一月三十日[1]

在鄂圖曼軍事史上，一九一七年是個古怪的一年。高加索戰線，堪稱是一九一六年整個世界大戰裡最熱鬧的戰場，到了這一年卻無比寂靜，以致於今日對它幾乎一無所知。鄂圖曼第三集團軍，在一九一六年春夏的征戰中幾乎被消滅，此時趁著俄國被革命弄得一團混亂，正樂於休整。俄國方面，在歐洲戰線上如此鮮明的反叛心態，在占領土耳其東北部的俄軍陣營裡，大體上感受不到，因為仍未遭擊敗的高加索集團軍鬥志強韌。尤德尼奇的確於一九一七年五月下令撤出穆什，但這只是為取悅提弗利司蘇維埃做出的政治動作，與土耳其人的任何作為毫無關係。在土耳其參謀部出版的官修一次大戰史裡，整個一九一七年只占一千六百六十頁裡的二十頁，而且在那幾頁裡幾乎沒提到俄國人。[2]

但土耳其官史對一九一七年著墨不多，並不只因為俄國垮掉。在南戰線，這一年情勢的逆轉，就和北戰線一樣令人瞠目結舌。一九一五、一九一六年，鄂圖曼帝國使出出人意表的儲備戰力，利曼和凱末爾在達達尼爾海峽和加利波利半島擊退協約國攻勢，然後在庫特拿下湯森德的整支遠征軍。但就在恩維爾慶祝哈利勒貝伊在美索不達米亞的勝利時，英國已在播撒最後勝利的種籽。

事後來看，不難看出英國—鄂圖曼戰爭的關鍵性轉捩點：一九一六年八月的第二次蘇伊士攻勢。克雷斯再度展現令人嘆為觀止的後勤本事，讓包括機槍營和炮兵營在內的大股兵力成功橫越西奈沙漠，但土耳其人被阻絕在距運河將近五十公里處，從此不會再覬覦蘇伊士。一九一六年十二月，埃及遠征軍拿下埃爾阿里什和拉法，英國牢牢掌控西奈，從坎塔拉出來的鐵路從此可往東延伸到西奈沙漠的另一頭。到了一九一七年初期，英國人所修築的西奈鐵路，已有一段頗靠近要從傑寧（Janin）和貝爾謝巴往西南延伸的土耳其單線鐵路。這條尚未建成的土耳其鐵路，由德國人和土耳其人聯手建造，總工程師是海因利希・奧古斯特・麥斯納帕夏（即建造漢志鐵路的工程師）。此舉象徵雙方的攻守易位，從此將是開羅威脅鄂圖曼巴勒斯坦，英屬埃及則從此高枕無憂，不必擔心遭攻擊。[3]

在這同時，侯賽因在麥加的民族主義暨伊斯蘭主義叛亂，雖然未能在鄂圖曼防線後方激起燎原之勢，卻已開始威脅鄂圖曼人在漢志北部——往巴勒斯坦進發之英軍的右翼——的交通系統。這場所謂的阿拉伯人叛亂對戰後中東政局影響極大，因而在此值得暫時岔開正題，釐清此事的真偽。首先，誠如先前已指出的，侯賽因的起義號召未能完全使整個鄂圖曼帝國的阿拉伯人追隨他的腳步，因為鄂圖曼軍中的阿拉伯裔穆斯林軍人，大部分仍忠心耿耿為蘇丹效命。鄂圖曼軍官團裡，只有幾起變節情事，沒有哪個阿拉伯團叛逃投奔敵營。由侯賽因次子阿卜杜拉率領而效忠麥加行政長官的阿拉伯戰士，的確迅即制伏麥加的小股鄂圖曼守軍，以及附近山區的「夏都」塔伊夫。靠英國海軍炮火的助威，阿卜杜拉部得以拿下紅海港口吉達，吉達隨之成為英屬開羅與麥加所新結成之軍事同盟的主要後勤基地。但至這時為止，戰果也就如此。麥地那，漢志最大城且靠從大馬士革過來的鐵路補給物資，仍在鄂圖曼人牢牢掌控之中。一九一六年十月上旬，阿拉伯人在侯賽因三子費瑟領軍下，最後一次強攻麥地那，遭土耳其人「痛擊」，費瑟殘部退入拉貝格（Rabegh）附近山區。與一九一六年俄國在安納托利亞東部勢如破竹相反的，阿拉伯人叛亂只讓鄂圖曼人稍稍感到苦惱，未起到多大的牽制作用。

然後，就在阿拉伯人叛亂看來要垮掉的關頭，勞倫斯出手——至少傳說如此。傳統說法（在大衛・連的史詩電影《阿拉伯的勞倫斯》中得到最為著名的講述），對這一緊要關頭的時間沒說錯，但隱瞞了當時所做之重大決定的本質。事實上，勞倫斯於一九一六年十月十六日首度來到吉達時，只是個二十八歲的陸軍上尉。他是個很有洞察力的情報官，但不管在開羅還是漢志，他都只是個小角色。他向軍隊請了假，投入英國駐開羅的東方秘書羅納德・斯托爾斯所領導的一項任務。而斯托爾斯找他加入，最大理由是和他相處愉快（斯托爾斯稱他「小勞倫斯」，知道他這個朋友因為身材矮小而無緣入正規軍服務）。因此，勞倫斯首度遇見前來吉達求英國人給予更多作戰物資的阿卜杜拉和法國駐吉達、漢志軍事代表團團長愛德華・布雷芒（Eduard Brémond）上校，大體上出於偶然。這支法國代表團的規模，比英國人此前所曾派出的任何代表團都還要大，有四十二名軍官和九百八十三名士兵。勞倫斯在開羅的薩伏伊飯店費心研究過地圖，從中清楚掌握了該地區的戰力組成，然後在一次口頭簡介此戰力組成時，似乎以其鉅細靡遺的掌握，讓侯賽因聽得入神（「這個人是神嗎，怎麼什麼都知道？」據說阿卜杜拉曾一臉驚異如此問道）。勞倫斯毛遂自薦，想以阿卜杜拉所親邀之客人的身分走訪漢志，以便讓英國的開羅當局對該地的軍事情勢有第一手的瞭解，對勞倫斯大為佩服的阿卜杜拉允其所請。對勞倫斯來說，這是他個人職業生涯上一次漂亮的出擊，但因此而有的訪問（赴拉貝格附近的費瑟營地訪問了二十六小時）若沒有他在吉達的第二場偶遇（影響更為深遠的偶遇），最終大概對大局影響不大。[4]

這一次的偶遇對象是布雷芒，儘管這位法國人似乎並未注意到勞倫斯。在不對外發表且在阿卜杜拉未聽到的情況下，這位法國軍事代表團團長在招待英國軍事代表團團長的晚宴上，不小心說出了心裡話，大意是「絕不可讓阿拉伯人拿下麥地那」。布雷芒深信法國的盟友會開誠布公透露其對阿拉伯問題的基本處理方法——由於同年更早時薩佐諾夫、賽克斯、皮科談定鄂圖曼帝國瓜分協議，這樣的心態合情合理——於是無意間透露了法國的憂心：「阿拉伯人叛亂」如果擴及到漢志以北，可能會不利英國或（特別是）法國對巴勒斯坦、敘利亞、美索不達米亞的領土聲索。就政策層面來看，這意味著布雷芒想派多達一萬兵力的英法正規軍進入漢志，一則拉陷入困境的候賽因「叛亂」一把，一則讓所有人清楚知道誰是真正的老大。布雷芒誤入陷阱，為任何在旁偷聽且不在乎出賣他信任的人，提供了可拿來大作宣傳的「名言警語」，而布雷芒自己對此完全不知情。[5]

勞倫斯就是這樣的人。這位年輕情報官的真正過人之處——與他後來厲害的實地作戰者形象大相逕庭——乃是有辦法看破並操縱英國帝國官僚。誠如斯托爾斯在從開羅過來的途中告訴勞倫斯的，英國駐埃及高級專員亨利·麥克馬洪惟恐與阿拉伯人和穆斯林失和，反對派英軍進入漢志。可蘭經寫得很清楚，麥加、麥地那是最神聖的兩座伊斯蘭聖城，異教徒不得入。或許更為重要的是，勞倫斯知道麥克馬洪的好友吉爾伯特・克萊頓的看法與麥克馬洪一樣。克萊頓是開羅情報機關首長，阿拉伯局（Arab Bureau）創辦人，其影響力既伸入埃及遠征軍（克萊頓是麥克馬洪對默里將軍的聯絡官），也伸入蘇丹境內的埃及集團軍（他也是麥克馬洪對喀土木總督雷金納德・溫蓋特的聯絡官）。在敘利亞—巴勒斯坦戰線主持英國對鄂圖曼戰事的三人（默里、麥克馬洪、溫蓋特）中，只有溫蓋特贊成派兵進入阿拉伯半島，但斯托爾斯和克萊頓兩人都認為可說服他，原因之一是經過索姆河攻勢，英國人普遍懷有反法心態。索姆河攻勢於七月由海格將軍發動，以紓解法國人在凡爾登所受到的壓力，到了此時，慘烈的索姆河之役就要接近尾聲，已令英國付出將近五十萬人死傷的代價。勞倫斯善加利用了他短暫情報蒐集之旅的成果，在一九一六年十一月七日先向喀土木的溫蓋特報告道，費瑟部所真正需要的，就只是「精神支持和物質支持」，並說布雷芒若想派法籍顧問到內陸漢志，都只能在沒有英國派兵護送下自行前往。溫蓋特未被完全說服，但同意出兵以一個旅為限，且該旅留駐在近岸的海上，情況緊急時才出動。

在開羅，勞倫斯和克萊頓提高賭注。得知溫蓋特已被指派接替麥克馬洪出任高級專員之後，兩人同意藉由破壞布雷芒的名聲，毀掉溫蓋特欲派一個旅增援法國駐吉達軍事代表團的計畫。在一九一六年十一月十六日與克萊頓會晤之後不久，勞倫斯寫了一份不久後會名聞遐邇的政策備忘錄。在這份備忘錄中，勞倫斯扮起天真的理想主義者，嚴正表示阿拉伯人「非常感激」英國的支持，「只要我們尊重他們的獨立地位（他們就會一直是）我們會是很好的朋友」，但又示警道，「如果英國人不管有沒有麥加行政長官的支持，都派足以」威脅麥地那的「武裝部隊登陸拉貝格」，「我深信」，費瑟的阿拉伯軍隊「會說『我們被出賣了』，然後一哄而散，回他們的帳篷。」接著他準備一舉擊殺，告訴英國決策者，布雷芒強調「絕不可讓阿拉伯人拿下麥地那」，由此可見法國人完全不樂見阿拉伯人起義成功。精明的克萊頓把勞倫斯心存操弄的備忘錄呈給默里將軍，心知這位埃及遠征軍司令看到自己的觀點得到一位外勤軍官予以如此具有說服力的肯定會很高興，同時不把此備忘錄呈給可能持反對意見的溫蓋特。默里迅即將勞倫斯的備忘錄轉呈給倫敦的帝國參謀總長威廉·羅伯遜（Robert Robertson）將軍，並在評注中指出費瑟和勞倫斯堅決反對法國人所贊成的「派白人部隊到阿拉伯半島」之議。接下來幾天，倫敦作戰會議裡，每個人都提到勞倫斯的名字，他阿拉伯通的影響力一夕高漲，致使溫蓋特開始否認他曾提出派兵支援布雷芒之類離譜的建議，且主張由勞倫斯領導駐拉貝格的新軍事聯絡團。可憐的布雷芒上校，被一個自己完全不知情的對手徹底擊敗，在勞倫斯所洩漏的消息轉呈給西線的最高指揮部之後，因為暗示法國不希望阿拉伯人從土耳其人手裡攻占麥地那，而受到法國總司令陸軍元帥約瑟夫·霞飛（Joseph Joffre）發出很不客氣的電報訓斥。[6]

經由上述作為，勞倫斯（或者更確切的說，大概是這整件事之真正主謀的吉爾伯特・克萊頓），在一九一六年十一月關鍵性的幾星期裡，粗略勾勒出英國，相對於法國，將在戰後鄂圖曼帝國的安排上採取的政治立場，亦即自主產生的「阿拉伯人叛亂」，由費瑟代表麥加行政長官出面領導。此舉對協約國的抗戰大業有實質幫助，因此在日後的和平協議中（至少在法國於薩佐諾夫—賽克斯—皮科協定裡聲稱為其所有的那些領土的歸屬上）英國必須受到應有的尊重。使勞倫斯迅速躋身英國決策圈最高層的因素，乃是這一貢獻，而非他看出阿拉伯人心思的天生本事或游擊戰本領。

勞倫斯把他新獲得的影響力發揮到極致，且一路得到一連串偶發事件的助推。被勞倫斯捧上天的費瑟（「他很了不起」；「佼佼者」），幾乎立即就吃了敗仗，一九一六年十一月遭一支土耳其騎兵巡邏隊包圍，他的阿拉伯士兵隨之從山區巢穴驚慌逃往山下的延布海岸，費瑟希望英國人能派艦隊前來該處救他。結果，何其反諷的轉折，勞倫斯在延布竟遇見布雷芒，布雷芒迅即發電報給開羅的溫蓋特，請求派英法部隊登陸，以拯救「麥加行政長官和他的阿拉伯人，即使心裡不願。」但這位法國人看似心存報復的舉動，不久就變得多餘，因為追擊的土耳其人一看見港裡的英國戰艦即從延布調頭，派兵增援隨之變得沒必要。隨著土耳其人往內陸退回麥地那，英國人得以派一小股武裝阿拉伯人（費瑟不在其中）在延布北邊的港城沃季（Wejh）登陸，從而再度表明英國海軍武力遠非

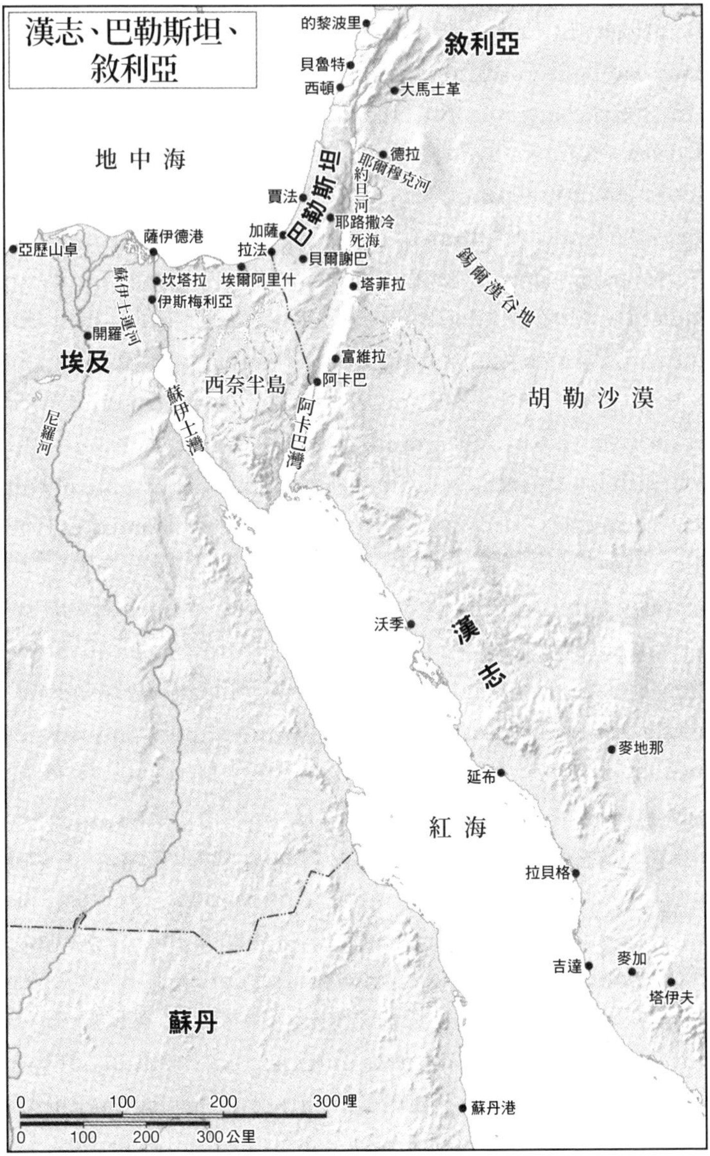
漢志、巴勒斯坦、敘利亞
的黎波里
敘利亞
貝魯特
西頓
大馬士革
地中海
巴勒斯坦
德拉
耶爾穆克河
約旦河
賈法
耶路撒冷
加薩
死海
亞歷山卓
薩伊德港
拉法
貝爾謝巴
錫爾漢谷地
蘇伊士運河
坎塔拉
埃爾阿里什
塔菲拉
伊斯梅利亞
開羅
埃及
富維拉
阿卡巴
西奈半島
胡勒沙漠
蘇伊士灣
阿卡巴灣
尼羅河
沃季
漢志
麥地那
延布
紅海
拉貝格
吉達
麥加
塔伊夫
蘇丹
0
100
200
300哩
蘇丹港
0
100
200
300公里

麥加的哈希姆家族所能發動的武力可以比擬。費瑟堅持一九一六年十二月的大半時間要睡在停泊於港中的英國戰艦上，直到土耳其人對延布不再構成威脅為止。勞倫斯受命得返回開羅，其前途原本可能因為費瑟的潰敗而葬送掉，結果，費瑟很感激他這位朋友的寬容和恭維，於是（經由吉達中轉）發了份電報到開羅，要求不要讓勞倫斯離開他。此外，明顯受過勞倫斯指點的費瑟，一九一七年一月告訴一位與他交談的英國人，「他希望英軍援助……完全不想要法國人援助或與他們有任何瓜葛。」勞倫斯讓這位哈希姆家族親王對他言聽計從，因而這場慘敗似乎只讓他們兩人關係更為緊密。7

由於勞倫斯使計作梗，阿拉伯人叛亂未能得到英國或法國出兵助陣，因而從軍事角度來看，這場叛亂依舊算不上成功。從戰略上講，一九一七年開羅最優先考慮的事項是入侵巴勒斯坦。該地的鄂圖曼人已退回到從沿海的加薩延伸到內陸約三十哩處的貝爾謝巴這道防線。英國工程師從坎塔拉修築的西奈鐵路，一月修抵主要的綠洲城鎮埃爾阿里什，使默里的埃及遠征軍得以在鄂圖曼巴勒斯坦邊界旁集結兵力與作戰物資。這時，埃及遠征軍已在該戰區陳兵超過二十萬，從一天需要從運河運去超過一百二十萬加侖的水來看，這是了不起的成就。為了運去這麼多的水，除了靠火車，還得動用數千頭駱駝。部隊越過西奈沙漠之後，要鼓勵他們攻取有水的綠洲加薩和／或貝爾謝巴，就不是難事。誠如英國某中尉首度瞥見阡陌縱橫的巴勒斯坦後所指出的，在「走過無數哩光禿禿的沙漠」之後，看到這個「賞心悅目的地方」，讓人大為驚喜。[8]

但如果說英國陣營士氣高昂，敵對陣營也不遑多讓。從攻勢轉為守勢後，鄂圖曼軍隊這時要擋住來犯敵人，以保住帝國不可分割的一部分和一處戰略地位特別重要的區域。雖然只有約一萬一千步兵散布在加薩與貝爾謝巴之間三十哩長的戰線上，來犯之敵的兵力則至少是他們的三倍，但他們已挖了壕溝，且在一向幹練的克雷斯·馮·克雷森斯泰因領軍下做好強固的防禦準備。土耳其人有一百五十門炮，與埃及遠征軍約略相當（但英國人有毒氣），還有一千名騎兵，使克雷斯若需增援受威脅區域，還能保有某種程度的機動。默里選擇放過貝爾謝巴，一九一七年三月二十六日猛烈炮轟加薩，從表象看來，此舉完全壓制住土耳其人的火力。默里認定敵人已無力反擊，說不定已沿著海岸往北退向賈法，於是派騎兵前去偵察貝爾謝巴，卻發現守軍寸土未退。接下來兩天裡，埃及遠征軍步兵一波波進攻都遭擊退。戰事很慘烈。誠如某德國軍官所憶道，「每道圍籬，每棟房子，都是爭奪目標。」默里部總共死傷約四千人，約為土耳其人死傷的兩倍，包括一千五百具留下來給敵人埋葬的屍體。怪的是明明未攻陷加薩，默里卻發了份電報給倫敦的陸軍部報捷。*[9]

* 土耳其人得知此事後，向敵人後方擲下傳單，揶揄默里「你在公報上擊敗我們，我們在加薩擊敗你。」

說來是個奇怪的巧合，在加薩之役的第一天，勞倫斯首度嘗到槍林彈雨的滋味，地點是在東南邊約五百哩處的艾巴納姆（Aba el Naam）。這是漢志鐵路的一站，位在麥地那北邊約四十哩處。實際上（但未公開表示）已對費瑟絕望的勞倫斯，一九一七年三月中旬徒步走到侯賽因次子阿卜杜拉在內陸瓦迪艾斯（Wadi Ais）的營地。他此行的目的是說服阿卜杜拉的阿拉伯游擊隊攻擊漢志鐵路，以阻止土耳其人利用該鐵路從麥地那運兵過來增援巴勒斯坦的克雷斯。二月時，英國情報單位已攔截到一份傑瑪爾從大馬士革發到麥地那的電報，該電報命令撤離這座伊斯蘭第二聖城（和漢志最大城）。勞倫斯所不知的是，因為放棄聖地之議而遭阿里．海達爾帕夏（統進會所欽點接替侯賽因出任麥加行政長官的哈希姆家族親王）痛斥的傑瑪爾，已發出第二份電報撤銷前令。不過，位在漢志鐵路樞紐站艾巴納姆是理想的攻擊目標，可藉此好好測試勞倫斯游擊戰策略的戰略潛力，特別是可藉此展現他勸誘哈希姆家族真正出兵打仗的本事。如果他們成功切斷這條鐵路，「阿拉伯人叛亂」或許就還是有其意義。

結果好壞參半。阿卜杜拉，一如費瑟，表現令人失望：拒絕出兵助陣。但靠著拉攏其他謝赫，一九一七年三月二十五日，勞倫斯還是說服了約八百名阿拉伯人答應加入他的行動（儘管隔天真正露面追隨他的只有三百人）。勞倫斯從名氣小了許多的英國少校軍官赫伯特．加蘭（Herbert Garland）那兒學了在鐵軌下方放爆裂物使其在火車駛過時引爆的技術，因而能在這個樞紐點南側鐵軌的戰略要點埋放炸藥，安排兩挺機槍控制該要點，並派一隊阿拉伯人去北側鐵軌埋炸藥（但成效較差）。接著他設下埋伏，要藏身在各方山坡上的阿拉伯機槍手同時開火，這辦法算是取得某種程度的成功。主水槽被炸掉，遭突襲的土耳其守軍約四百人，死傷七十人，三十人被俘。但土耳其人守住這個樞紐站。勞倫斯自己埋設的炸藥順利引爆，但負責控制該點的阿拉伯機槍手跑掉，使土耳其人得以在不受騷擾下修復鐵軌。誠如勞倫斯以難得的平實口吻報告的，「我們並非一敗塗地」。[10]

即使勞倫斯如願在漢志鐵路線上炸出一個洞，對同時發動的入侵巴勒斯坦行動也不會有太大影響。傑瑪爾改變心意，不撤離麥地那，或即使傑瑪爾未從漢志增兵加薩，英國人仍未能拿下加薩，的確都不能怪在勞倫斯頭上。在一九一七年四月十七至十九日的第二次蘇伊士之役中，儘管在鄂圖曼戰場首度動用了毒氣，且在沿海部署了一隊戰艦以為進攻友軍提供火力掩護，默里的埃及遠征軍還是同樣未能取得突破，這也不能怪勞倫斯。如果面對英國正規軍所能出動的海陸最強武力（他們在加利波利半島或庫特城所未能出動的武力）土耳其人都打定主意不屈服，勞倫斯所組建且時斷時續的阿拉伯游擊隊同盟恐怕無法令傑瑪爾或克雷斯害怕多少。

但一九一七年春，其他戰場上的情勢終於轉為英國漸占上風，而且巴勒斯坦、阿拉伯半島兩地不久就會感受到這些情勢的影響。到了此年年底，雖然二月革命打亂俄國的抗戰大業，但短期來看，這反倒幫了協約國一個大忙：移除沙俄專制政權，使協約國「為共同的民主理想而戰」一說站得住腳（誠如美國總統伍德羅·威爾遜所說的，這時俄國是「當之無愧的榮譽聯盟夥伴」），從而使美國較願意參戰。當然，把美國激到參戰，也是德國人咎由自取，先是發動「無限制潛艇戰」，然後愚蠢地想在美國參戰前打敗美國，於是在一九一七年一月十六日——經由美國大使館電纜！——發電文給墨西哥市，承諾只要墨西哥對美宣戰，戰後墨國會得到德州、亞利桑納州、新墨西哥州。這份不久後即會臭名遠播的「齊默曼電報」（Zimmermann telegram），加上俄國的開始走上「民主」，終於給了威爾遜欲讓國會通過對德宣戰所需的政治藉口（一九一七年四月六日美國對德宣戰）。[11]

協約國在幾乎同一時候發動的一個漂亮的公關行動，則加劇美國參戰的效應，至少從宣傳的角度來說是如此。一九一七年三月二十八日英國第一次強攻加薩才遭擊退，傑瑪爾帕夏即出於安全考量下令撤離北邊四十哩處的沿海城鎮賈法的居民。這一決定本身並無特別之處：二月，在英國人出兵攻打加薩之前，土耳其也曾命令撤出加薩居民，事實上，指揮官一向如此處置位於活躍之戰線附近的城鎮，以便防線遭突破時守軍得以通行無阻的撤退。在賈法，麻煩始於時機不對。當時正值猶太人的逾越節，強制集中住在該城「特拉維夫」（Tel Aviv）這個北城區的眾多猶太居民撤走，肯定令他們怒火中燒。傑瑪爾的撤離令，並非單單針對猶太人；該城大部分的阿拉伯人（包括穆斯林和基督徒）也在撤離之列。由於當地猶太領袖反彈甚烈，傑瑪爾給猶太人多一個星期處理私事，再於四月六日離城——正好是美國參戰那一天。結果，一九一七年四月，約一萬名鄂圖曼子民被從賈法遷往內陸、荒涼的敘利亞，其中約三分之一是猶太人。* 對傑瑪爾或鄂圖曼人來說，這時機不是最佳，但以戰時鄂圖曼帝國境內或其他地方強制遷離之事屢見不鮮來看，這是件稀鬆平常的小事。

但後來世人被告知賈法此事時，並非這麼輕描淡寫。傑瑪爾將位在巴勒斯坦沿海、具有戰略地位而當時人口還不多的這個城鎮的居民撤走一事，經過一九一七年五月的發酵，竟演變為世界猶太復國主義運動的著名事件。促成這一轉變的關鍵人物是馬克・賽克斯爵士，即一九一六年與喬治・皮科、謝爾蓋・薩佐諾夫聯手議定瓜分鄂圖曼帝國的那一人。法國與哈希姆家族阿拉伯人各自聲稱敘利亞為己所有而相持不下，賽克斯為裁定此爭端而來到開羅，然後一九一七年四月二十七日，他人在開羅時，遇見鄂圖曼猶太裔農學家阿隆・阿隆索恩（Aaron Aaronsohn）。阿隆索恩除了就敘利亞蝗災和與潤滑油有

* 一九一四年時，已有約七百五十名俄國猶太人，被以可能危害安全為理由，從賈法強制遷走。

關的事務向傑瑪爾提供意見，還為協約國主持在巴勒斯坦的間諜網。阿隆索恩告訴賽克斯，「特拉維夫已遭洗劫」，「如今有一萬巴勒斯坦猶太人沒有家或食物」，賽克斯聽了之後把此事轉告倫敦的猶太復國主義報紙《猶太記事報》（*Jewish Chronicle*）和紐約重要的猶太復國主義人士（這些猶太人的名字，賽克斯則是從阿隆索恩口中得知）。沒幾天，這則經過層層轉述加油添醋的故事，就出現在《紐約時報》頭版（「賈法猶太人遭強制撤離，受不人道對待」）。到了夏天，原本在戰時兩大陣營之間各擁其主而陷入分裂的大部分西方猶太復國主義者——柏林仍是世界猶太復國主義組織行政部（World Zionism Executive）的所在地，俄國則長期以來被視為世界猶太人和猶太復國運動的最大敵人——開始毅然決然轉向協約國陣營，畢竟協約國這時有美國和有希望因民主政治而重振活力的俄國助陣，似乎已勝券在握。[12]

倫敦出現更為強勢的聯合政府，則對這些趨勢起了推波助瀾的作用。這個英國政府不只矢志打贏戰爭，還想藉由將焦點東移來實現此目標——而且非常願意支持猶太復國主義運動，把那視為整個計畫的一部分。由於自由黨失去人心（加利波利半島和庫特城的慘敗是主因），首相阿斯奎斯於一九一六年十二月率領內閣總辭——但陸軍大臣大衛·勞合·喬治例外。他迅即與統一暨保守黨（Unionist-Conservative Party）組成聯合政府，由前首相亞瑟·貝爾福出任外長。眼見格雷、阿斯奎斯已下台，邱吉爾已因為加利波利半島之役失利背黑鍋而遭到貶謫，基欽納已死，*新戰略的擬定已沒有障礙，於是勞合·喬治公開他所偏愛的方針：以征服鄂圖曼帝國為重心的東方戰略。到了一九一七年春，誠如莫里斯·韓基所指出的，內閣裡已是人人「同意勞（合）·喬（治）的觀點……即必須把主要心力用於對付土耳其。」由一九一七年十一月二日新任外長發表的貝爾福宣言，可看出這位首相支持猶太復國主義。該宣言說明未來如何「在巴勒斯坦為猶太人建立一民族家園」，也承諾保護「巴勒斯坦境內既有非猶太族群的公民權和宗教權」。勞合·喬治對猶太復國主義的支持，乃是戰略上轉而側重鄂圖曼戰場一事的重要一環——儘管未必比英國對法國、麥加行政長官侯賽因、阿拉伯人所許下的那些可能彼此矛盾的承諾重要。[13]

當然，在勞合·喬治的東方戰略取得任何成果之前，仍有個惱人問題得面對，那就是至這時為止，英國在鄂圖曼戰場上敗多勝少。加利波利半島之役和庫特之役仍是無能

* 說來巧合得奇怪，基欽納於一九一六年六月五日死於海上，當時他乘船赴俄國公幹，結果船在北海碰上水雷而沉沒。幾乎同一時間，阿拉伯人起事造反，而此叛亂能夠發動，他先前的策畫功不可沒。邱吉爾於一九一六年親赴西戰線與敵廝殺，作為對自己遭（短暫）貶謫的回應。他接掌蘇格蘭燧發槍團第六營，展現置死生於度外的一貫大膽作風，親自帶兵出擊敵我戰壕間的無人地帶三十六次，最終厭煩於戎馬生活返回倫敦。

的代名詞，第一、第二次加薩之役似乎表明巴勒斯坦戰線的局勢未有多大的改善。鑑於英國至目前為止的戰績，自然可以理解為何阿拉伯部落民（特別是侯賽因的兒子阿卜杜拉和費瑟），為何遲遲不肯上戰場流血犧牲，把自己的命運與他們的開羅金主的命運繫在一塊。

但就在一切似乎已經無望時，從美索不達米亞傳來大有助於恢復英國在阿拉伯人世界和整個更大近東之威信的消息。兵敗庫特之後，重新整建的底格里斯軍（第三印度軍）已只剩骨幹，此後直至一九一六年結束，該軍大部分時間以後勤和補給為重。湯森德被土耳其人俘虜，艾爾默和戈林看來根本是個庸材，於是最高指揮部從外頭空降佛雷德里克·史丹利·莫德（Frederick Stanley Maude）爵士中將來整頓。莫德是克里米亞戰爭英雄之子，本身打過從布耳戰爭到西戰線、加利波利半島之役等數場戰役，是個徹頭徹尾的軍人。他不大理會賽克斯—皮科的政治意涵和英國對阿拉伯世界的意圖，專注自己的本職，把巴斯拉港現代化，督造醫院和修船設施，迅即要他的工兵往底格里斯河上游的阿馬拉修建公路（包括一段高起於地面以防水淹、長三十六哩的公路），以及七十座新橋，甚至一條通到納西里耶的鐵路。這些公路橋樑將不只用於行走；莫德已從美國訂了千輛福特廂型車，冬天時已運抵七百輛。庫特之役的倖存者後送休養，來自印度的援兵已開始湧入。到了一九一六年十二月，底格里斯軍已有超過十萬現役兵員，其中有四萬五千步兵、三千五百騎兵、一百七十四門野戰炮可用於以庫特、巴格達為目標的底格里斯主戰線。當面之敵則是哈利勒・「庫特」帕夏的鄂圖曼第十八軍，只有約一萬一千名可戰鬥兵力。[14]

但土耳其人在庫特城下方處掘壕固守，極難攻下——艾爾默和戈林在前一個春天已領教過，莫德也將領教到。位於底格里斯河哈伊迪里（Khaidiri）彎的一個築有防禦工事的陣地，第十三師花了將近十天的「苦戰」（一九一七年一月九日至十九日）才拿下。在另一處河彎，達赫拉（Dahra）彎，第三軍動用全軍之力，且相對於土耳其人享有二十比一的槍炮優勢，但仍花了十天，才在二月中旬拿下。誠如某英國軍人寫到達赫拉一地的土耳其人時所說的，「他們雖是敵人，他們了不起的表現，還是叫我們不得不佩服。」桑奈亞特一地的戰壕等級，幾乎和德國在西線戰的戰壕不相上下，第七師部隊根據空中偵察結果仿造了同樣的戰壕，事先排練攻擊，然後才出兵強攻（終究未能得手）。第三次庫特之役，結果和第二次一樣慘烈且曠日廢時，從一九一六年十二月中旬打到一九一七年二月二十二日，中間因為天候而打打停停，最後莫德的部隊終於在庫特上游的底格里斯河架了橋，卻赫然發現哈利勒帕夏已退往更上游數百哩處的巴格達。[15]

根據最近的戰場形勢，沒理由認為巴格達之役會比較輕鬆。但這一次，英軍追擊甚快，土耳其部隊沒什麼機會做好充分的防禦。後來發現哈利勒帕夏把所有兵力投入庫特，因而未能在巴格達外圍做好強固的防禦工事。出人意料的是，他甚至放棄位於泰西

美索不達米亞戰役
俄羅斯帝國
巴庫
裏海
凡湖
大不里士
烏爾米耶湖
摩蘇爾
埃爾比勒
德黑蘭
鄂圖曼帝國
底格里斯河
基爾庫克
哈內金
哈馬丹
幼發拉底河
提克里特
迪亞拉河
札格羅斯山脈
庫姆
薩邁拉
克爾曼沙阿
波斯帝國
拉馬迪
法魯賈
巴格達
泰西封
卡巴拉
希拉
庫特阿馬拉
迪茲富勒
納傑夫
迪瓦尼耶
阿馬拉
卡倫河
阿瓦士
古爾奈
納西里耶
巴斯拉
阿巴丹島
阿拉伯河
法奧
科威特
阿拉伯沙漠
波斯灣
巴林
0
250哩
0
250公里

封（薩爾曼帕克）的舊防線，於是庫特形同在巴格達之前最後一個做好防禦準備的陣地。此外，土耳其人先前光是在庫特就有將近七千士兵被俘，整支軍隊空有骨架（但英國人可能未掌握到這點，因為把庫特的鄂圖曼兵力高估為兩萬）。在這同時，一九一六年夏被恩維爾無謂派赴波斯的鄂圖曼第十三軍，仍在哈馬丹空等，阿里・伊赫桑帕夏得知庫特慘敗的消息時已太遲，來不及出兵解救哈利勒。哈利勒於一九一七年二月二十六日抵達巴格達，鑑於英軍緊追不捨——把英國在底格里斯河的河上艦隊當成「超級騎兵」來用——哈利勒推斷巴格達守不住。但考慮到戰略和威望，恩維爾還是知其不可而為之，下令守住巴格達。哈利勒使出渾身解數，下令沿著迪亞拉河兩岸八哩長的戰線挖掘壕溝（迪亞拉河是底格里斯河支流，在巴格達南邊匯入主流）。但他時間不多：一九一七年三月七日英軍抵達時，機槍陣地還未完成。三天後，英國第三十八旅的東蘭開夏（East Lancashires）團冒著槍林彈雨在迪亞拉河上架了橋。由於英國騎兵巡邏隊已在繞著火車站——從君士坦丁堡和柏林過來那條著名（但尚未完工）的鐵路終點站——打轉，哈利勒終於死了心，一九一七年三月十日下午八點下令第十八軍殘部棄城。巴格達失陷。[16]

從軍事角度看，經歷過庫特驚心動魄的苦戰之後，巴格達之役可以說令人大大掃興。英國攻陷後的作為其實很不光彩，縱兵劫掠放火數小時，莫德部的大部分士兵高興於找到已數月未見的新鮮水果，卻普遍失望於這座東方名城竟是一堆亂七八糟的「狹窄、骯髒、惡臭的街道……某些地方被垮掉的房子和成堆的垃圾堵住。」就連占領軍所接收來供治理之用的大型建築，都「骯髒、害蟲橫行到無法形容的程度」。此外，這樣的惡劣印象是雙向的，因為莫德這位沒耐心行禮如儀的人，沒辦隆重的進城儀式，未發表鄭重的公開聲明。*

但莫德得勝具有強烈的象徵意義。巴格達不只是西元七五〇至一二五八年伊斯蘭最盛期時阿巴斯哈里發國的都城，更晚近時還是德國戰略的焦點，德皇所夢想打造的從北海到波斯灣的鐵路終點站。比莫德更有想像力（且行事較無顧忌）的馬克．賽克斯爵士，受命起草致阿拉伯人的官方政策公報。在他筆下，巴格達陷落一事開始具有近乎聖經時代的意味。賽克斯講述了自一二五八年遭蒙古人洗劫後該城經歷的種種苦難，特別是鄂圖曼人統治幾百年期間「許多尊貴的阿拉伯人為了爭取阿拉伯人自由而命喪異族統治者土耳其人之手」的苦難，然後嚴正表示「不只我國國王和其人民，還有與他結盟的諸大國，都盼望你們繁榮一如以往，一如當年你們土地肥沃……巴格達是世界奇觀之一時。」[17]

撇開華麗的詞藻不談，一九一七年三月巴格達陷落是鄂圖曼帝國瓦解過程中的一個重要里程碑，在協約國的抗戰大業於俄法兩國和巴勒斯坦（埃及遠征軍剛在此地的第一次加薩之役中大敗）都陷入低潮之際，給了英國亟需的公信力。甚至，曾有一段不長的時間，英俄兩國部隊似乎可能聯手殲滅鄂圖曼第六集團軍殘部。在差點功虧一簣，最終還是把從波斯撤退的土耳其第十三軍包圍住之後，英國騎兵軍官與俄國騎兵軍官在巴格達東北邊，迪亞拉河畔的克孜勒羅巴特（Kizilrobat），首度會晤——本有可能影響整個戰局的一次會晤。這時，終於振作起來的巴拉托夫，已於一九一七年三月下令他的哥薩克部隊在哈馬丹附近越過美索不達米亞邊界。但好似在遵守某個未言明的地緣政治法則——禁止英俄兩國真正同心協力對付鄂圖曼人的法則——巴拉托夫的攻勢才剛開始就突然叫停，原因令英國人和土耳其人同樣費解。後來才知道，「第一號令」已從彼得格勒蘇維埃下達，隨之，就連巴拉托夫底下能吃苦的庫班（Kuban）、捷列克（Terek）這兩支哥薩克部隊，都組建蘇維埃，開了「多不勝數的會」，討論的「不只補給問題」，還有非常反感於蘇維埃的巴拉托夫所謂的「極普遍性質的問題」。由於俄國的威脅再度煙消雲散，土耳其第十三、第十八軍得以在薩邁拉、提克里特之間重整旗鼓，在英國主力部隊被困在巴格達西北部的遜尼派三角區之際，在摩蘇爾下方建起一道堅實的防線。法魯賈（幼發拉底河邊的下一個鄂圖曼堡壘）和拉馬迪（比法魯賈更上游的巴格達鐵路線火車站），都在一九一七年三月下旬陷落，此後莫德決定在酷熱的暑氣裡在巴格達待著，同時規畫

* 英國人在巴格達最熱鬧地區立了一尊莫德像，直到一九五八年革命時該雕像才被毀。他的名聲則久久未消：二〇〇三年戰爭後，英國在巴格達「綠區」裡的總部，取名「莫德屋」（Maude House）。

下一步。[18]

這時，鄂圖曼戰場上的動能回到巴勒斯坦，且一路得到勞倫斯一項大膽舉動的推波助瀾。這位年輕的英國聯絡官於一九一七年五月九日從紅海港城沃季啟程進入阿拉伯沙漠，展現過人勇氣，橫越阿拉伯人稱之為「胡勒」（El Houl，「恐怖」）的荒涼沙漠，陪同者只有四十五名阿拉伯部落民——費瑟不在其中，他往內陸走了一兩哩即鄭重道別，然後回沿海搞政治，拉攏英國人。勞倫斯一行人的目標是敘利亞南部的錫爾漢谷地（Wadi Sirhan），走路約需三個星期，勞倫斯希望到那裡後，可說服奧達·阿布·塔伊（Auda Abu Tayi）領導的霍維伊塔特（Howeitat）部落民參戰。飽嘗駭人的沙塵暴、脫水、疲勞之苦後，他們抵達目的地。阿布·塔伊承諾與他並肩作戰之後，一九一七年六月上旬，勞倫斯啟程往北進入敘利亞沙漠，以到各大綠洲城徵詢當地民意。在艾茲賴格（Azraq），他結識安努里·伊本·舍勒安（An-Nuri Ibn Shal'an），他是魯瓦拉（Rwala）部族的謝赫。在大馬士革、下美索不達米亞、阿拉伯半島北部之間的沙漠地區，這個養駱駝的部族是最強大的貝都因人部族（伊本·舍勒安也是驍勇的戰士，據說曾「赤手空拳打死多達一百二十人」，其中包括他的兩個親兄弟）。伊本·舍勒安不如阿布·塔伊那麼熱衷於參戰，但這位特立獨立的英國青年敢往北到這麼遠的敵人領土裡，勇氣令他佩服。*勞倫斯在開羅的長官也很佩服他，後來頒給他傑出貢獻勳章，嘉許他的敘利亞沙漠任務。[19]

勞倫斯神秘任務的第三階段且是最緊要的階段，就此展開。阿卡巴（Aqaba）攻勢，從頭至尾，始終帶有傳奇氛圍。首先，拿下阿卡巴並非勞倫斯的本意。這座小港城，就座落在紅海與北邊西奈半島交接處，戰略地位非常重要，英國和鄂圖曼帝國在一九〇六年的所謂阿卡巴危機中，就差點為此地兵戎相向。†由於離阿卡巴最近的鐵路線盡頭站馬岸（Ma'an）位在七十五哩外的內陸，阿卡巴防守薄弱，平時鄂圖曼駐軍一百五十人，戰時駐守兵力也大不了多少。它是兵家必爭之地，因而一九一六年十月英國人曾欲說服麥加行政長官侯賽因同意其拿下該港。若對此發動兩棲作戰，相較於加利波利半島，將是不費吹灰之力，在難度上只稍高於拿下紅海濱的吉達、延布、沃季——事實上這是很合理的下一步，一九一六至一九一七年那整個冬天在開羅受到廣泛討論。

這最終未付諸實行，完全出於政治考量，而勞倫斯再度打對牌。一九一七年一月，法國上校布雷芒先是讓此議得到法國最高指揮部認可，然後向英國駐開羅的新高級專員

* 如果勞倫斯給了他六千枚沙弗林金幣是真的話，那上述說法就有待商榷。

† 一九〇五年，正在建造漢志鐵路的德國工程師海因利希·奧古斯特·麥斯納提議往西建一條支線通到阿卡巴，完工之後將使土耳其人得以在這個重要港口受威脅時派兵增援該港，而不必在運兵到鐵路線終點站馬岸之後，靠駱駝運兵到七十五哩外的阿卡巴。一九〇六年英、土兩國都派兵進入西奈半島，阿卡巴危機差點引爆戰爭。

提議對阿卡巴發動法—英兩棲攻擊，但遭默里將軍反對。那時，默里仍被勞倫斯激起滿腔的反法熱情（而且尚未因不久後加薩之役的失利名聲掃地）。協助廢除布雷芒提議的是勞倫斯，他以費瑟已表明不想得到法國人援助為理由反對此議。於是，布雷芒這個從海上拿下阿卡巴的極明智構想，就此遭無限期擱置。*[20]

於是，一九一七年六月十八日勞倫斯在約五百名部族（大部分是霍維伊塔特部族）戰士陪同下，從錫爾漢谷地啟程時，阿卡巴仍是只要想拿下就可輕易拿下。在巴伊爾（Bair），前往馬岸途中的主要綠洲，勞倫斯一行人發現土耳其人已炸掉三座井，但未炸掉第四座（純粹因為炸藥未爆炸）。勞倫斯看出敵人已料到他會過來，於是下令往北，往位於安曼（Amman，今約旦首都）的鐵路線終點站佯攻。土耳其人見狀，從馬岸派五百五十人前去解危。有十天時間，這兩股兵力幾乎不相上下的部隊，一再掌握不到彼此的行蹤。最後，一九一七年七月二日拂曉，阿拉伯人趁土耳其人在富維拉（Fuweila）從馬岸過來的公路上距阿卡巴只有四十哩的重要山口）睡覺時伏擊。約一百名土耳其人逃脫，其他人喪命、被俘或棄置在戰場附近一條小溪旁等死。相較於這場屠殺，拿下阿卡巴之役「令人掃興」：鄂圖曼守軍指揮官於一九一七年七月六日就投降，「幾乎未發一彈」。勞倫斯展開著名的長途跋涉（有兩名阿拉伯人當嚮導），橫越一百五十哩的西奈沙漠，抵達蘇伊士港，為這場勝利劃下完美句點。他在那裡及時報告了拿下阿卡巴之事，使英國人得以在土耳其人回師奪回該港之前，將部隊和補給送到該港。[21]

拿下阿卡巴的戰略意義遠不如史家有時宣稱的那麼大，但仍是游擊戰上的不凡成就，且從頭至尾得益於時機的巧妙拿捏（勞倫斯一生的其他許多成就亦然）。自三月攻陷巴格達以來，英國人已在加薩輸掉兩場苦仗；在西戰線的尼韋勒（Nivelle）攻勢期間，舍曼戴達姆嶺的法軍譁變；俄國的革命已從雀躍轉為絕望，先是自由派於五月時失勢，然後是六月時克倫斯基攻勢一敗塗地。勞倫斯拿下阿卡巴的消息於一九一七年七月九至十日傳抵開羅和英國最高指揮部時，協約國正苦盼好消息上門，結果真的盼到。愛德蒙·艾倫比（Edmund Allenby）最近抵達開羅，更提升此消息的鼓舞效應。艾倫比是個狠角色，被他的士兵稱作「火爆公牛」（Bloody Bull），在默里慘敗於加薩之後，六月下旬接掌埃及遠征軍。一九一七年七月十二日被請去向這位新司令官簡報時，勞倫斯鼓起如簧之舌為阿拉伯人的奮鬥目標講話，提議在土耳其防線後方，艾倫比的埃及遠征軍的右翼，發動精心規畫的游擊戰，且建議埃及遠征軍此時應在巴勒斯坦重啟攻勢。艾倫比聽到在鄂圖曼戰場終於有人做對了事大為高興，以出人意表的乾脆表示同意，在向倫敦報告時以幾

* 土耳其人的確在阿卡巴架設了朝向紅海的十二吋炮，在大衛·連那部史詩電影中，勞倫斯考慮到這些火炮的威力，於是採行陸上進攻。但火炮只有兩門，很容易被射程比它們遠的英國或法國海軍火炮打啞。相較於達達尼爾海岸，對阿卡巴發動兩棲作戰大概會易如反掌。

乎做作的激動口吻說，「勞倫斯上校提議與阿拉伯人並肩作戰，在我看來，此舉將提供極重要的優勢，因而之後應該要不遺餘力爭取由此而來的所有好處。」[22]

這絕非空話。英國補助麥加行政長官侯賽因和其諸子向來很大方，這時金額更急劇攀升。一九一六年六月宣布起事後，侯賽因最初一個月拿到五萬英鎊的補助，到了一九一七年冬，他已爭取到每月補助調高到十二萬五千英鎊；後來更到二十萬英鎊。勞倫斯吸引到艾倫比的垂青後，英國對阿拉伯人叛亂的補助會在一九一七年秋時達到驚人的一個月五十萬英鎊，以一九一七年美元來算，相當於一年超過兩千萬美元，以今日幣值來算，接近一年兩億美元，而且都以黃澄澄的沙弗林金幣支付，那是阿拉伯人唯一信賴的貨幣。羅納德．斯托爾斯後來估計，一戰結束時，英國已在「阿拉伯人叛亂」上花了約一千一百萬英鎊的黃金，而當時開羅政府的黃金儲備總共只有兩百六十萬英鎊（這意味著侯賽因拿到的錢，最終出自英國財政部——即英國納稅人——和美債購買人）。難怪五十年後，大衛．連的《阿拉伯的勞倫斯》上映後，有位貝都因族謝赫被問到是否記得「阿拉伯的勞倫斯」時，爽快回道，「他就是那個帶著黃金的人」。[23]

這筆投資明不明智則是另一回事。費瑟和他的千餘名貝都因部族戰士被運送到阿卡巴後，在新任聯絡官皮爾斯．查爾斯．喬伊斯（Pierce Charles Joyce）中校底下，首度得到正規訓練。喬伊斯不像勞倫斯那麼有魅力，但似乎勝任他的職務。不過，這支受吹捧的「阿拉伯軍」，即使有兩千五百名獲釋的鄂圖曼老兵戰俘加入擴編，始終只是艾倫比埃及遠征軍右翼的一小股輔助兵力，艾倫比對其始終不大放心，未將其用於前線。勞倫斯被派去東邊的敘利亞沙漠南部招募當地貝都因人造反，但艾倫比交付他的主要任務——摧毀位於德拉（Deraa）西邊約十五哩處，耶爾穆克（Yarmuk）河峽谷附近，一座高拱鐵道橋，以干擾鄂圖曼人的交通系統——徹底失敗。許多貝都因人志願兵，一如以往，在前往目標途中一個個消失無蹤。但勞倫斯的失敗，最終要歸咎於時運不濟，有人不慎掉下一枝步槍，發出的聲響使一名土耳其哨兵起疑，阿拉伯人逃跑，勞倫斯跟著跑。[24]

即使勞倫斯完成他的破壞任務，其對戰局的影響也大概會因一件事而變得無足輕重，那就是他於十一月上旬抵達耶爾穆克河時，第三次加薩之役已開打且打贏。艾倫比願意遷就勞倫斯的意圖，卻不想等收到來自沙漠的消息再發動他的巴勒斯坦攻勢（他急於出兵，也可能得歸因於勞合・喬治要求他在聖誕節前拿下耶路撒冷，作為獻給英國厭戰民眾的「禮物」）。十月三十一日，埃及遠征軍對加薩發動又一次壓倒性的火炮齊射。這一次是佯攻，因為英國的矛頭主要對準內陸的貝爾謝巴，澳洲第四輕騎兵旅在那裡領頭衝鋒，拿下十七座井當中的十五座，使埃及遠征軍攻入巴勒斯坦時飲水供應無虞。從貝爾謝巴通往耶路撒冷的內陸公路，從此艾倫比部通行無阻，但克雷斯部（這時已重新整編為新第八集團軍）的大部分兵力，仍在加薩完好無損。為確保側翼的安全，艾倫比要第十六軍循原路折回沿海地區，一九一七年十一月二日強攻加薩。一九一七年十一月七日——勞倫斯欲炸掉耶爾穆克河上橋樑未果那一天——鄂圖曼最後幾個陣地遭消滅。由於信心和對克雷斯．馮．克雷森斯泰因的信任動搖，土耳其人往北急退往耶路撒冷。賈法於一九一七年十一月十六日陷落。但土耳其人在朱迪亞丘陵（Judean Hills）頑強抵抗，在十一月後半的一連串激烈交手中重創來犯的埃及遠征軍。十二月九日，耶路撒冷終於投降，艾倫比得以舉行隆重進城儀式，經賈法門進入這座聖城，勞倫斯同行。這時勞倫斯已（暫時）拋棄他的阿拉伯朋友，加入這位征服者的隨員行列（艾倫比似乎原諒了他在耶爾穆克河的失利）。[25]

從象徵性的角度說，一九一七年十二月耶路撒冷的陷落，比三月時巴格達的陷落，意義更為重大，至少對基督徒來說是如此。艾倫比所擊敗的鄂圖曼軍隊，這時由埃里希．馮．法爾肯海因統率，艾倫比的戰場勝利因此更顯難能可貴。此人曾任德國參謀總長，五月被派到土耳其接掌新組建的閃電（Yildirim）鄂圖曼集團軍群（德國人稱之為F集團軍群）。恩維爾的原意是要收復巴格達，但艾倫比秋季出擊後，這支新集團軍群轉調到巴勒斯坦，結果該集團軍群的三個德國步兵營和九個土耳其師（這幾個師的士兵此前曾被恩維爾投入加利西亞）抵達時已經太遲，影響不了結果。法爾肯海因一九一七年十一月六日抵達耶路撒冷，剛好來得及督辦加薩撤離作業和將耶路撒冷獻給艾倫比。這一年，協約國在西戰線的帕申戴勒（Passchendaele）經歷了更為慘絕人寰的廝殺，舍曼戴姆嶺法軍譁變，俄國崩垮之勢還未停，（一九一七年十一月）德奧聯軍在卡波雷托（Caporetto）大敗義大利，在不利消息紛至沓來的情況下，「聖誕節禮物耶路撒冷」是勞合・喬治一直企盼的奇蹟，英格蘭各地教堂鳴鐘慶祝。

事實上，攻陷耶路撒冷，其軍事意義，就和攻陷巴格達一樣，並不大。一如在巴格達，真正的戰鬥在更早時，在貝爾謝巴和加薩，就開打並打贏。一如在美索不達米亞，土耳其人全軍毫髮無傷逃脫，未有包圍，未有集體俘虜之事。對開羅、倫敦和協約國陣營來說，攻陷耶路撒冷是天大的好消息，但談不上是對鄂圖曼帝國的致命一擊。事實上，就在消息傳抵君士坦丁堡時，恩維爾已在謀畫攻取他地。

CHAPTER

16

布列斯特—立陶夫斯克：下了毒的聖杯

Brest-Litovsk: The Poisoned Chalice

在烏克蘭首都，據認流著豐沛的奶與蜜之地，但我們連麵包都弄不到。

——威廉・格勒納，致埃里希・魯登道夫，一九一八年三月二十三日[1]

列寧奪權一事，對鄂圖曼帝國來說來得正是時候。俄國停火要求先是於一九一七年十二月三日傳達給鄂圖曼第三集團軍，然後在十二月十七至十八日那個晚上在鄂圖曼所有戰線生效。在這中間的兩個星期裡，君士坦丁堡的麵包配給已從原本就不夠填飽肚子的一天一百八十公克減半，導致那年冬天有集體餓死之虞。布爾什維克造反之前，塞凡堡的「革命水兵」頻頻擊擾土耳其沿海，次數多到運煤船不敢停靠宗古爾達克。列寧的停火使重新運煤到君士坦丁堡一事，甚至使穀物從烏克蘭越過黑海運過來一事，一下子變得可能。土耳其人，至少那些有幸住在都城的土耳其人，或許不必在那個冬天挨餓或受凍。[2]

黑海的暢通也及時打消了土德兩國關係上一場急速升高的危機，使其不致演變到危險的程度。俄國停火前不久的一九一七年十二月上旬，魯登道夫已從德國總司令部示警，德國再無多餘的煤可撥給土耳其，使土國除了麵包緊缺，還有燃料不足之虞。巴格達三月陷落一事，土耳其人普遍怪罪於德國人，哈利勒·「庫特」帕夏將該城讓給英國之人前不久德國軍官就已離開的說法，四處流傳。魯登道夫派法爾肯海因接掌新組建的「閃電」集團軍群，用意之一是為了打破該謠言，挺住鄂圖曼帝國的南部防禦，結果這位前德國參謀總長卻蒙受奇恥大辱，落得將耶路撒冷獻給艾倫比。然後，這時又有新謠言，說法爾肯海因向艾倫比開城獻降，以免基督教聖地受損。[3]此外，大眾報紙上，正頻頻出現將糧食、燃料不足歸咎於德國人的說法。一九一七年九月六日，德國在鄂圖曼帝國投資活動的最大象徵，「柏林—巴格達鐵路」的最大車站——海達爾帕夏車站，發生火災，燒掉彈藥、燃料、爆裂物的臨時堆集處，爆炸威力之大，「炸掉佩拉區的民宅」（佩拉區位在博斯普魯斯海峽另一頭）。各界懷疑有人縱火，但始終未抓到縱火犯。如果物資短缺情況到了冬天仍未紓解，沒人說得準哪項德國資產會是土耳其暴民下一個洩憤目標。這時，拜列寧之賜，愈來愈不受土耳其人歡迎的德國人，或許能經由海路把亟需的糧食送到君士坦丁堡，不管是從友好的戰後烏克蘭，還是從羅馬尼亞境內的多瑙河三角洲運來皆可。這時，羅馬尼亞已被德國占領，德國海軍部在那裡成立了它的新黑海海軍軍區。[4]

在鄂圖曼諸前線，從彼得格勒傳來的消息受到同樣程度的歡迎。如果說都城的糧食配給不足，在前線，情況又更嚴重。誠如利曼從名聲掃地的法爾肯海因之手接掌敘利亞的「閃電」集團軍群之後論道，在鄂圖曼前線，「士兵吃不飽，或餓死，衣衫破爛。」[5]一九一七年，俄國春夏的革命太劇烈，已推翻了俄國欲派兵登陸博斯普魯斯海峽的計畫，使尤德尼奇正在埃爾津詹規畫的任何攻勢無緣施行。穆什居民已於五月撤離，以鞏固東土耳其俄國防線。即使如此，俄國部隊仍紮營於埃爾津詹、特拉布宗、埃爾祖魯姆和凡湖沿岸，只是防守兵力薄弱。[6]「第一號令」也已下達到高加索和東土耳其，但那些地方的叛變念頭不如其他前線強烈，原因顯而易見，俄國高加索集團軍一九一六年很清楚占上風。在一九一七年四月於提弗利司召開的一場軍人蘇維埃會議上，甚至把一名高階將領選為主席，表明士兵仍對軍官有所尊敬。布爾什維克整個夏天想方設法欲在高加索集團軍成立激進基層組織，但沒什麼進展，只在第二擲彈兵師和第一高加索師的幾個團例外。在提弗利司蘇維埃，掌權的是主戰的孟什維克和克倫斯基的社會革命黨，以及少許達什奈克黨成員和矢志擊敗土耳其人以報一九一五年屠殺之仇的其他亞美尼亞社會黨人。一九一七年十一月八日，提弗利司蘇維埃譴責布爾什維克政變不合法，由此可看出該地士兵希望繼續對土作戰。但停火令終究使一切戰鬥停擺，因為，既然戰爭已經結束，農民搶奪土地已在國內大舉展開，即使是戰志最昂揚的俄國農民，還有什麼理由在遙遠的戰場堅守崗位？[7]

在此應該特別談談布爾什維克停火令的後果，因為停火是列寧「和平、土地、麵包」口號的主軸，布爾什維克就憑這樣的口號，區別於爭奪俄國大權的其他所有派系。孟什維克、社會革命黨、立憲民主黨和保守派、君主主義者，作法或有不同，但都想打贏與德國、土耳其的戰爭。一九一七年十一月的選舉，克倫斯基的黨拿下百分之四〇．四的選票，已掌權的布爾什維克拿下兩成，布爾什維克友黨「左派社會革命黨」拿下百分之一。從這個選舉結果判斷，列寧的「和平」政策頂多得到四分之一俄國人民支持。好似嫌布爾什維克停火令的爭議性還不夠，該令下達到前線時，還附上一項存心添亂的指示：要士兵開始與敵人「友善交往」。總司令杜霍寧（Dukhonin）將軍抗命不從。於是，列寧透過廣播向士兵傳達信息，譴責他們的總司令「反革命」。收到這暗示後，一票激進軍人迅即將杜霍寧私刑處死。發生在俄軍總司令部的叛變，一如高加索集團軍的瓦解，肇因於布爾什維克經過深思熟慮的政策，而非肇因於一九一七年的革命劇變。結束俄國對土戰爭者是列寧，不是克倫斯基，不是蘇維埃，不是俄國人民。[8]

此外，列寧命令各戰線俄軍投降一事，不只意味著鄂圖曼帝國能保住。從某個意義上說，俄國二月革命止住俄軍越過埃爾津詹出擊，使高爾察克欲組織博斯普魯斯海峽登陸行動變得較棘手，從而在那時就已使鄂圖曼帝國有保住的可能。二月革命的結果，乃是改善了鄂圖曼在俄國戰線上的戰略態勢，使其由孤注一擲的防守轉變為相互消耗下的僵持。十月革命後，俄軍已開始解體。仍占上風的俄國黑海艦隊，配合停戰規定，蹣跚退回港口，船艦未遭叛變者立即擊沉。在安納托利亞，停戰委員會於埃爾津詹北邊約四十五公里處的基爾基特（Kilkit）開始運作，理論上說是為了穩固既有的俄土前線。但俄國方面的士兵馬上開始返鄉，而且到處惹事。突然獲勝的鄂圖曼第三集團軍的司令韋希普帕夏，就離境俄國人的殘暴行為激烈抗議。那些俄國人所到之處掠奪、搶劫，令居民不堪其擾。[9]

諸多臨終奇蹟，讓鄂圖曼帝國在近代繼續苟延殘喘，而列寧的革命肯定是其中最重大的奇蹟。前一個冬天，土耳其已經瀕臨死亡，其潰不成軍的軍隊在俄國開始發動爭奪君士坦丁堡的最後攻勢時拼命抵抗，英法則已作勢要分食剩下的鄂圖曼屍肉。如今，由於俄國軍隊漸漸離去，大維齊爾塔拉特帕夏認為，列寧的政變已為「土耳其東部帝國的實現打開了大門」。《晨報》（*Sabah*）、《理念信使報》（*Tasvir-i-Efkar*）之類嚴肅的鄂圖曼報紙，已在討論「立即收復東安納托利亞、外高加索土地」的事。化為政策的話，意味著出席布列斯特—立陶夫斯克停戰談判的鄂圖曼外交官，不只可要求恢復土耳其與俄國一九一四年的邊界，還可要求恢復一八七七年的俄土邊界，包括收復所謂的「三省」(Elviye-i-Selâse)，即在最近一場俄土戰爭後被俄國人奪走的卡爾斯、阿爾達漢、巴統三省。就連巴庫，俄國石油業中心和進入裏海、突厥語族中亞的門戶，如今都可能成為接管的標的，儘管土耳其人在此得和自己的盟友——德國競爭，因為德國人也想要石油。經過一九一六年的一段慘淡歲月，恩維爾如今看來要以在世最偉大土耳其人的身分，以擊退帝國的北邊最大敵人者的身分，載入史冊。[10]

當然，使恩維爾帕夏成為「加齊」英雄，並不是布爾什維克奪權時所想到的。從列寧的角度看，停戰一事加速沙俄軍隊的解體，從而消滅了最危險的反革命武器，這是再好不過的事。但這不表示他希望讓俄國的敵人在有損俄國利益下打造自己的帝國。他或許是機會主義者，但並非如克倫斯基和協約國政府所認為的是個德國特務。一九一七年十一月，布爾什維克的外長托洛茨基欣然將薩佐諾夫—賽克斯—皮科協定的條文透露給《曼徹斯特衛報》，意在揭發所有交戰國赤裸裸的帝國主義行徑，使這些國家難堪，而不只是使協約國列強難堪。同樣地，列寧同意停戰並派代表至布列斯特—立陶夫斯克，其盤算不是要讓德國人得到他們想要的，而是要在俄國不得不簽署必然沉重的投降條款之前，替全歐各地爆發同樣的革命爭取時間。誠如托洛茨基後來解釋的，「我們開始和談時，心裡抱著喚醒德國、奧匈帝國工人黨和諸協約國工人黨的希望。因此，我們必須把談判拖得愈久愈好，以讓歐洲工人有時間瞭解蘇維埃革命。」[11]

第一期布列斯特—立陶夫斯克停戰談判，舉行於一九一七年十二月二十二日至二十八日，簡直是場鬧劇。布爾什維克的兩個主要代表，阿道夫・喬飛（〔Adolf Joffe〕受信賴的托洛茨基朋友，與托洛茨基一樣曾是孟什維克成員）和列夫・卡梅涅夫（〔Lev Kamenev〕列寧的舊布爾什維克密友），都夠正經。但跟著他們一起過來的人卻是三教九流，有放蕩不羈的文化人，也有罪犯，例如從西伯利亞監獄獲釋的安娜塔西亞・畢岑科（〔Anastasia Bitsenko〕因暗殺一名總督而入獄）夫人和喬飛從彼得格勒街頭提拔來的農民羅曼・史塔什科夫（Roman Stashkov）。一行人出發後，喬飛才知道代表團裡沒有「農民代表」。*德國人和奧地利人仍希望聖誕節過節氣氛會促使協約國政府派代表與會，因此沒人急於上桌談判，人人快活得很。有人看到史塔什科夫用雙手把食物「穿過他未修剪的濃鬍」塞進嘴巴裡。招待他的德國人問要用紅酒或白酒佐餐時，史塔什科夫高

*「要去哪裡，同志？」喬飛的助手質問史塔什科夫。然後說「跟我們一起去布列斯特—立陶夫斯克，與德國人談和。」為摸清這位「俄國農民代表」的斤兩，他們接著問史塔什科夫的政治立場。獲告知他（一如大部分農民）是社會民主黨人之後，喬飛接著問史塔什科夫：左或右？這位農民迅即回應，「左，同志！」，而且是「最左」。正確答案。

興回道，「哪個比較烈？」[12]

但在歡樂氣氛底下，談判雙方漸漸陷入緊張關係。一九一六年布魯西洛夫攻勢後，奧匈帝國的戰時處境比土耳其還要危急。皇帝法蘭茨．約瑟夫一世於那年十一月去世後，人人都認為奧匈帝國會在一九一七年沿著民族斷層線四分五裂，而且真的差點走到這一步。俄國革命突然挽救了哈布斯堡帝國，如同此革命突然挽救了鄂圖曼帝國；維也納的糧食情況和君士坦丁堡一樣糟。奧地利在布列斯特—立陶夫斯克的首度談判人員，奧托卡爾．采爾寧（Ottokar Czernin）伯爵，已獲示警，如果談判拖得太久，奧匈帝國會垮掉。當采爾寧，好似被聖誕過節氣氛沖昏頭（或被布爾什維克的和平宣傳蠱惑），宣布如果協約國前來布列斯特—立陶夫斯克談判（協約國把列寧的政府視為德國的傀儡政府，不認為這是真正的和會），奧匈帝國會聲明放棄其所征服的所有領土時，個個大吃一驚。采爾寧的建議激怒在場德國將領，以及柏林的報界強硬派，這些強硬派譴責德國的首席談判人——外交部長里夏德．馮．屈爾曼（Richard von Kühlmann），容許采爾寧建議放棄「用數十萬人的鮮血和性命贏來」的土地。人數不多的保加利亞代表團，也惱火於他們可能得歸還已占領的塞爾維亞和上多布羅加、下比薩拉比亞兩地區的局部地方（也就是西色雷斯境內一九一五年鄂圖曼人已割讓，索非亞極想納入版圖，但如今土耳其人想要回的那個區域）。土耳其的立場，誠如外長艾哈邁德．內西米（Ahmed Nesimi）所述，較為微妙，但同樣明確：俄國得先從其所占領的鄂圖曼領土上全部撤離，土耳其才會考慮放棄其領土主張。由於諸戰勝國間摩擦日增，會議於一九一七年十二月二十八日休會，讓所有人回去好好想想。[13]

認為時間站在自己這一邊者，不只托洛茨基和列寧。布爾什維克或許希望革命會在中歐爆發，使德國無法施行其併吞俄國領土的計畫。但德國人也會玩這種把戲，而且玩得更認真，把一心要脫離俄國的分離主義派系邀來布列斯特—立陶夫斯克開會，例如已在十二月宣布獨立的烏克蘭中央議會（Rada of Ukraine）的三位代表。在這同時，土耳其人已在原屬鄂圖曼帝國的卡爾斯、阿爾達漢、巴統三省，催生出贊成重新加入鄂圖曼帝國的人民宣言。一九一七年十二月二十二日，恩維爾成立「高加索委員會」，負責與土耳其的戰時盟國協商「三省」重新併入帝國的事宜。德國駐鄂圖曼帝國大使約翰．海因利希．馮．伯恩斯托爾夫（Johann Heinrich von Bernstorff）伯爵，反對恩維爾對這三地的聲索，將此舉斥為不值一顧的「東方式討價還價」。[14]但誠如恩維爾所知，德國外長屈爾曼對土耳其人追求的東西，立場友善得多（屈爾曼曾任駐土耳其大使，其實生於君士坦丁堡）。屈爾曼贊成烏克蘭中央議會式的作法，建議土耳其在這三個原鄂圖曼省份辦公投，以名正言順兼併這三省。由於德國的外交部長支持土耳其對「三省」的聲索且沙俄的高加索集團軍已名存實亡，恩維爾恢復土耳其一八七七年邊界一事，似乎只是時間問題。[15]

但布爾什維克仍有牌可打。二月革命後，臨時政府為了讓俄國少數族群繼續留在帝國裡，成立了民族事務人民委員部（Commissariat of Nationality Affairs），十月革命後，史達林受命出掌該部。十二月，史達林開始武裝高加索集團軍的亞美尼亞族老戰士，以抵抗土耳其人的滲入。到了該月月底，亞美尼亞軍（亞美尼亞人所企盼之國軍的雛形），已有約二十四個步兵營、八個民兵營、約一千名騎兵，總共約兩萬人。[16]一九一八年一月十一日，列寧與史達林共同簽署一份特別的「亞美尼亞令」，以更新一九一七年五月二十八日的含糊聲明，公開贊成將「自決」原則用於「土耳其亞美尼亞」。一九一八年一月二十日，塔拉特帕夏遞交一份正式文書，抗議布爾什維克武裝亞美尼亞人。[17]塔拉特抗議道，布爾什維克口口聲聲要和平，「俄國花豹本性未改」。[18]戰爭才剛結束，就再度出現對峙，布爾什維克成員和亞美尼亞人取代了尤德尼奇那支以俄羅斯人、哥薩克人為主的軍隊。在布列斯特—立陶夫斯克，眾人開心談著怎麼過聖誕節，但另一場高加索血腥衝突已在醞釀。

一九一八年一月九日，談判於布列斯特—立陶夫斯克重新展開，由於協約國看來無意與會，談起正事時大家不再裝模作樣。這時布爾什維克知道德國人打算使烏克蘭脫離俄國，土耳其則正準備一路打回高加索。列寧請托洛茨基親自出馬主持談判，也就不足為奇。過節的歡樂嘎然而止，托洛茨基要他的人（包括史塔什科夫）不得與德國人同屋睡覺、用餐，以免被無限暢飲的葡萄酒和香檳腐化。然後，這位布爾什維克雄辯家在與屈爾曼就「民族自決」的精確意涵交鋒數天時，展現了令人敬佩的耐力（美國總統伍德羅．威爾遜一九一八年一月八日的「十四點原則」聲明，使「民族自決」突然變成刻不容緩的議題）。*怪的是德國人竟允許會議的文字記錄向全球報界公布，從而使托洛茨基痛斥德國帝國主義和虛偽作風的言談為全世界所知。屈爾曼惱火於托洛茨基的乖張行徑，卻也不甘任人擺布，把會談往愈來愈抽象的方向帶，欲迫使托洛茨基在人民主權的正義上表態（德國的盤算是利用全民公投來使烏克蘭、波羅的海諸省脫離俄國之事正當合理）。但並非每個人都鬥得過托洛茨基。很難插得上話的奧地利談判代表采爾寧，一度在日記裡寫道，他受夠了「與這頭野獸沒完沒了的精神角力」，希望出現夏綠蒂．科黛（〔Charlotte Corday〕法國大革命恐怖統治時期反對激進派的獨裁統治，策畫並刺殺了激進派領導人）之流的人物，在浴缸裡暗殺掉這位蓄著山羊鬍的布爾什維克人。[19]

* 布爾什維克透過《曼徹斯特衛報》公布協約國欲瓜分鄂圖曼帝國的「密約」後，威爾遜談到有必要根據「相關民族」的觀點（後來簡化為「自決」原則）調整對殖民地的聲索，以從列寧手中奪回道德制高點，而後來的發展表明，威爾遜這番話成為布列斯特—立陶夫斯克會談時同盟國威逼布爾什維克的利器，儘管這遠非威爾遜的本意（第六點載明德軍必須「撤出俄國領土」）。

代表德國最高指揮部赴布列斯特—立陶夫斯克談判的馬克斯・霍夫曼（Max Hoffman）將軍，厭煩於主權和自決上的學術辯論，向托洛茨基提出草圖，說明他所建議的戰後俄國版圖，把德軍所占領的領土，包括波蘭和大部分波羅的海地區排除在俄國版圖之外。霍夫曼還說漏嘴，說「即使締結和約一年後」，德國還是完全無意從原是俄國領土的地區撤軍。屈爾曼和采爾寧立即就此話向俄方表示抱歉。托洛茨基無力反對德國占領的殘酷既成事實，只能結結巴巴談著「公民投票是表達人民意志的最佳工具」，然後要求休會，以便接收來自彼得格勒的進一步指示。

這位布爾什維克外長處境艱困。第二、第三次會期之間的空檔，托洛茨基回到彼得格勒，身不由己地扮起布爾什維克兩派之間的調人，一派支持列寧主張，另一派反對列寧主張，爭執的議題則是究竟該簽喪權辱國的條約，還是該對貪得無饜的帝國主義德國發動「革命戰爭」。德國人無意放棄他們在東歐所占領土的消息傳到俄國首都後，列寧召集布爾什維克主要據點的黨領導人赴彼得格勒開會。一九一八年一月二十一日，與會代表就和戰的三個可能方針投票。列寧的提議（不顧條件嚴苛立即與德國締結和約），贏得六十三票中的十五票。布哈林的提議（對同盟國重新開戰，冀望革命會在德國國防線後方爆發），*拿下剛過半的三十二票。托洛茨基主張，若選擇繼續與德國交戰，俄國會輸乃是「再清楚不過」的事，然後他提出另一個高明的折衷辦法——讓人想起十月時他針對布爾什維克造反時機所提的辦法。誠如他向有點驚呆的布爾什維克同僚解釋的，他們該做的乃是「宣布戰爭已結束，但拒絕在德國強迫我們接受的併吞主義和約上簽字」。藉此，布爾什維克可在布列斯特—立陶夫斯克進行某種「示範教學」。藉由中止敵對和復員軍隊，並大規模宣揚這兩項作為，俄國能一舉兩得：打破他們是「霍亨佐倫王室代理人」的普遍看法，讓「全世界的勞動階級」清楚知道這個條約不具正當性，是俄國在「德國刺刀」威脅下所被迫接受。托洛茨基的新奇提議，化約為「不和也不戰」這句流行語，在黨領導人大會上，只拿到六十三票中的十六票。但真正拍板定案者是中央委員會，而托洛茨基的折衷辦法在此較受支持，以九比七的投票結果獲得採納。托洛茨基隨之帶著這項奇怪的訓令回到布列斯特．立陶夫斯克。[20]

接下來的談判最具戲劇性。從某個意義上說，先前的過程只是解決戰後最重要問題——烏克蘭——的過場。畢竟波蘭和大部分波羅的海區域已於一九一五年落入德國人之手；因此，托洛茨基抗議德國人從俄國手中搶走它們，有點像是多此一舉。烏克蘭有肥沃的「黑土」農地、煤礦和工業重鎮，是重要許多的戰利品，不管是哪個俄國政府，失

* 有趣的是就在這場會議一個星期後，的確有一連串罷工震撼了德國的幾個工業重鎮，罷工肇因於有人主張「無吞併下的締和」。這現象間接說明布哈林的確有先見之明，但罷工遭迅速壓制住，則間接說明托洛茨基對一九一八年一月德國士氣的虛實評斷正確。

去烏克蘭都將貽害無窮。從戰略角度看，控制烏克蘭，特別是控制一七八三年所吞併的克里米亞半島，乃是俄國在近代崛起——和鄂圖曼帝國衰落——的關鍵。只要沙皇支配黑海，不管是土耳其的北部海岸線，還是君士坦丁堡本身，就無法高枕無憂。相對地，如果烏克蘭中立化，鄂圖曼帝國領導人，在都城安全無虞的情況下，可再度開始施展他們的影響力，俄國則淪為二等強權。此外，與外高加索不同的是，烏克蘭問題未在同盟國陣營裡引發分歧。保加利亞對該地沒有野心，土耳其亦然。奧匈帝國的確擔心烏克蘭獨立會引發自己國內的斯拉夫少數族群起而效尤，而且這一擔心看來非杞人憂天，但維也納糧食不足的嚴重，使這類憂心一下子就變得次要：奧地利人真正想要的是穀物、馬鈴薯和煤，而獨立後的烏克蘭中央議會（以及德國—奧匈帝國占領軍）據稱能滿足這一需求。最重要的，同盟國陣營每個成員在削弱俄國勢力上有志一同，而誰都看得出，使烏克蘭脫離俄國可達成此目標。一九一八年二月一日，即第三次停戰談判開始那一天，塔拉特發文恩維爾，說布爾什維克的帝國主義野心和沙皇無分軒輊，志在打造一個包含烏克蘭在內的「聯合俄羅斯共和國」。為防來自北方的傳統威脅再起，這位大維齊爾承諾恩維爾，他會在布列斯特—立陶夫斯克表態承認烏克蘭，藉此與德、奧聯手使烏克蘭脫離俄國。[21]

屈爾曼和采爾寧想把托洛茨基逼到死角，於是在這一期談判揭幕時讓烏克蘭中央議會代表發言。這幾位照著個人理想行事的年輕社會主義者，痛批布爾什維克背叛革命精神，攻擊民選議會，鎮壓渴求自由的烏克蘭人和其他少數族群。托洛茨基反駁道，烏克蘭中央議會所代表的領土，只有德國人為它租的那幾間飯店房間。誠如霍夫曼將軍所指出的，托洛茨基的挖苦不盡然是胡說。事實上，在基輔，烏克蘭中央議會正搖搖欲墜，武裝布爾什維克實力愈來愈強（一個星期後的二月八日他們將會拿下基輔，驅逐烏克蘭中央議會）。共產主義政權也已掌控黑海艦隊，勢力擴及到敖得薩之類港城，敖得薩當地某議會（Rada）已表態效忠列寧的黨。[22]甚至在德軍裡，布爾什維克主義也取得進展。誠如德皇威廉二世在一九一八年二月九日發到布列斯特—立陶夫斯克的電報裡抱怨的，「布爾什維克政府（以停戰談判為掩護）透過電台向我國士兵直白宣傳，鼓動他們起來公開抗他們長官的命。」*[23]德國人惱火於布爾什維克的兩面手法，在奧匈和土耳其支持下與烏克蘭中央議會單獨媾和。屈爾曼要托洛茨基在二十四小時內簽約，否則就再度開打。托洛茨基亮出他的王牌，宣布俄國不想打了，正要軍隊復員，但俄國不願簽「地主與資本家的和約」：德國和其盟友必須向他們的厭戰民眾解釋為何仍在沒有軍隊的國家裡打仗。霍夫曼將軍聽了之後只能結結巴巴說「Unerhört!」（「很離譜！」）。托洛茨基自

* 有人目睹托洛茨基搭火車進布列斯特—立陶夫斯克時從車上丟出「反戰」傳單。

得意滿於他漂亮的宣傳手法，返回彼得格勒。美國派駐尚未被承認的列寧政府的聯絡官雷蒙・羅賓斯（Raymond Robins）上校，稱托洛茨基是「個大混蛋，卻是自耶穌以來最了不起的猶太人」時，心裡大概想著這段對話。[24]

德國人被托洛茨基前所未見的花招弄得不知如何是好，在一九一八年二月十三日的御前會議上，進行了一場大概早該在幾個星期前就進行的辯論。魯登道夫代表最高指揮部講話，說他受夠了托洛茨基的拖延戰術。魯登道夫希望在美軍下場助陣之前以摧枯拉朽的春季攻勢了結協約國在法國的抵抗，於是想找出辦法迅速搞定東線戰事，以便騰出兵力用於西線。如果布爾什維克還是不肯簽約，德國人就該直搗彼得格勒，推翻他們。代表外交部說話的屈爾曼，同樣氣惱於托洛茨基，卻反對被過度拉入「革命傳染病的中心」，提議德國人重拾一九一七年的孫子式方針，在東戰線什麼都不要做，以免激起反布爾什維克的愛國反革命。[25]

屈爾曼的說法有其道理，但御前會議上的氣氛與此背道而馳。德皇威廉二世反感於布爾什維克不顧念德國那麼大力支持他們，煽動他的士兵叛變；他也開始收到在布爾什維克化的彼得格勒「瘋狂行徑當道」的首批報告（例如政府下令沒收老百姓的銀行戶頭）。上了年紀的參謀總長陸軍元帥興登堡，說德國禁不起將烏克蘭和其穀物輸出給布爾什維克；遠更妥當的作法，乃是把布爾什維克消滅掉。格奧爾格・赫特林（Georg

Herling）伯爵，接替貝特曼・霍洛維格的職位，是個對軍方較無威脅的德國總理。他大膽出面調解，但遭德皇和將領強勢否決。占領彼得格勒的問題暫時懸而未決，但御前會議作出了一九一八年二月十八日在東線重啟攻勢的明確決定。[26]

魯登道夫煞有介事要托洛茨基在布列斯特—立陶夫斯克攤牌一事，有時被理所當然地視為俄國十月革命不可避免的結果，但此舉其實是個和這項嚇唬本身一樣偶發且奇怪的決定。托洛茨基的「不和也不戰」政策，並非事先就預定：它在黨領導人會議的表決中只拿到少數票，後來在成員較少的布爾什維克中央委員會上才以險勝的票數贏得表決。若是在一個星期後德國受到數場罷工撼動之時舉行這場表決，勝出的說不定是布哈林的提議。一九一八年一月二十九日下令施行的俄軍「志願性」復員之事，在此前歷史上也是前所未見。[27]魯登道夫的提議——一九一八年二月下旬入侵已俯首稱臣的俄國——同樣極不合道理，因為他想推翻的政府，大體上是德國外交部所扶植，而且他若出兵侵俄，就無法把那些兵力用於他打算在下個月發動的西線攻勢。*派兵剷除德國自己在俄國種下的布爾什維克禍根，或者在美國大兵大量投入戰場之前，動用所有資源在法國發動一場大攻勢，可能都說得通。但要同時做這兩件事，就太離譜。[28]

但一開始捷報頻傳。在波羅的海戰線，一九一八年二月十七日，不費一槍一彈就拿下德文斯克（Dvinsk），德軍繼續挺進拉脫維亞和愛沙尼亞。到了該月月底，德國戰機已飛臨彼得格勒上空丟炸彈。在中路，德軍進入白俄羅斯，輕鬆拿下明斯克和普斯科夫（Pskov）。在更南邊，德、奧、匈三國部隊長驅直入烏克蘭。「首都」基輔於一九一八年三月一日陷落，使德國人得以開始就烏克蘭穀物送達柏林、維也納、君士坦丁堡之事，草擬要與烏克蘭中央議會商談的條件。奧匈帝國部隊受德國最高指揮部刻意阻撓而無法進入基輔，於是把矛頭鎖定敖得薩。在這同時，威廉·格勒訥（Wilhelm Groener）將軍領軍的德國先遣部隊，急奔哈爾科夫（Kharkov）和頓涅茨克（Donetsk），由猛將馬肯森領軍的南邊一集團軍群則於同時大舉攻入克里米亞半島。到了一九一八年五月八日，德軍已來到頓河畔羅斯托夫（Rostov-on-Don）和塔甘羅格（Taganrog），並派先遣偵察隊往東前往伏爾加河畔的察里津（Tsaritsyn，即後來的史達林格勒），往南進入高加索。才十個星期多一點，德國人就征服了比（戰前）德國還要大的一片土地。誠如東戰線司令官霍夫曼將軍以幸災樂禍的口吻說道的，「這是我所打過最痛快的戰爭，打仗時人幾乎都待在火車和汽車裡。把一些步兵和幾挺機槍、一門火炮送上火車，駛往下一個火車站，拿下該火車站，逮捕布爾什維克，把另一支分遣隊送上火車開拔。」霍夫曼忍不住再送上一刀，說「托洛茨基的理論禁不起事實檢驗」。[29]

在鄂圖曼戰線，進展幾乎一樣神速。與土耳其人一樣反感於托洛茨基乖張作風的德國人，已不再反對土耳其侵犯高加索，在布列斯特—立陶夫斯克條約的最後草稿中載明，「阿爾達漢、卡爾斯、巴統……境內的俄軍將被肅清。」重新組建的鄂圖曼第三集團軍（這時包含從已解散的第二集團軍撥來的幾個師），由韋希普帕夏指揮，一九一八年二月二十四日拿下特拉布宗，但並非毫無傷亡（一場不確定是不是意外的彈藥補給站爆炸，造成將近六百人死亡，七百人受傷；死傷者包括一千零五十名俄國人和二百五十名希臘人）。[30] 在埃爾津詹—埃爾祖魯姆戰線，新組建的第一高加索集團軍，由穆薩·卡朱姆·卡拉貝基爾擔任司令，二月二十四日拿下馬納哈屯，幾天後拿下埃爾津詹。三月十二日攻陷埃爾祖魯姆。一九一六年的慘敗結果遭翻轉，卡拉貝基爾和韋希普帕夏這時把鄂圖曼控制區推回到一九一四年邊界。一九一八年四月四日，好似要驅逐一九一四年起附在恩維爾身上的邪魔，鄂圖曼軍隊長驅直入薩勒卡默什。接下來，土耳其人挺進遭俄侵占的三省，目標是要恢復一八七〇年代的版圖。以幾天時間拿下阿爾達漢省之後，一九一八年四月十二日，韋希普帕夏接受巴統投降（投降前守軍有過幾小時亂無章

* 德國正史聲稱一九一七至一九一八年那個冬天，東戰線有三十八個師可騰出來投入魯登道夫的西線攻勢，包括戰力最強的部隊——近衛團、獵兵營（Jäger batralion）、以及普魯士、士瓦本（Schwaben）、巴伐利亞的最精銳師。理論上，只留下被抽走三十五歲以下壯丁且失去大部分馬匹的二級部隊。但即使我們姑且相信魯登道夫的戰略思維可行，一九一八年三月二十一日魯登道夫在西線出擊時，仍有將近五十個德國師，超過百萬的兵力，部署在東戰線。

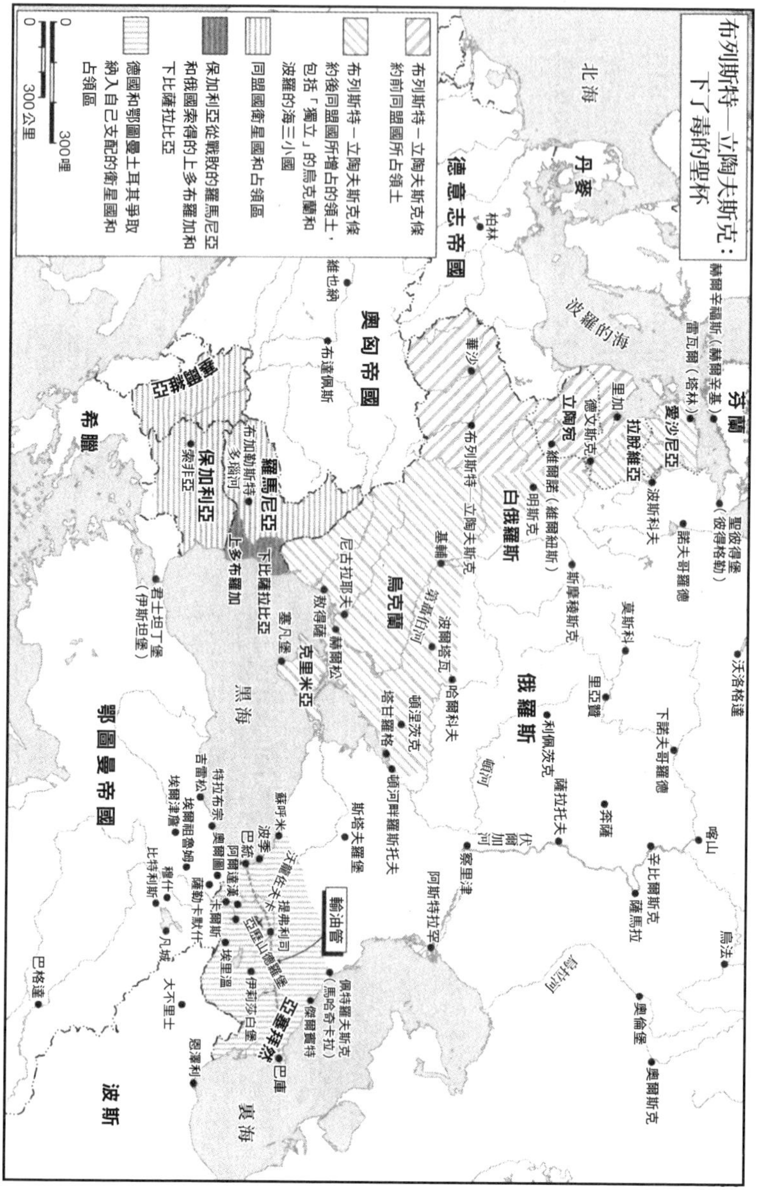
布列斯特—立陶夫斯克：
下了毒的聖杯
布列斯特—立陶夫斯克條約前同盟國所占領土
布列斯特—立陶夫斯克條約後同盟國所增占的領土，包括「獨立」的烏克蘭和波羅的海三小國
同盟國衛星國和占領區
保加利亞從戰敗的羅馬尼亞和俄國索得的上多布羅加和下比薩拉比亞
德國和鄂圖曼土耳其爭取納入自己支配的衛星國和占領區
0 300哩
0 300公里
北海
丹麥
德意志帝國
柏林
維也納
奧匈帝國
布達佩斯
塞爾維亞
希臘
保加利亞
索菲亞
羅馬尼亞
布加勒斯特
多瑙河
上多布羅加
下比薩拉比亞
君士坦丁堡（伊斯坦堡）
波羅的海
赫爾辛福斯（赫爾辛基）
芬蘭
雷瓦爾（塔林）
愛沙尼亞
拉脫維亞
里加
德文斯克
立陶宛
維爾諾（維爾紐斯）
華沙
布列斯特—立陶夫斯克
白俄羅斯
明斯克
基輔
烏克蘭
聶伯河
尼古拉耶夫
敖得薩
赫爾松
塞凡堡
克里米亞
黑海
波爾塔瓦
哈爾科夫
頓涅茨克
塔甘羅格
頓河畔羅斯托夫
聖彼得堡（彼得格勒）
諾夫哥羅德
波斯科夫
斯摩稜斯克
莫斯科
沃洛格達
下諾夫哥羅德
里亞贊
俄羅斯
利佩茨克
頓河
薩拉托夫
奔薩
喀山
伏爾加河
察里津
辛比爾斯克
薩馬拉
烏法
阿斯特拉罕
烏拉河
奧倫堡
奧爾斯克
斯塔夫羅堡
蘇呼米
波季
巴統
沃爾佐夫卡
提弗利司
亞歷山德羅堡
輸油管
阿爾達漢
卡爾斯
奧爾圖
特拉布宗
吉雷松
埃爾祖魯姆
埃爾津詹
薩勒卡默什
穆什
比特利斯
凡城
埃里溫
伊利莎白堡
亞塞拜然
佩特羅夫斯克（馬哈奇卡拉）
傑爾賓特
巴庫
裏海
大不里士
恩澤利
巴格達
鄂圖曼帝國
波斯

法的抵抗）。四月二十五日，第一鄂圖曼高加索集團軍進入卡爾斯，一路未遇抵抗，從而用兩個月的時間徹底收復鄂圖曼帝國四十年的失土。[31]

德國人、土耳其人在布爾什維克化的俄國境內攻城略地時，當地實際情況比司令部參謀地圖上所顯示的還要棘手許多。德國人和其盟友想利用烏克蘭的資源，卻發現這個地方已幾乎付之一炬。一九一八年三月上旬德軍逼近敖得薩和塞凡堡時，這兩個城市已淪為「布爾什維克強盜窩」，「武裝團夥橫行市區，洗劫、偷竊、殺人、逮捕布爾喬亞市民和軍官，徹底無法無天」，整個城市受苦於各種「恐怖主義情事」。[32]德國人於三月十三日抵達敖得薩，得知當地已弄不到石油大為驚駭，因為油槽都已給放火燒掉。煤炭是出再高的價錢都買不到，剩餘穀物則是想都別想，因為從鄉村湧入約二十萬難民，這個城市人口大增，城裡的食物根本不夠養活這些人。[33]尼古拉耶夫，黑海最大造船廠所在地（俄國即在這裡建造其無畏級戰艦），已被徹底布爾什維克化。德國人和奧地利人欲拿下造船廠和電報站時爆發激烈戰鬥；十二人喪命，四十人受傷，還有七十人失蹤。[34]在刻爾松，德國四個連的部隊遭「布爾什維克團夥」伏擊。在海上，陷入奇怪的僵持，德國潛艇圍住烏克蘭諸港，但無法安全入港，因為叛變的布爾什維克士兵已接管大部分戰艦且意圖不明。鑑於情況嚴峻，德軍求助於人在奧克梅丹的蘇雄，蘇雄迅即派剛修復的戈本號赴塞凡堡、敖得薩、刻爾松揚威，以震懾敵軍。[35]

俄國的黑海艦隊是寶貴資產，德國人希望完好無損據為己有。一九一八年三月三日獲列寧政府批准的布列斯特—立陶夫斯克條約規定，俄國戰艦得被「拘留」在港口裡，「直到全面和約締結為止」，然後德國人希望接收那些戰艦。但德國人抵達烏克蘭的海港時，赫然發現俄國艦隊已殘缺不全。例如無畏級戰艦女皇瑪麗亞號，一九一七年大半時間在維修，原被寄望修好後重新擔任俄國旗艦，但布爾什維克掌權後不久，維修即停擺。瑪麗亞號再度慢慢進水，不久即沉沒，永沉大海。俄國黑海艦隊僅存的船艦——兩艘（兵額不足的）無畏級戰艦沃利亞號（Volya）和自由俄羅斯號、五艘驅逐艦、數艘運兵船和魚雷艇、一些潛艇——都被調去塞凡堡。德國先遣偵察隊抵達時，連這些船艦都已幾乎沒有戰力可言，因為反對布爾什維克的軍官都已遭私刑處死。一九一八年三月中旬有個德國上尉報告，海軍上將一個不剩，個人歷練足以指揮艦隊的高階軍官亦然。即使尚有這樣的軍官，也沒有足夠的煤或石油給船加燃料，沒炮彈可供艦炮發射（大部分炮彈和其他軍用器材都已在水兵叛變時丟入海裡）。二月革命後，俄國的艦隊大體上一如平常繼續作戰，控制黑海，威脅土耳其海岸線，直到一九一七年秋，但德國情報單位於一九一八年四月估計，它的打擊力已少了九成九。[36]此外，這一估計完成於歷來最大規模的海軍鑿沉軍艦事件（一九一八年四月三十日）之前，在俯臨塞凡堡的高地上首度出現德國野戰炮兵連的蹤影時：俄國最後兩艘黑海無畏級戰艦，以及二十艘魚雷艇、驅逐艦、運兵船，都被俄國人鑿沉。[37]

由於這類令人失望的情事，德國與烏克蘭中央議會的親密關係迅速變質惡化，而且惡化速度比德國與布爾什維克關係的惡化還要快。托洛茨基的嘲笑很有力：事實證明，基輔那些社會主義新手管不好自己的首都，更別提管好烏克蘭。除開有德軍駐守的那些鐵路城鎮，鄉村一片混亂，農民拿起武器保衛自己農產品，以免被各種匪幫（包括德國士兵和奧匈帝國士兵）搶走。對於四處流竄的軍隊，農民採取「讓你們全家都去死」的策略，把自家農產品藏在地下貯藏洞裡，不拿到市場賣，而且這一作法很快就盛行於布爾什維克化的前沙俄帝國土地上。不管德軍與烏克蘭中央議會簽了什麼協議，烏克蘭根本拿不出穀物。誠如格勒納向魯登道夫呈報的，德國人原本天真以為在烏克蘭首都會流著豐沛的「奶與蜜」，結果「我們連麵包都弄不到」。於是，一九一八年四月二十三日，魯登道夫告訴格勒納，如果糧食沒送來，可逕行推翻烏克蘭中央議會，成立一個尊重私人財產的法治政權，以使農民願意拿自家穀物出去賣。四月二十八日，德軍占領烏克蘭中央議會，逮捕其議員。格勒納使出神來一筆，扶植沙俄時代的哥薩克老戰士帕夫洛·斯科羅帕茲基（Pavlo Skoropadsky）為烏克蘭的海特曼（〔hetman〕即國君）。斯科羅帕茲基是哥薩克酋長國（Hetmanate／Zaporizhian Host of Cossacks）國君的後裔，從一六四九至一七六四年，烏克蘭中部一直由該酋長國國君統治。此前，德國人協助托洛茨基之類有著放蕩不羈之文人風格的布爾什維克成員和烏克蘭中央議會裡的激進派新手掌權，然後與托洛茨基就威爾遜的民族自決之說交手，這時卻重新搬出自十七世紀起就成絕響的哥薩克強人統治政體。[38]

在高加索戰線，情況同樣不看好。激烈戰鬥在自一次大戰開打以來四次易手的凡城爆發，俄國人離開後，亞美尼亞人約一千人留下來爭奪此城，最後戰死，但令敵人付出慘重傷亡。[39]卡拉貝基爾的部隊於二月下旬抵達埃爾津詹時，回報「所有水井都塞了屍體」，大部分是穆斯林的屍體。韋希普帕夏在特拉布宗—巴統戰線目睹了類似的恐怖情景，發了份急報給提弗利司的俄軍司令部，要求出手阻止似乎「一心要摧毀、消滅鄂圖曼穆斯林」的亞美尼亞人施暴。[40]高加索的亞美尼亞民族執行委員會（Armenian National Council），則發文給德國最高指揮部，要求管住土耳其人。該委員會說，土耳其人進軍阿爾達漢和卡爾斯時，對亞美尼亞人展開另一波壓迫，留下「躺在血泊中的亞美尼亞人」——這些人不只是鄂圖曼亞美尼亞人，還（曾）是俄國子民。該委員會不無道理地嚴正表示，亞美尼亞國和人民的拯救，「繫於德國身上」。[41]鄂圖曼一九一八年春季攻勢期間，高加索戰線上的戰鬥顯然和以往一樣殘暴。

外高加索由誰控制，仍在未定之天。列寧掌權後，各地一片混亂，在此情勢下，各種非布爾什維克的社會主義者（以喬治亞孟什維克和亞美尼亞達什奈克為主，但也有一些亞塞利韃靼人參與），已在提弗利司合組一個類似烏克蘭中央議會的雛形議會，名叫塞姆（Seim）。塞姆也效法烏克蘭中央議會，宣稱自己獲授權與同盟國商談和約的締結，且有意宣告正式獨立，但在最後一刻突然收手。「塞姆」未能及時推出代表團赴布列斯特—立陶夫斯克開會，於是派代表到特拉布宗，希望在雙邊和約中得到土耳其人對他們國家的承認。於是，在鄂圖曼軍隊進入阿爾達漢、卡爾斯、巴統之際，這個初具雛形的外高加索「擬國家」（pseudo-state）陷入與征服者談判的奇怪處境。事實上，希望「塞姆」宣布獨立者是鄂圖曼將領，如此一來他們才能像德國人對烏克蘭中央議會那樣強迫「塞姆接」受和平條款（就德國的例子來說，德國人後來發現烏克蘭中央議會太弱，無力落實和平條款）。一九一八年四月二十二日，即巴統守軍向韋希普帕夏投降後不久，「塞姆」宣布外高加索民主聯邦共和國（Transcaucasian Democratic Federative Republic）獨立。事後來看，這只能說是個不吉的開始。外高加索的獨立，使土耳其人也有「烏克蘭中央議會」之類的組織來擺布，土耳其人立即遞上和平條款要其接受。和平條款包括「土耳其人自由使用外高加索所有鐵路」，弦外之音很清楚：鄂圖曼軍隊打算拿下巴庫。[42]

提弗利司，一如基輔，陽光普照的獨立黎明很快就過去。「外高加索」才剛獲鄂圖曼帝國承認，就在拼命求生之際中漸漸解體為數個民族派系。喬治亞人放棄與亞美尼亞人基於一時利害的結盟，請求德國人將其納為受保護國。剛從敘利亞過來的克雷斯·馮·克雷森斯泰因上校，不久就被以軍事全權代表的身分派到提弗利司。替柏林拿到豐厚的礦物開採特許權之後，一九一八年五月二十七日克雷斯在提弗利司市政府大樓認可喬治亞獨立宣言，從而在實質上結束了存世不久的外高加索民主聯邦共和國（塞姆隨之遭解散）。遭同為基督徒的喬治亞人拋棄之後，亞美尼亞人把他們自己的民族執行委員會從提弗利司遷到葉里溫（葉里溫後來成為新亞美尼亞共和國的首都）。外高加索的第三個主要族群，亞塞利韃靼人（〔Azeri Tartars〕即今日所謂的亞塞拜然人），不可避免地也著手宣布獨立，但受鄂圖曼人保護。鄂圖曼人承諾「提供軍事援助給亞塞拜然政府，如果後者認為那是維護國內穩定和國家安全所必需的話。」言下之意，亞塞利韃靼人希望土耳其人替他們拿下巴庫（就和德國人為烏克蘭中央議會奪回基輔一樣）。此時巴庫由一激進的「公社」控制，該公社則由當地的布爾什維克和亞美尼亞達什奈克匆促組成（四月上旬在沙姆霍爾發生街頭血鬥之後，大部分穆斯林居民已逃到山上，一支布爾什維克—達什奈克武裝勢力在這場血鬥中屠殺數千名亞塞利韃靼人穆斯林）。[43]

外高加索這三個新國家中，只有亞美尼亞會為自身的獨立而戰。從亞歷山德羅堡（Alexandropol）撤退後，亞美尼亞人五月底於埃里溫郊外的卡拉基利塞（Karakilise）、薩爾達拉巴德（Sardarabad）憤力抵抗，讓來犯的鄂圖曼軍隊嘗到一九一八年第一場敗績。埃里溫並非亞美尼亞人首都所在地的首選：提弗利司雖是喬治亞共和國的前首都，卻是遠更重要的亞美尼亞文化中心：戰前，亞美尼亞人占該城人口四成，高於喬治亞人的三成五；此外，亞美尼亞人支配當地經濟，經營發行量最大的報紙。相對地，埃里溫是個沉悶的地方城鎮，遠離從巴統經提弗利司到巴庫這條外高加索的主戰略動脈（沿著這條動脈有條鐵路和一道輸油管）。不過，正因為這一點和其他原因，韋希普帕夏此時同意將埃里溫割讓給土耳其的最大敵人。亞美尼亞將會存活——暫時存活。[44]

外高加索引發最多爭端的一塊肥肉是巴庫的油田。理論上，初建的亞塞拜然政府已邀鄂圖曼人進入巴庫，但亞塞拜然政府並未控制該城。德國已掌控貫穿喬治亞全境的輸油管中段（但未控制輸油管在巴庫的終點），希望第一個抵達該城，不然也希望布爾什維克把該城給他們。德國陸軍部隊和海軍陸戰隊取道蘇呼米（Sukhum）和波季大舉湧入喬治亞，土耳其人從海上把增援部隊送上巴統，巴庫爭奪戰隨之展開。五月底，德國駐巴統的聯絡官奧托・馮・洛索（Otto von Lossow）將軍，為抗議土耳其人入侵外高加索而離開巴統，直接返回柏林說明其抗議的理由，其中包括這麼一則相當不留情面的評價：土耳其人「沒能力治理（亞塞拜然）和管好（巴庫的）石油生產。」一九一八年六月九日，魯登道夫從德軍總部請求恩維爾將其部隊退回到在布列斯特—立陶夫斯克議定的那條線。韋希普帕夏則告知恩維爾，已發現德軍在卡拉基利塞一地與亞美尼亞人並肩作戰。韋希普帕夏不願就範，命其部隊北進喬治亞，在喬治亞沃龍佐夫卡（Vorontsovka）鎮附近的亞歷山德羅堡—提弗利司公路上，遭遇克雷斯臨時匆促組建的數連德軍。一九一八年六月十日，在這裡發生了一次大戰開打以來土、德兩國部隊的首度交火。土耳其人大敗人數大大居於劣勢的德軍，「俘虜不少人」。魯登道夫大怒：他警告恩維爾，如果韋希普帕夏不把戰俘還給克雷斯，德國會從鄂圖曼帝國召回所有部隊（共約兩萬）。恩維爾不情不願的答應，下令韋希普帕夏撤回到南邊。[45]

恩維爾的退讓只是一時的權宜。把喬治亞讓給克雷斯和德國人之後，他命令韋希普帕夏把攻勢轉向南邊和東邊，經亞美尼亞進向伊莉莎白堡（Elizavetpol）。亞塞利韃靼人逃離巴庫後，已在伊莉莎白堡建都。恩維爾把哈利勒·「庫特」帕夏從美索不達米亞叫回來接掌這個戰線，要此前一直在利比亞負責打好與薩努西教團關係的他弟弟努里帕夏，接掌新組建的伊斯蘭軍（Army of Islam），這表明恩維爾將把拿下巴庫列為首務。這支伊斯蘭軍，除了有來自第五高加索師的土耳其正規軍，還有亞塞利韃靼人和其他穆斯林志願兵。組建此軍意在表明這場軍事行動的目標：實現外高加索所有穆斯林的建國理想（當然建國後受鄂圖曼保護）。鄂圖曼政府想藉由伊斯蘭軍來表明這是為解放穆斯林而打的聖戰。一九一八年五月二十五日，努里帕夏在伊莉莎白堡開始招兵，結果令他大失所望，*最後不得不倚賴六月二十日起經由亞美尼亞抵達的韋希普帕夏的正規軍。到了七月中旬，努里的伊斯蘭軍，雖然兵力（一萬）不如他和恩維爾所希望，還是已挺進到距巴庫不到五十哩處，巴庫的亞美尼亞人為此大為驚恐，於是請駐紮於波斯北部，由丹斯特維爾（Dunsterville）將軍統率的千名英軍越過裏海前來解救。[46]

在這同時，喬治亞已成為德國人的燙手山芋。提弗利司未成為投射日耳曼人武力的前進基地，反倒比較像是逃離亞美尼亞、亞塞拜然戰火的難民（包括德國、奧匈帝國子民）的中途休息站。到了一九一八年八月，克雷斯已把大部分時間耗在請德國海軍司令部協助經由波季撤離難民，以及從烏克蘭為他的部隊運來穀物上面（而由於德國人未能徵收到足供柏林、維也納或君士坦丁堡所需的穀物，克雷斯所要求的穀物可想而知會成空）。土耳其人完全袖手旁觀，因為魚貫而行的難民會堵住他們對努里帕夏部隊的補給線。因為鄂圖曼帝國境內的多餘兵力，這時幾乎全派到巴統增援伊斯蘭軍，而非強化該帝國在美索不達米亞、敘利亞、色雷斯、達達尼爾海峽岌岌可危的防禦體系。[47]

當然，針對德國人的作為，土耳其人本也可以有同樣的抱怨。一九一八年七月的第

* 有趣的是有人聽到，努里底下一名坐困愁城的招兵官，碰到一名志願從軍的老和卓時，說道「伊斯蘭軍不接受宗教人士」。

二次馬恩河戰役之後，魯登道夫的大規模春季攻勢敗北，即使如此，德國仍把基本兵力調到東邊去占領俄國。德國人把軍隊派到芬蘭這麼遠的地方，以確保該省獨立不受俄國擺布，甚至（八月起）有德國人談到要應布爾什維克之邀派五萬兵力前去莫曼斯克驅逐該地的協約國部隊。西方盟國想必樂於把「東戰線重新開打」（協約國出兵北俄的戰略目標）的功勞攬在自己身上，但會有這些軍事部署（特別是在被占領的烏克蘭境內的部署）乃是德國人自作孽。德國人自己把狂暴的布爾什維主義開柙，放進沙俄，這時正嘗著共產主義經濟學的苦果。私人財產的推翻，已導致人人相互為敵的局面，德國人這時（透過海特曼）統治的烏克蘭，「搶劫、謀殺、過失殺人、血腥暴動、土匪交火、火災、爆炸、宣布戒嚴之類情事無日無之。」德國占領下的烏克蘭未輸出多餘的煤，反倒得從德國進口煤，以讓火車開動。由於買不到穀物，德軍不得不開始拿槍向農民強徵食物，為此，需要的兵力與日俱增。到了一九一八年九至十月，革命烏克蘭的無底洞，已吸進六十萬德國占領軍，就在戰爭成敗將於西戰線揭曉的關頭。這些部隊可能不是「第一線」部隊，但他們的確在從事戰鬥任務，往往為了糧食供應問題與農民游擊隊起小衝突。藉由把相當於兩或三個完整集團軍的兵力調入單單烏克蘭一地，魯登道夫和最高指揮部強徵到的糧食，到了一九一八年十一月已共達三萬五千車，其中奧匈帝國收到兩萬車，德國收到一萬四千車，保加利亞和土耳其各收不到兩百車。[48]

好似不滿於東線戰局已超乎現有兵力所能應付，魯登道夫計畫於一九一八年秋增兵俄國。不管德國在西線的戰局多不樂觀，東線看來仍然大有可為。沙俄時代總共產生三十屆政府，列寧的政府和那些政府屬於同一類，充其量比它們都受尊崇而已（但列寧政府的確控制了莫斯科和彼得格勒）。五月，四萬名挺協約國的捷克斯洛伐克戰俘獲釋後，在車里雅賓斯克（Cheliabinsk）與挺德國的匈牙利人小衝突，然後接管西伯利亞西部（包括喀山的黃金儲備）。時任陸軍部長的托洛茨基命令該捷克斯洛伐克軍團繳械，赫然發現該軍團的兵力超過他手上的兵力。托洛茨基與協約國代表團之間的信任，因為這樁插曲而受損，因為這些代表團站在捷克斯洛伐克人那邊。熟悉內情者此時賭布爾什維克會遭推翻，像是英國派駐列寧政權的特使布魯斯．洛克哈特（Bruce Lockhart），的確於七月下旬給了一千萬盧布給反布爾什維克志願軍司令阿列克塞耶夫將軍，不久後布爾什維克在莫斯科逮捕了兩百名英法國民。一九一八年八月一日，列寧請求德國人派兵驅逐莫曼斯克的協約國部隊——且（希望）德軍協助撲滅在庫班哥薩克團保護下於北高加索作戰的志願軍。這時德國人正和庫班哥薩克團、頓哥薩克團（Don Cossacks）談交易（送了高達一千五百萬盧布的錢給頓哥薩克團，比英國花在志願軍上的錢還要多），因此後者的那個希望不可能如願——但魯登道夫的確看出用兵北俄一事的好處，如能取道彼得格勒過去的話。於是，一九一八年八月六日，魯登道夫命令「六或七個」德國師前往彼得格勒，它們的行動目標仍未定（魯登道夫想推翻布爾什維克，但屈爾曼和外交部仍激烈反對，畢竟當初就是後者協助將布爾什維克推上大位）。魯登道夫的「拱頂石行動」（Operation Schlußstein）結果將如何，永遠無從知道，因為該行動於一九一八年九月二十七日遭取消。[49]

在這同時，巴庫爭奪戰正在升溫。儘管在德國人與哥薩克人談交易的庫班地區、頓河地區，布爾什維克莫斯科與柏林的利益並不一致，但至少在巴庫，兩方利益一致——，但與恩維爾、鄂圖曼政府的利益相牴觸。誠如托洛茨基在中央委員會上所主張的，從戰略上講，巴庫比莫斯科重要，沒有該地的石油，俄國大半鐵路網，還有伏爾加河上的航運，都要停擺。*在一九一八年八月二十七日批准的布列斯特—立陶夫斯克條約補文中，德國同意「阻止高加索地區的任何第三國（即土耳其）的軍隊越過」由亞塞拜然大部分地區（包括巴庫）組成的軍事線。布爾什維克同意「巴庫區域所生產原油」，固定抽出四分之一給柏林，以回報德國保證阻止土耳其人涉足裏海。布爾什維克也在德國人的堅持下同意承認喬治亞獨立，提弗利司的政府則答應一旦邁科普（Maikop）、格洛茲尼（Grozny）安全無虞，即從這兩座北高加索城市供應精煉油給德國。鑑於如果恩維爾不懼外交壓力，不撤走伊斯蘭軍，爭奪亞塞拜然必然免不了，克雷斯已下令再調來兩個德國炮兵連和三個野戰炮兵連。七月時，增援炮兵經由波季抵達提弗利司。到了一九一八年八月，克雷斯在喬治亞已有差不多五千人的兵力——對克雷斯和德國人來說這是件好事，因為立場親德的布爾什維克已於七月三十一日遭逐出巴庫蘇維埃（但列寧政府不信任德國人，未把此事告知他們）。[50]

因巴庫而起的爭執，毀掉柏林與君士坦丁堡之間僅存的少許互信。一九一八年八月四日（丹斯特維爾和其英軍抵達巴庫那一天），魯登道夫透過馮・塞克特（von Seeckt）將軍，向土耳其人發出毫不含糊的威脅，揚言如果伊斯蘭軍向巴庫進軍，德國會從鄂圖曼帝國召回所有德國軍官。塞克特被叫回德軍在比利時斯帕（Spa）的陸軍總司令部，八月十四日同意魯登道夫的主張，即德國人會「用盡各種可用的手段」阻止土耳其人進入巴庫，包括破壞努里帕夏正用來替其軍隊補給的鐵路。由於可能得派數個師的陸軍部隊前去高加索爭奪巴庫，魯登道夫征服彼得格勒的計畫無法兼顧。八月二十二日，魯登道夫批准派遣一個完整的步兵師和一個騎兵旅到喬治亞增援克雷斯，希望藉此讓恩維爾知難而退，取消巴庫攻勢。在這同時，努里帕夏向恩維爾抱怨，由布爾什維克支配的巴庫公社已藉由裏海、伏爾加河汽輪，把石油運送給烏克蘭境內的德國人（至少在布爾什維克於七月三十一日被逐出公社之前是如此）。為破壞伊斯蘭軍的行動，德國人燒掉連接亞

＊事實上的確停擺，直到一九二〇年四月紅軍終於奪回巴庫，才扭轉此一局面。

塞拜然與喬治亞、巴統的一座鐵路橋。努里帕夏則回敬以炸掉附近一座公路橋，以阻止德國人運兵入亞塞拜然。恩維爾以強烈親德著稱，但眼下一心要征服巴庫，於是還是同意他的弟弟若在前往裏海途中受阻於德軍，可與德軍交戰。[51]

事後來看，由於德國的出兵計畫，這絕非毫無意義的指示。一九一八年九月十三日，魯登道夫向克雷斯下達「極機密」令（限本人親收的命令），要克雷斯開始為即將發動的強攻巴庫行動作準備。* 兩天後，努里帕夏的伊斯蘭軍猛烈炮轟巴庫的西城門（「狼門」）。土耳其出兵約七千五百人，且有差不多同樣人數的亞塞利韃靼人非正規軍助陣，另一方，人數約八千的亞美尼亞—英國聯軍，迅即遭壓制。到了下午，土耳其炮彈已打到巴庫城另一邊的裏海最大港口，居民已開始全面撤離。巴庫城裡現已大增的亞美尼亞裔居民隨之遭到清洗，以報復四月上旬穆斯林遭屠殺之事（但這場屠殺的凶手，除了亞美尼亞達什奈克，這時已離開巴庫的布爾什維克同樣罪大惡極），至少九千或一萬名亞美尼亞人遇害，大部分死於亞塞利韃靼人民兵之手，另有五萬或六萬亞美尼亞人逃離，跟著丹斯特維爾和其英軍搭小船到裏海對岸。[52]

若考慮到為取得高加索戰爭的這個最豐厚的戰利品所付出的傷亡，照理君士坦丁堡應為一九一八年九月十五日攻陷巴庫一事大肆狂歡慶祝，結果幾無慶祝活動。恩維爾和土耳其人受布列斯特—立陶夫斯克條約的誘惑深入俄國境內，疏忽了正在帝國南疆、西疆集結的敵軍。德國人也未能長久享用他們在東戰線的大捷果實。俄國境內情勢高潮起伏，但整個戰爭的勝敗要在其他地方決定。

* 土耳其人一九一八年九月十五日拿下巴庫兩個星期後（此消息傳到歐洲甚慢），德軍總司令部仍在下令德軍拿下該城，「把德國國旗插在裏海上」。

PART 3

死亡與重生

DEATH AND REBIRTH

CHAPTER 17 穆德羅斯 Mudros

只因為法國人想要敘利亞或亞美尼亞，或義大利人想要阿達利亞（安塔利亞），就要英國人繼續打土耳其人，那是不可能的事。

——大衛・勞合・喬治[1]

事後來看，不難看出土、德兩國一九一八年出兵布爾什維克化的俄國，特別是在該年九月為了巴庫雙方大打出手，是多麼愚蠢，因為其實就從九月開始，協約國在一個又一個的戰線上逐漸取得突破。但憑著後見之明，以未能預見到自己的徹底垮台來評斷恩維爾、魯登道夫的功過，有失公允，因為當時沒人知道戰爭已近尾聲。晚至一九一八年九月三日，英國政府某份備忘錄仍預測，一旦美國徹底發揮其軍事實力，「最重要的軍事作為」會在一九一九年七月前做出。五天後，法軍總司令菲利普・貝當（Philippe Pétain）附和英國這項看法。協約國聯軍總司令斐迪南・福煦（Ferdinand Foch），對打敗敵人一事較為樂觀，即使如此，直到一九一八年九月為止，他還是根據戰爭勝負會在一九一九年夏天揭曉這一假定繼續規畫作戰。九月最後一個星期，協約國仍未攻破齊格菲防線，又稱興登堡防線——據認是「戰爭史上最難攻破的五哩縱深防禦陣地」。列寧對勢均力敵有深入獨到的剖析，深信德國會贏。他請求德國派兵，還有要布爾什維克乖乖履行布列斯特—立陶夫斯克條約所加諸的義務，並在一九一八年九月十日和三十日支付對德五期分期賠款的前兩期（包括九十三公噸的黃金），正是他這一信念的明證。此外，即使德國人守不住興登堡防線而後撤，也可撤退到萊茵河，炸掉橋頭堡。德國人既用鮮血在東邊打下一個帝國，沒理由不繼續奮戰。[2]

最後，導致同盟國戰敗的真正因素，其實是個少有人預料到的突然的轉折，而且這個轉折發生在馬其頓戰線這個極平靜的戰線上。英法聯軍在薩洛尼卡的登陸，先是幾乎被遺忘在加利波利半島的攻防大戲裡，然後由於俄國革命的發生和同盟國在布列斯特—立陶夫斯克為了瓜分戰利品而爭執，這場英法聯軍的登陸行動被每個人更進一步淡忘，但後來，幾乎完全出於偶然地，這個原本以四個師為動用上限的登陸行動，轉變為足以左右一戰東戰線形勢的多國軍力調度。協約國部隊於一九一五年十月下旬抵達時已晚了數星期，無法防止塞爾維亞遭德國、奧匈帝國、保加利亞的聯軍侵占，而這也意味著協約國欲把希臘拉進來為己助陣的次要目標失敗收場。與當初協約國往加利波利半島投入愈來愈多兵力的過程出奇類似的是，馬其頓部署行動的無效，反倒有利於該行動的增援，因為只有再派數千兵力到薩洛尼卡，才有可能挽回局勢（比如使希臘出兵相助）。到了一九一七年四月底，協約國（包括義大利、塞爾維亞軍隊殘部、乃至幾個俄國師），在馬其頓的兵力已將近二十五萬，另有十五萬左右的支援人員。在俄國陷入革命動蕩、法軍陷入準叛變狀態而協約國陷入愁雲慘霧的此刻，負責提供馬其頓境內協約國部隊軍需品、食物的英國海軍部，自然而然要他們轉到戰事較活躍的戰線。但英國陸軍部研究過情勢之後，一九一七年五月推斷，這一撤退會使已無法從容應付戰局的英國艦隊，蒙受比維持現狀還要大的壓力。於是，協約國部隊繼續留在馬其頓，基本上就是等待事態發展再決定未來動向。[3]

協約國不從原屬鄂圖曼帝國的馬其頓撤離，成為整個戰爭裡最關鍵的決定（或非決定）之一。首先，此舉保住希臘參戰的可能性。法國人頻頻提議派馬其頓軍隊南進希臘，以罷黜立場極度親德的希臘國王康斯坦丁，改扶立挺協約國的韋尼傑洛斯派（Venizelists）。英國駐雅典的外交官極力反對全面入侵，但最終還是採納折衷辦法，即六月上旬英國艦隊封鎖希臘諸港，然後法軍登陸雅典東南邊的比雷埃夫斯港。一九一七年六月十一日，協約國向希臘國王下最後通牒，康斯坦丁收到此信息後，請流亡於克里特島的韋尼傑洛斯回來主持大局，從而為希臘於一九一七年七月二日向同盟國宣戰打好條件。在這個戰線，戰局仍近似法國境內的壕溝僵持戰，此舉所產生的衝擊最初不太大，但到了一九一八年，希臘已貢獻九個師的兵力，使協約國有可能取得突破，在當地享有．明確的兵力優勢。

但打亂馬其頓當地戰略平衡者，不是協約國的哪個作為，而是同盟國在布列斯特—立陶夫斯克爭奪戰利品而自亂陣營一事。一九一五年同盟國擊潰塞爾維亞，使同盟國牢牢掌控巴爾幹半島，而保加利亞對此役的勝利有舉足輕重的貢獻，但在同盟國與俄國談判停戰時，保國外交官受到冷落，索非亞為此憤恨不已。協約國在馬其頓部署龐大兵力，使保加利亞得擔下防止巴爾幹防線遭突破的大半責任，保國二十多萬兵力為此被迫駐守南邊，無法參與一九一八年瓜分俄羅斯帝國的行動。保加利亞人把此事怪在德國人頭上。德國人始終未向馬其頓提供足夠的援兵，或者說未提供足夠的軍需品（日後保加利亞人會想起，一九一八年保國從被占領的烏克蘭得到的糧食不到兩百車）。好似要證實索非亞最不樂見的疑慮為真，一九一八年五至六月，德國最高指揮官從馬其頓戰線調走六個步兵營和六個野戰炮兵連。[4]保加利亞終究是在俄國提攜下創立的斯拉夫人國家，一般老百姓仍極同情俄國。君士坦丁堡的德國人和奧地利人很清楚此事，估計保國民眾，「至少三分之二」，甚至更多，暗地裡挺協約國。保加利亞相信德國軍力占上風，才死心塌地留在同盟國陣營，但這一信念恐怕捱不過一連串戰場失利的打擊。5

至於保加利亞與鄂圖曼政府的關係，保國始終只是基於一時利害考量把土耳其人當成盟友，心裡其實對此百般不願，畢竟晚至一九一三年保國人還與土耳其人在戰場上廝殺。保加利亞外交官仍覬覦鄂圖曼阿德里安堡（第一、第二次巴爾幹戰爭之間那段時期該地歸索非亞統治），且堅持土耳其得割讓西色雷斯某塊領土作為一九一五年保國與土耳其結盟的代價。保加利亞外交官在布列斯特—立陶夫斯克主張上多布羅加和下比薩拉比亞為其所有時，土耳其人堅持要索非亞歸還該國於一九一五年奪走的土耳其領土。一九一八年五月七日，相關各方在布加勒斯特簽署協議解決此問題。保加利亞在此協議中只得到上多布羅加的南半部，北半部則由同盟國共管。＊一九一八年六月，即土耳其人與德國人為了爭奪外高加索的戰利品而在沃龍佐夫卡首度兵戎相向那天，保加利亞人對其盟友灰心到極點，導致瓦西爾・拉多斯拉沃夫（Vasil Radoslavov）內閣垮台，改由溫和派

＊布加勒斯特條約是布列斯特—立陶夫斯克條約的附加條款，由同盟國和羅馬尼亞簽署。俄國垮掉後，羅馬尼亞不得不向同盟國俯首稱臣。

亞歷山達爾・馬利諾夫（Alexandar Malinov）執政。馬利諾夫開始偷偷與協約國密談。[6]

保加利亞人愈來愈無心戰鬥。他們這時控有同盟國在這場大戰裡最重要的防禦陣地之一，且已厭煩於為了同盟國的共同利益而流血犧牲（保加利亞在一次大戰共死傷二十六萬六千人，其中大部分死傷於馬其頓戰線）。* 協約國駐薩洛尼卡部隊的新任指揮官，名字長得叫人眼花撩亂的路易—費利克斯—馬利—佛朗索瓦・佛朗歇・戴斯佩雷（Louis-Félix-Marie-François Franchet d'Esperey），清楚對手士氣低落之後，一九一八年九月上旬發動一連串行動試探虛實，然後在十五日下令全線總攻。才幾小時，協約國就在敵人防線打出一個將近十一公里寬的缺口。隔天，突破口已擴大到二十五公里寬；九月十七日，達到三十五公里寬，十五公里深。到了九月二十日，突破口更達五十公里寬，深入敵境五十公里。[7]

就在協約國軍隊於西戰線仍面對據稱堅不可破的齊格菲防線之際，在東戰線，他們已打出一道寬足以讓整支軍隊長驅直入的缺口——不管是往北進入巴爾幹半島和中歐，或往東，皆可。如果往東，英國將領喬治・法蘭西斯・米爾恩（George Francis Milne）統率的佛朗歇・戴斯佩雷部右翼可穿越色雷斯奔往君士坦丁堡。這是邱吉爾和基欽納在達達尼爾海峽之役所求之而不得的戰略突破。魯登道夫得知此消息後，猛地舉起雙手，向其最親近幕僚透露道，保加利亞的淪陷，意味著同盟國已輸掉戰爭。[8] 德國剩餘的一線部隊飽受打擊，在協約國一連串愈來愈猛烈的攻擊之後，士氣開始瓦解，但仍可以在西線的齊格菲防線做最後抵抗，或者抽調兵力到東線，迎擊佛朗歇·戴斯佩雷的大軍，保衛完全未派兵駐守的遼闊中歐。但德軍無法同時做這兩件事。

一九一八年，一戰的戰略重心移回到這場大戰的起始地巴爾幹半島。馬其頓突破，對一九一八年九月二十六日在齊格菲防線上開打的決定性戰役有多大衝擊，難以估量。誠如先前已提過的，這一突破肯定打垮了魯登道夫的鬥志，甚至還打垮其士兵的士氣，德軍士兵開始大量投降。無論如何，在鄂圖曼戰線上，衝擊絕對是立即且猛烈。大維齊爾塔拉特帕夏，結束赴柏林的外交任務，搭東方特快車返國途中（在這條鐵路落入協約國控制之前不久），親眼目睹了保加利亞的崩潰。保加利亞官員告訴他，他們要投降（一九一八年九月二十九日真的投降），然後，他轉向自己的某個幕僚，簡單說道，

* 這些死傷的確大部分發生於馬其頓境內戰事終於在一九一八年九月開打之後。但保加利亞的損失並非微不足道，至那時為止，在馬其頓戰線上，死傷已約四萬或五萬。污蔑保加利亞政治家在一九一五年加入同盟國一事上具有機會主義心態，不是件難事，但他們加入的動機卻不難理解：第一次巴爾幹戰爭後，原是保加利亞盟國的希臘與塞爾維亞聯合起來對付她，保國憤而向希塞兩國宣戰，掀起第二次巴爾幹戰爭，結果落敗，為報此仇，保國加入同盟國陣營。當然，索非亞付出這麼多犧牲，到頭來還是在一九一八年重演第一次巴爾幹戰爭後的悲情遭遇，因為這一次她的勝利果實似乎再度被自己的戰時盟友搶走。

「我們完了」。[10]

保加利亞戰線垮掉才四天，艾倫比就在巴勒斯坦重啟攻勢。巴勒斯坦／敘利亞戰線，一九一八年大半時候，非常沉寂，因為雙方都把人員和作戰物資撤到其他戰場，英國人在魯登道夫攻勢後這麼做，以撐住西線，土耳其人則是為了讓恩維爾得以發動外高加索攻勢而這麼做。埃及遠征軍的確在三月拿下耶律哥，但經過三月、五月兩場小攻勢，終究未能拿下約旦河對岸的安曼。叫人意想不到的是，就在這個沉寂時期，幾乎每個人忘了巴勒斯坦之際，勞倫斯的阿拉伯人非正規軍開始大展雄風，在敘利亞南部的戰線後方發動伏擊式的襲擊，把土耳其人嚇破膽。在今日約旦境內死海附近的塔菲拉（Tafilah），勞倫斯帶著五百名來自費瑟之阿拉伯軍團的戰士，在一九一八年一月十五日或其前後，強攻土耳其守軍（但費瑟未參與此役），並有騎駱駝的貝都因人在側翼助陣。這是場真槍實彈的廝殺，阿拉伯人用英國維克斯（Vickers）機場、霍奇克斯（Hotchkiss）重機槍發射榴霰彈，土耳其人則用馬克沁機槍回擊。阿拉伯人似乎傷亡較重，二十五人喪命，四十人受傷，但他們趕走塔菲拉的守軍，俘虜兩百人。但勞倫斯的真正目的，即要與艾倫比在耶律哥的埃及遠征軍連成一氣，仍未能如願。一九一八年一月二十六日，他從塔菲拉發出戰場實地報告，讓人得以如在現場般一窺「阿拉伯人叛亂」：

這裡的情況相當奇怪。此地於十五日投降（經過兩次假報告和最終一場小戰鬥後）。當地人分為水火不容的兩個派系，因此彼此害怕也害怕我們。每天夜裡整個街上都傳來槍聲，到處很緊張。觀念、當地宿怨、黨派利益的衝突太嚴重（這是整個區域已企盼數年的無政府時刻），幾乎沒人能在短期內撥亂反正。[11]

由於恩維爾把他最精銳的部隊調到高加索戰線，此地土耳其部隊的戰力大不如前，加上兵力因逃兵而進一步銳減，一九一八年九月艾倫比開始攻擊時，土耳其人只能象徵性抵抗。理論上，仍有三個鄂圖曼集團軍部署在敘利亞全境，第七、第八集團軍部署於沿海，第四集團軍（傑瑪爾原有集團軍的殘部）部署在安曼附近的內陸。但這三個集團軍都只剩骨架。誠如利曼所指出的，他的士兵受苦於「軍火不足、營養不良，一身破爛，大部分赤腳。」他口渴的駄畜，一天餵食幾乎不到一公斤的大麥，「虛弱無力，再也拉不動武器和裝備。」士兵已開始「成群」逃亡，且由於逃兵太嚴重，英軍開始強攻時，「閃電」集團軍群只剩約兩萬九千人，兵力幾乎連一個軍都不如。統率第七集團軍，扼守戰線中段的穆斯塔法·凱末爾，只有約七千名前線士兵可用。艾倫比發動攻勢前約一個星期，他寫道，「我們像橫拉在（敵人）前進路徑上的一道棉線」。[12]

一九一八年九月十九日凌晨四點半，艾倫比部對陳兵在地中海岸至美吉多（Megiddo，即聖經中的哈米吉多頓（Armageddon）之間的整條防線上的鄂圖曼第八集團軍，發動摧枯拉朽般的炮轟。晨光乍現之時，英國戰機開始飛臨土耳其防線上空，朝數個鄂圖曼指揮部和扼守的要地丟下炸彈，切斷電話線。利曼和凱末爾因此直到早上約九點才得知沿海的防線已遭突破，但事實上早上快七點時防線就已遭攻破（在巴勒斯坦，鄂圖曼軍只能找到少許可用來延緩敵人行進的帶刺鐵絲網，這大有利於英軍的進犯）。打掉第八集團軍在沿海的少許抵抗後，艾倫比兵鋒轉東，開始進攻往東退向約旦河的凱末爾第七集團軍。這支撤退的土耳其部隊順利渡河，但受到當地阿拉伯人和貝都因人襲擊和騷擾。這些當地人看出土耳其人統治的日子已經結束。鄂圖曼第八集團軍的某個阿拉伯團，整個放下武器，歸附英國人，主權的轉移由此表露無遺。利曼和凱末爾看出已無兵可守住巴勒斯坦，退回大馬士革，再退到更北邊黎巴嫩貝卡山谷裡的巴勒貝克（Baalbek）。土耳其兵敗如山倒。[13]

隔天，蘇聯趁勢補上一刀，外長格奧爾基・契切林（Georgii Chicherin）告知鄂圖曼大使，布爾什維克認為布列斯特—立陶夫斯克條約中與土耳其有關的條款已經失效。說鄂圖曼「戰勝」俄國，其實不大說得通，因為誰都看得出此事大大仰仗德國的出力。眼看恩維爾的政權受到同時兩場軍事大敗的衝擊而搖搖欲墜，布爾什維克無意再裝出臣服模樣。*於是，鄂圖曼最高指揮部這時所要面對的，不只是守衛都城的色雷斯防線被攻破之後，巴勒斯坦、敘利亞可能緊接著全面崩潰，還有俄軍在高加索和土耳其黑海沿岸的再度出擊。眼見周遭的世界土崩瓦解，恩維爾終於接納利曼自一九一四年起就一直想跟他提的意見（凱末爾也想跟他提這意見，但恩維爾始終聽不進凱末爾的話），把部隊調回來支撐帝國的防禦體系。一九一八年十月二日，恩維爾下令撤出外高加索，（理論上）騰出四個師保衛都城。†仍陳兵在波斯戰線沿線的鄂圖曼第六集團軍第九師被調回摩蘇爾，以抵禦從南邊巴格達過來的英國印度軍。[14]

這股兵力杯水車薪而且至少遲了一年。至一九一七年底，土耳其的戰力已消耗太甚，有限的作戰物資捉襟見肘，交通線拉得過長，因此，在布列斯特—立陶夫斯克條約簽約前夕，利曼勸恩維爾把勉強還夠的戰力全部用於「一條戰線上好好打一場戰役」。結果，為了把勢力拓展到裏海，這位鄂圖曼最高統帥把鄂圖曼帝國押在一場愚蠢的賭

* 數個星期後，德國同樣敗象已露時，俄國人也對德國人撕掉恭順的表象。除了宣告布列斯特—立陶夫斯克條約無效，布爾什維克還大肆洗劫德國駐彼得格勒的領事館，在館內三十封極沉的外交郵袋裡找到塞在裡面的兩億五千萬盧布的錢。

† 這距魯登道夫緊急要求恩維爾撤回所有可用兵力以止住色雷斯一地即將到來的大敗，已過了整整一個星期，由此可見恩維爾的決策風格。魯登道夫提出這要求時，還主動表示願從克里米亞半島調德國第十六民兵師（Landwehr Division）到阿德里安堡。

博上。恩維爾對「泛突厥主義」（把中亞、阿富汗、波斯、高加索的突厥語族統一在突厥化的鄂圖曼帝國裡）的浪漫執著程度，有時遭誇大，但不容否認的是，面對帝國國力日漸消頹，恩維爾仍把大半國力用於一九一八年的外高加索攻勢，包括派去最精銳的幾個師，並由他的弟弟和哈利勒貝伊指揮那些師，由此可清楚看出他的確把征服巴庫視為首要之務。如德國人所抱怨的，從羅馬尼亞戰線騰出來的第一線部隊，未被派去色雷斯或巴勒斯坦，而是派去巴統和亞塞拜然。奧匈帝國武官約瑟夫·波米安科夫斯基（Joseph Pomiankowski）論道，就在英國人正集結部隊，以便艾倫比在巴勒斯坦發動攻勢時，「土耳其方面……把所有可取得的後備兵力和增援人員與作戰物資都送到高加索。」整個春天一再聽到利曼滿懷怨恨的批評，恩維爾終於在六月同意把鄂圖曼高加索軍的第三十七師和第四十七師臨時調到巴勒斯坦供利曼調度，但抵達該地花了太長時間，最後只有前八個營得以投入九月戰役。一九一八年春，利曼的「閃電」集團軍群的戰力還足以挫敗艾倫比越過約旦河過來的襲擊。到了九月，這支軍隊的戰力已被削弱到兩萬六千步兵、一千兩百騎兵、兩百五十挺機槍，和鄂圖曼面對面的艾比倫比則有五萬七千步兵、一萬兩千騎兵、五百五十挺機槍。* 恩維爾把目標放在巴庫，於是把巴勒斯坦和敘利亞幾乎雙手奉送給敵人——這可能出於政治考量。一九一八年十月一日，澳洲輕騎兵部隊在未遇抵抗的情況下，攻下內陸敘利亞的首都暨鄂圖曼第四集團軍司令部的長期所在地大馬士革，因為土耳其人未留下部隊防守該城。鄂圖曼最高統帥搞不清楚輕重緩急，由此可見。[15]

美索不達米亞的情況與此差不多，尤其是在巴格達遭攻陷這件事情上。巴格達，一如大馬士革，讓敵人不費一兵一卒就拿下。易斯瑪儀．哈基貝伊（Ismail Hakki Bey）在摩蘇爾統率的鄂圖曼第六集團軍，一九一七年底時，兵力已少到差不多只剩三萬名具戰鬥力的兵員，然後，儘管自一九一八年三月下旬提克里特附近的一場小衝突之後，該集團軍幾乎未打什麼仗，到了一九一八年九月，兵力還是進一步縮減，因為又有一萬七千人餓死、病死。[16]到了一九一八年，美索不達米亞戰線已如同一灘死水，若非從馬其頓、敘利亞傳來的消息，這裡說不定不會再有戰事，也就是說戰爭可能在威廉．馬歇爾攻下摩蘇爾之前就結束（莫德於一九一七年十一月死於霍亂，由馬歇爾接任英印遠征軍司令）。一九一八年十月二日，英國作戰會議向馬歇爾下達指示——一次大戰期間政治意圖較鮮明的指示之一——「盡可能占領蘊藏石油的地區，占愈多愈好。」[17]

* 在此要替恩維爾講句公道話，「閃電」集團軍群的戰力如此弱，不能全怪在他頭上。魯登道夫六月時要求將利曼麾下的德軍召回歐洲（這是恩維爾勉為其難決定從高加索調兵增援巴勒斯坦的近因）。雖未全軍覆沒，但利曼的確損失了八個營。因此，巴勒斯坦戰線的失利，不只要歸咎於恩維爾的高加索出擊，還要歸咎於德國在法國戰場的大危機。

馬歇爾謹遵照辦，儘管做得不如倫敦所希望的那麼乾脆起勁。一九一八年十月二十八日在舍爾加特（Sharqat）突破鄂圖曼防線之後，馬歇爾於十月三十日早上七點半接受哈基貝伊的投降，俘虜一萬一千三百二十二人——同一天英國與土耳其簽署停戰協定，隔天正午生效。簽署停戰協定後，馬歇爾攻勢未歇，一九一八年十一月二日抵達摩蘇爾。這一明確違反停戰條款的作為，令土耳其人想起四年前邱吉爾和英國提早在波斯灣開戰的不光明磊落作風。原因不難理解：英國政府原答應把摩蘇爾給法國，但這時已反悔。英國與法國已為爭食鄂圖曼屍骸而反目（俄國人與德國單獨媾和，從而已放棄了他們對鄂圖曼帝國的領土聲索），那情景和同盟國在布列斯特—立陶夫斯克的爭吵何其詭異的類似。[18]

不過，英國在巴勒斯坦、敘利亞、美索不達米亞的攻勢，雖然對中東的戰後安排影響甚大，卻與鄂圖曼戰爭的結果沒多大關係。土耳其要為恩維爾出兵高加索的蠢行付出代價，但這代價其實是在歐洲土耳其境內付出的。這時，鄂圖曼在該地區的兵力已幾乎用盡，君士坦丁堡形同不設防。該地的第一集團軍兵力，一九一七年時已縮水到不到兩個整師，一九一八年夏更被打到幾乎剩個空殼。九月慘敗於馬其頓和巴勒斯坦之後，恩維爾下令第十高加索步兵師回防色雷斯，但停戰協定簽定時該師還未抵達，於是約七千五百人的部隊全部停住腳步，原地抵禦來犯的七個整師的英軍。這支英軍由米爾恩將軍統率，在佛朗歇・戴斯佩雷於九月二十八日逼保加利亞簽署了停戰協定之後，得以向君士坦丁堡進發（薩洛尼卡一地的協約國主力部隊正在北進，協助塞爾維亞收復貝爾格勒，十月底時抵達多瑙河畔）。一九一五年在加利波利半島漂亮擊退協約國軍隊的鄂圖曼第五集團軍，一九一八年夏已被打到只剩兩個戰力嚴重不足的師（第四十九和第五十七師），幾乎不足以守住沿岸炮台。恩維爾同樣下令從高加索調兵增援此地，但援兵來得太晚，影響不了戰爭結局。[19]

眼看都城守住無望，塔拉特帕夏於一九一八年十月第一個星期請求協約國停戰，和魯登道夫請求停戰同一時期（事實上，正是因為得知柏林已經求和，塔拉特才得以說服鄂圖曼內閣放棄抵抗）。塔拉特甚至祭出和德國人一樣的外交策略，請美國總統威爾遜根據十四點原則出面調解，畢竟祭出十四點原則似乎可少損失一些領土。為討好美國人，塔拉特（同樣效法魯登道夫）提議他和恩維爾、傑瑪爾，即青年土耳其黨三巨頭，下台，以讓對協約國較友善的政府得以上台，進而談成較有利的停戰協定。穆罕默德・雷夏德五世已於七月去世，這時在位的是新蘇丹，他的弟弟穆罕默德六世（瓦赫戴丁／Vahdettin）。瓦赫戴丁不甘於像他哥哥那樣受權臣擺布，建議塔拉特把權力交給艾哈邁特・陶菲克帕夏（Ahmet Tevfki Pasha）。陶菲克帕夏是哈米德的忠心老臣，一八九九至一九〇九年曾任外長（後來，在「三月三十一日事件」後的短暫反革命時期升任大維齊爾，該事件使他成為反統進會的勢力的象徵性龍頭老大）。陶菲克帕夏堅持徹底肅清內閣裡的統進會人馬——從他過往的事蹟來看，這是不讓人意外的一項舉動——塔拉特不同意此條件。於是，經過一個星期的討價還價後，組成折衷政府，成員包括唯艾哈邁德・伊宰特帕夏馬首是瞻的數名統進會黨員（包括始終反對與德國結盟的賈維德貝伊）、一九一六年在凱末爾麾下於高加索戰線統兵的幾位將領（伊宰特帕夏和凱末爾都認為加入德國一方是個錯誤）。從外交角度看，最重要的人事案，乃是任命海軍上校侯賽因・勞夫（奧爾巴伊）為海軍部長。勞夫立場極度親英，眾人皆知，戰時曾和德國人吵了很有名的一架。*恩維爾、傑瑪爾、塔拉特於一九一八年十月十三日下台後，由這些人擔下投降的恥辱，一如佛里德里希・埃伯特（Friedrich Ebert）和社會民主黨在柏林擔下投降的恥辱。

20 土耳其人，一如魯登道夫，不大清楚十四點原則的真正意涵。一般人以為威爾遜在十四點或之後的「四原則」裡規定戰勝國不擴張領土，其實正好相反。他根據某些大原則（「每項領土安排……都必須有利、造福於相關人民」）准許這類吞併。德國人不久後會發現，威爾遜完全不反對法國收回亞爾薩斯—洛林，只要此舉符合「自決」這個尚不完備的概念即可（事實上，威爾遜於一九一八年十月十六日私底下向法國人保證此事必可成，但當然未將此事告知柏林）。土耳其人則會體認到威爾遜在第十二點闡述的：鄂圖曼帝國境內少數民族的「自主發展」，與英法將這些民族強行扯離該帝國，毫不牴觸。無論如何，魯登道夫信任威爾遜是沒什麼道理的，塔拉特這麼做，更沒道理。美國未與鄂圖曼帝國交戰，也不是與肢解鄂圖曼帝國有關的任何條約中的一方。[21]

事實上，協約國在馬其頓的突破和接下來德國的垮掉，已使鄂圖曼政府在與美國人或其他任何人談判時所享有的籌碼大大減少。一九一八年十月十二日，佛朗歇·戴斯佩雷部切斷柏林與君士坦丁堡間的鐵路交通，使鄂圖曼都城實際上已守不住，即使青年土耳其黨原本還希望戰鬥到底亦然。的確，仍有幾個身經百戰的鄂圖曼師占領外高加索，在敘利亞北部，「閃電」集團軍群的殘部正邊打邊退。晚至一九一八年十月二十五日，凱末爾殘破不全的「集團軍」（這時兵力只剩五千五百人），仍在守衛阿勒頗，抵禦費瑟的阿拉伯人非正規軍，凱末爾並仿效勞倫斯，靠賄賂使貝都因人離城。†[22]（短暫）恢復阿勒頗的秩序後，凱末爾往西北退到蓋特馬（Qatma）。阿馬努斯（努爾）山脈扼守安

* 一九一五年一月，勞夫沒收德國駐阿富汗外交代表團團長奧斯卡·馮·尼德邁耶的裝備，包括尼德邁耶的大部分武器。勞夫極不為德國人所喜，後來在第二次世界大戰期間辭去土耳其駐倫敦大使之職，從此未再涉足政壇。

† 在阿勒頗看不到勞倫斯的蹤影。關於攻陷大馬士革，他唯一的貢獻乃是在破城後乘坐勞斯萊斯轎車進城。破城兩日後，勞倫斯請求艾倫比允許其回英格蘭，此後他才開始編寫自己的傳奇故事。

納托利亞的心臟地帶，蓋特馬是該山脈的城鎮，據說凱末爾在這裡確立了「用土耳其刺刀劃出的邊界」。* 一九一八年十月三十一日，利曼帕夏把他的敘利亞兵權轉交給穆斯塔法·凱末爾。此舉具有重要的政治象徵意義，若能沿續到冬天，本可能改變戰爭的進程。利曼帕夏讚揚凱末爾在「多場值得稱頌的戰役裡」大展長才，讚揚凱末爾麾下的官兵以「一往無前的英勇」抵抗「大占優勢」的艾倫比部隊，然後優雅的退場。但停戰令一宣布，凱末爾就難有什麼作為。薩佐諾夫—賽克斯—皮科協定並非不可更易——尤其是因為俄國人已退出——但英國人和法國人如今差不多能完全照自己的意思擬訂停戰條款，他們無法為所欲為，就只是因為他們已無過去那種互信，以及必須讓義大利和希臘分一小杯羹，以滿足他們帶有機會主義心態的戰時盟友。[23]

伊宰特帕夏和勞夫（奧爾巴伊）被把土耳其推入戰爭的那些人拋棄後，使出渾身解數與征服鄂圖曼帝國的英國人周旋。但此事頗棘手，而且因為兩人本身沒有經驗而多了一些沒必要的波折。他們的第一個錯誤是相信查爾斯·湯森德（即在庫特阿馬拉投降的那位將軍）的話。就在以印度人居多的湯森德麾下士兵被派去巴格達鐵路做重活時，湯森德本人卻自一九一六年起就受到青年土耳其黨出奇的厚待，獲賜予馬爾馬拉海上普林基波（Prinkipo，比于克阿達／Büyükada）島上一棟豪華別墅，獲准在君士坦丁堡的上流社會裡自由走動，使他有機會結識伊宰特帕夏和勞夫貝伊。† 一九一八年十月十七日，湯森德主動表示願代他們兩人出面與英國人斡旋。他建議與英國談和約時，請求對方同意依據十四點原則裡建議的作法，讓（仍在土耳其人手中的）外高加索，乃至現由英國占領的敘利亞和美索不達米亞，留在帝國裡，但享有地方自治，藉此讓鄂圖曼人繼續保有這些地區。而只要是較老練的官員，大概都會對此建議心存懷疑（畢竟湯森德已被迫和英國政府斷了聯繫兩年半）。湯森德表示他會以自己受到的寬大對待為證據，進一步向英國人保證，「土耳其人最想要的，乃是與英國友好」，然後反過來請求英國在戰爭結束、德國停止補助時，出手金援，以緩和物資短缺。勞夫和伊宰特對湯森德的好意一陣挑剔之後，同意由他代表他們與英國海軍部接觸。一九一八年十月二十日，這位毛遂自薦的中間人上了停在米蒂利尼外海的英國船，迅即被帶去利姆諾斯島穆德羅斯港裡的阿伽門農號，面見英國地中海艦隊司令，海軍上將薩摩塞特·卡爾索普（Somerset Calthorpe）。土耳其人就要知道英國要怎麼安排他們的命運了。[24]

英國要怎麼處置鄂圖曼帝國仍未定。十月二十日，即湯森德與卡爾索普接觸那一天，最後一道德國設防區，赫爾曼防線（Hermann line），被攻破，德國人請求停火。即

* 但這則傳說和勞倫斯的那些傳說同樣不可信。事實上，停戰後，凱末爾返回君士坦丁堡，開始與其他所有大量湧入都城且失業的前陸軍軍官搞起政治。

† 湯森德卻未感激這樣的厚遇。他抱怨在別墅裡受到「種種折磨」，其中之一是得自己花錢買食品雜貨。

使如此，德軍仍在抵抗，在井然有序退往萊茵河途中，令協約國蒙受嚴重傷亡。在英國戰爭內閣，有人認為英國急切需要鄂圖曼停戰，幾乎就和土耳其人需要英國停戰一樣急切，因為土耳其人停戰之後，英國才能從鄂圖曼海峽抽身，派兵進入黑海，以從後方威脅同盟國。英國的確想在戰爭結束前就拿下摩蘇爾和阿勒頗（攻下此二城的命令於一九一八年十月二十四日下達）。但英國的盟邦在亞洲土耳其境內沒什麼流血犧牲，卻貪婪地想要索求各種好處。十月三日，勞合．喬治在內閣會議上講話，「只因為法國人想要敘利亞或亞美尼亞，或義大利人想要阿達利亞（安塔利亞），就要英國人繼續打土耳其人，那是不可能的事。」[25]勞合．喬治甚至提議拋棄賽克斯—皮科協定，以盡快搞定土耳其，但最終，他的保守黨同僚，外長亞瑟．貝爾福和財政大臣安德魯．博納爾．洛（Andrew Bonar Law），逼他打消此議。在十月六至八日於凡爾賽舉行的協約國高峰會上，勞合．喬治已讓法國和義大利不情不願地接納鄂圖曼停戰協定草案，包括規定不管土耳其先找哪國談和（他認為那會是英國），該國都可以和土國展開和談。為此而付出的代價，乃是在法義兩國堅持下，加進一些嚴苛的條款，使協約國軍隊有權占領「亞美尼亞人省分的任何部分」，或者更籠統地說，占領「任何戰略要地」——這時，英國人已成功奪占自己想據為己有的鄂圖曼帝國領土，但法國和義大利都還未做到。

收到湯森德和卡爾索普的電報之後，戰爭內閣於十月二十一日再度開會。這時，勞合．喬治的主張——在逼土耳其停戰上，英國應自己單幹——已得到普遍的採納（為節省時間並騰出兵力投入塞爾維亞，佛朗歇已代表法國單方面逼保加利亞停戰，從而建立了一項有助於勞合．喬治上述主張獲得採納的地區性先例）。從外交實務的角度來說，這意味著卡爾索普將堅持按英國自己要求的條件，而未必按她盟國的條件，與土耳其談停火。英國樞密院議長喬治．柯曾（George Curzon）把土耳其人視為「已被打垮之敵」，認為英國應堅持要對方完全屈從，但勞合．喬治已說服軍事首長接受他的意見，這些軍事首長原本在摸不透德國人意圖的情況下，卻想在冬天來臨前繼續攻打鄂圖曼海峽。*於是，戰爭內閣同意讓海軍上將卡爾索普享有相當大的自主裁量權，可以揚棄法國、義大利提出、但土耳其人不願意的條件。法義兩國政府獲及時告知，卡爾索普已代表這兩國政府在和鄂圖曼帝國談判停戰，希望鄂圖曼接受草案的全部二十四個條款，但堅持頭四個條款非接受不可。這四個條款，大略來講，保證讓協約國「在完全通行無阻且安全無虞的情況下進入君士坦丁堡和黑海」。[26]

* 英國急於打通鄂圖曼海峽，從戰略上講很合理。戰艦若能自由穿越這兩個海峽，將立即削弱德國對烏克蘭、黑海的控制，大大弱化柏林在和會上的談判地位。

當時土耳其若派老練的外交官去穆德羅斯，說不定可利用英國急欲搞定的心態壓制她盟國貪婪的欲求，藉此談成較寬厚的停戰協定。英國戰爭內閣，特別是勞合·喬治，反感於法義兩國對土耳其的意圖，因為義法都未為自己的意圖直接下場拼搏過，而他們若堅持要取得占領權，戰爭可能還要繼續打下去。結果，伊宰特帕夏派勞夫這位信任湯森德且極度親英的人去。勞夫曾受教於英國海軍軍官，完全接納英國的「君子風範」和「公平競技」觀念。海軍上將卡爾索普於一九一八年十月二十七日早上九點半在阿伽門農號接待了這位土耳其海軍部長，給了勞夫「正直、開通之人的印象」。就連卡爾索普的副手，愛琴海海軍中隊司令海軍少將西摩（Seymour），在穆德羅斯城明明扮演「黑臉」的角色，與卡爾索普的「白臉」一搭一唱，仍讓勞夫「覺得（他）似乎沒有報仇心切」。在此之前，勞夫與卡爾索普談判時已做了太多讓步，且連法義兩國所提的最不堪要求，都只是稍打折扣就予以同意，於是，勞夫還對卡爾索普與西摩有這樣的評價，就更加令人不解。[27]

勞夫似乎不知道，英國人所謂的「君子風範」，再怎麼令人激賞，都是非常狡詐的談判策略。德國人在布列斯特—立陶夫斯克拿豐盛的美酒美食招待那些有著放蕩不羈之文人作風的布爾什維克，絕非毫無所求；托洛茨基把他底下的談判人員隔離起來，禁絕物質誘惑，以恢復俄國尊嚴和外交主動性，有其同樣充分的理由。由於沒有托洛茨基破壞氣氛，各種記述都寫道，在阿伽門農號上的停戰談判，氣氛極為融洽，雙方都未發火鬧脾氣。卡爾索普擺出一點也不急的樣子，以非常審慎的心態逐條討論每項條文，因而他談及極可能引發反彈的第十六條時，已是下午的三至五點。第十六條要求鄂圖曼「在漢志、阿西爾（Asir）、葉門、敘利亞、美索不達米亞、奇里乞亞的駐軍全部向最近的協約國指揮官或阿拉伯人代表投降。」第七條賦予協約國「占領任何戰略要地」的權利，含糊、不設限而貽害無窮的權利（這一條是在義大利堅持下所加入）。卡爾索普把此項條文交給土耳其代表時，一副無關緊要的心態，只說他會向倫敦請示這項條文的意涵。至於法國提出的「毒藥」，卡爾索普談到第二十四條時，天已經黑了。這項條文規定，「萬一諸亞美尼亞人省分發生動亂，協約國保有占領那些省任何部分的權利。」這時勞夫已累到無法反對。他整天反對這反對那，從卡爾索普那兒只爭取到一項讓步，即答應不讓義大利或希臘派兵占領鄂圖曼海峽沿岸的任何一個堡壘。

在此得替勞夫說句公道話，他面對的是個厲害的談判高手。卡爾索普不知用什麼辦法，竟能讓這位鄂圖曼海軍部長相信，第七條絕不可能意味著協約國可派兵到鄂圖曼帝國的任何地方，而是只能派到他希望英國的盟友會予以更清楚界定的「某些戰略要地」；相信「把君士坦丁堡當成海軍基地使用」一事，只意味著控制該城的造船廠，且日後會對此有清楚的規定；相信第二十四條只賦予協約國（例如法國）在「一旦可能發生動亂時」派兵至「亞美尼亞人」區域的權利，因而只會在例外情況下動用；最後，勞夫相信卡爾索普會親自建議（儘管他不可能在停戰協定裡提出此點），不准希臘戰艦停靠士麥那（伊茲密爾）或君士坦丁堡。但土耳其反過來要求給予金援以替補德國的補助，遭斷然拒絕。最後，為迫使對手盡快決定，以免夜長夢多，卡爾索普否決了勞夫給他時間打電報回君士坦丁堡，以確認蘇丹和大維齊爾願不願意同意第七條的請求，還恫嚇道「停戰談判談得愈久，整件事破局的機率就愈高。」於是，勞夫得自行決定要不要在卡爾索普言明的一九一八年十月三十日下午九點這個期限前簽署這份嚴苛的停戰協定。最後他簽了。[28]

於是，土耳其吞下恩維爾愚蠢進向裏海之舉所種下的苦果。＊穆德羅斯停戰協定的諸多條款，個別來看或許還算合理，擺在一塊，就如同要徹底肢解鄂圖曼帝國。「協約國占領達達尼爾海峽和博斯普魯斯海峽沿岸堡壘」和「達達尼爾海峽、博斯普魯斯海峽自此成為通往黑海的安全通道」（第一條），並不必然意味著要占領都城，但第九條卻暗含此意，即使卡爾索普以較溫和的語氣，要求「使用位在土耳其所有港口和兵工廠的所有修船設施」。藉由規定波斯和外高加索（第十一條）、漢志、阿西爾、葉門、敘利亞和美索不達米亞（第十六條）、的黎波里和昔蘭加（第十七條）的鄂圖曼駐軍撤離且／或投降，並讓協約國控制巴格達鐵路的「托羅斯山脈隧道系統」（這些隧道由德國人開鑿，一九一八年終於完工，實際上把帝國和諸阿拉伯人省隔開），穆德羅斯停戰協定形同使鄂圖曼帝國縮水為只剩安納托利亞，儘管這一點尚未明文載於正式條約中。除了土耳其人得從仍歸他們控制的兩大港城巴統和巴庫撤離，停戰協定還載明協約國會占領它們（第十五條），以及所有橫貫高加索的鐵路。此外，藉由使用與已知的鄂圖曼行政區完全不吻合的古地名（「巴勒斯坦」、「美索不達米亞」、「奇里乞亞」），英國人刻意留下了相當大的詮釋餘地。由於第五條規定鄂圖曼軍隊必須復員，要讓鄂圖曼帝國免於被分食得太厲害，只有靠勞夫所指望的英國人公平競技的精神。[29]

更糟的還在後面，而且來得很快。勞夫能從卡爾索普那兒爭取到的讓步不多，其中之一是修正第十六條，以使土耳其有機會在「奇里乞亞」維持足以「維持秩序」的駐軍，並把其餘駐軍撤離。這一修正的用意，乃是這些士兵，與美索不達米亞和其他阿拉伯人省份裡的駐軍不同，即不必投降。未明言但暗示的必然結果，則是艾倫比的部隊，配合「停火」主張，再怎麼前進，都不會超越停戰線。早在一九一八年十一月五日，即馬歇

* 這一推進也尚未停止。停戰消息遲遲才傳到高加索，因此伊斯蘭軍繼續在外高加索征戰，在攻陷巴庫後折而向北進入達吉斯坦。達吉斯坦首都佩特羅夫斯克（Petrovsk，今馬哈奇卡拉／Makhachkala）於一九一八年十一月八日陷落，然後征服該城的軍隊立即得知鄂圖曼已輸掉戰爭，得把該城和在高加索攻占的其他任何城鎮都歸還。

爾（明確違反停戰條款）拿下摩蘇爾之後不久，英國人即知會穆斯塔法．凱末爾，他們打算占領亞歷山大勒塔（伊斯肯德倫），好似在問他有沒有種出手阻止。

他們惹錯了人。兩天前，凱末爾已針對相當含糊的停戰條款在他駐區的適用疑義請教過伊宰特帕夏：他轄下部分（但非全部）兵力要從「奇里乞亞」撤離，但「奇里乞亞」的確切範圍為何？英國要出兵占領亞歷山大勒塔，表面上的藉口是他們已占領阿勒頗，附近需要一個港口來為部隊補給和撤出傷兵。凱末爾沒勞夫那麼相信英國人的君子風範，認為英國真正的用意是要孤立他的軍隊，逼它投降。一九一八年十一月六日，凱末爾發電文呈報大維齊爾，說他已批准轄下部隊朝任何在亞歷山大勒塔登陸的部隊開火。* 凱末爾向伊宰特帕夏說明道，「本身的天性不許我忠實執行把英國人的欺詐行徑合理化的命令……因此，請求你迅速指派一接任者，以便我……交出兵權。」[30]

凱末爾的直覺，以及他對英國、協約國意圖的判定，非常正確。但他時機沒拿捏好。這位自負的司令官，統率「閃電」集團軍群殘部，因為不服上級命令，遭伊宰特帕夏狠狠訓了一頓，不得不撤銷其所下達在亞歷山大勒塔抵抗英國人的命令。一九一八年十一月七日，「閃電」轄下集團軍被蘇丹下令解散，凱末爾被召回陸軍部。經過四年的世界大戰和那之前的三年地區性戰爭，土耳其人——乃至土國最了不起的將領——偃武息戈。凱末爾被拔掉他的新兵權，無緣與對手上場較量，將回到鄂圖曼都城。

但在動身之前，凱末爾密令部下趁協約國尚未攻占托羅斯山脈隧道，將軍需品北運安納托利亞，並把軍火分發給安泰普（加齊安泰普）境內的民兵隊。穆斯塔法・凱末爾不會永遠沉寂。

* 英國老早就想占領阿勒頗，卻直到戰爭結束才付諸實行—英國在鄂圖曼戰爭期間屢屢做出的奇怪選擇，這是典型的一例。結果，真的出兵攻打時，由於凱末爾與其敘利亞軍殘部大量湧入該城，英國人赫然發現該城的防禦比戰時還要頑強。若戰時就動手，英國人本可輕易就拿下該城。

CHAPTER 18 塞夫爾 Sèvres

根據我對東方的認識，我不由得認為這一副正被人立起的紙牌，會幾乎在第一擊時就化為碎片，紛紛掉落地面。

——喬治·柯曾，英國樞密院議長，前印度總督，不久後會被任命為外交大臣[1]

卡爾索普以其高明本事促使土耳其接受停戰協定草案的幾乎每個條款，但在協約國陣營，並非人人樂見此事。畢竟戰勝國鮮少寬宏大度，尤其是在一九一四至一九一八年在歐洲和中東打過那麼慘烈的仗之後。在卡爾索普眼中停戰協定簡直已經廓然大公極盡照顧法國利益，在巴黎，卻被認為完全不是這麼回事。法國人得知卡爾索普公開拒絕讓法國談判人代表海軍上將多米尼克·戈歇（〔Dominique Gauchet〕卡爾索普的上級長官）登上阿伽門農號之後，大為光火（一九一四年協約國成員議定由法國指揮地中海作戰，但自那之後這就形同具文，從未真正落實）。一九一八年十月三十日，就在停戰協定正於穆德羅斯簽署時，法國的強勢總理喬治．克里蒙梭趁著在法國外交部與勞合．喬治會晤時，強烈抗議這一冷落行徑。誠如美國總統威爾遜派駐協約國聯軍總司令部的聯絡官豪斯（E. M. House）上校憶及這場不友善的會晤時所說的，「他們像罵街潑婦般鬥嘴，至少勞合．喬治是如此。」針對克里蒙梭抱怨法國被拒於停戰談判之外，英國首相反駁道，英國「在與土耳其的戰爭中俘獲三或四個土耳其集團軍，蒙受數十萬死傷。其他政府只是派一些黑人警察過來，確保我們不偷走聖墓！」此外，誠如英國外交大臣亞瑟．貝爾福以較圓滑口吻向克里蒙梭提醒的，佛朗歇．戴斯佩雷自行逼保加利亞停戰，所以卡爾索普只是向法國有樣學樣。克里蒙梭不再吭聲，卻是在明顯受脅迫下不得不然。勞合．喬治的霸道間接表明英國既已掌控土耳其，他無意遵守賽克斯—皮科協定。[2]

在諸阿拉伯人省，鄂圖曼遺產爭奪戰已經開打。由於英軍占領了美索不達米亞、巴勒斯坦的大部分地方，誠如克里蒙梭於一九一八年十二月（口頭）同意英國控制這兩個地區（包括摩蘇爾）時所默認的，法國想實現其對這裡的領土所有權，但幾乎使不上力（一九一六年時摩蘇爾被明確放進法國控制區，構成與這時已布爾什維克化之俄國的緩衝）。為申明根據含糊的穆德羅斯條款自己對敘利亞的黎巴嫩一地和奇里乞亞的領土所有權，法國可以派兵登陸貝魯特、亞歷山大勒塔、（阿達納附近的）梅爾辛，且也的確這麼做了。但在一九一八年被征服、這時由艾倫比部占領的內陸敘利亞，情況則不一樣。一九一六年薩佐諾夫、賽克斯、皮科談判期間，英國人同意把大鄂圖曼敘利亞的大部分地方割讓給法國勢力區，但只有沿海區域（即今日的黎巴嫩）可由法國直接統治，內陸部分則由阿拉伯人「自主」治理，亦即實際上由費瑟和侯賽因的其他兒子治理。理論上，這兩個區之間會有某種邊界，沿著劃過大馬士革、霍姆斯（Homs）、哈馬（Hama）、阿勒頗的一條線伸展。這四座城市都被劃入阿拉伯人區，儘管仍明確位在法國「勢力區」裡。但法國要如何支配這時已被英軍占領的區域？

伍德羅・威爾遜因素使這些問題更加複雜難解。由於美軍對打垮西戰線德軍士氣一事有著可能決定性的貢獻，加上美國銀行這時對協約國的財政和負債具有莫大影響力，在和會前夕美國總統被認為一言九鼎（和會將於一月召開）。誠如在德國、鄂圖曼帝國的求和書裡所見，威爾遜的民族「自決」理想，在一九一八年期間已如同萬用的外交、政治護身符。這間接表示英法都不得不口頭上高談民族「自決」，至少在他們開始瓜分鄂圖曼帝國時得如此。

為消除美國人對鄂圖曼解決方案的敏感心態（儘管美國未與土耳其交戰！），勞合・喬治和英國人使出新奇的外交策略，他們深信費瑟和他的阿拉伯人非正規軍是他們手中隨時可動用的王牌，可擺在前面當門神，他們則在幕後號令天下。事實上，正是為了把英國征服敘利亞一事披上阿拉伯人自決的外衣，艾倫比才試圖把征服大馬士革安排成費瑟的成就，只是土耳其人（和大部分鄂圖曼政府官員）撤離該城時，費瑟的阿拉伯人距大馬士革還有數哩，艾倫比的上述用心才無緣實現。費瑟本人於一九一八年十月三日才來到大馬士革，這時，該城陷落已兩天，英國人已扶植一股挺哈希姆家族的小集團治理該城。艾倫比還是告訴費瑟，他得「在法國人指導和財力支持下」統治內陸敘利亞，不過事實擺在眼前，拿下大馬士革的部隊是英軍（大部分是澳洲人），而且英軍會留下來。[3]

征服鄂圖曼敘利亞的英國人、澳洲人、印度人，將開始透過某種外交法術變身為阿拉伯人。法國新聞界先發制人，大肆炒作勞倫斯對費瑟之阿拉伯人的領導角色，試圖藉此削弱他們的勢力。勞倫斯後來聞名世界，但叫人大為吃驚的是，在戰爭結束前，西方民眾完全不知勞倫斯這號人物。這大體上是有意掩蓋。艾倫比和他的政治幹事長吉爾伯特．克萊頓，在公報裡不提勞倫斯的角色，以免危害費瑟的政治前途。晚至一九一八年十二月三十日，英國官方報紙《倫敦憲報》（*London Gazette*）報導攻陷大馬士革一事時，仍對勞倫斯此人隻字不提。[4]事實上是一家法國報紙首度揭露勞倫斯的「假身分」，擺明要貶低費瑟的阿拉伯人所發揮的作用。《巴黎回聲報》（*Echo de Paris*）於一九一八年九月下旬報導，勞倫斯上校騎馬率領一支「貝都因人和德魯茲教派教徒」的騎兵隊，已「在德拉附近切斷漢志鐵路，藉此切斷了大馬士革與海法之間的敵人交通系統」，從而是「巴勒斯坦之捷的最大功臣」。[5]

法國人讓世人認識勞倫斯這號人物，反倒給自己帶來莫大的傷害。《巴黎回聲報》欲打擊費瑟的威望，反倒讓費瑟的最有力支持者、天生善於打造神話的勞倫斯，榮耀加身。勞倫斯未否認自己在阿拉伯人叛亂中的角色，更且將計就計，巧妙操弄自己新獲得的名聲，不把自己說成協助阿拉伯游擊隊員炸掉某個鐵路樞紐站的幹練聯絡官，而是阿拉伯人民族意識覺醒的見證者。勞倫斯先是拐彎抹角的，繼而愈來愈肆無忌憚，開始在阿拉伯人在敘利亞的貢獻上撒起彌天大謊，聲稱由費瑟領導的四千阿拉伯士兵率先進入大馬士革，從而斬釘截鐵宣告：敘利亞首都是他們所有。然後，勞合・喬治又在這個數據上灌水，說服費瑟公開聲明在他底下作戰的阿拉伯人多達十萬人。英國人對費瑟的金援這時達到一個月十五萬英鎊，代表他們對費瑟的投資加了一倍。[6]

英國人搞宣傳愈搞愈起勁，甚至拿費瑟來加持猶太復國運動。佛拉基米爾・賈博京斯基（Vladimir Jabotinsky）要英國落實「貝爾福宣言」，故組建了一支特別的「猶太軍團」（Jewish Legion）與艾倫比並肩作戰，一九一八年二月抵達戰線，及時參與了進攻大馬士革的行動（但未參與征服巴勒斯坦之役，因為賈法和耶路撒冷都已攻陷了）。但在占領巴勒斯坦的過程中，英國政府才發現鼓勵更多猶太人移居此地——更別提讓猶太人在此地復國——不大受當地阿拉伯裔基督徒和（特別是）穆斯林歡迎。*於是，一九一八年十二月費瑟訪問倫敦期間，英國外長亞瑟．貝爾福力促費瑟與世界猶太復國主義組織的主席哈伊姆．魏茲曼（Chaim Weizmann）達成某種協議，因此而有費瑟—魏茲曼協議（Faisal-Weizmann Agreement）。這份由他們兩人簽署於一九一九年一月三日的協議，是英國外交部想出的辦法，充滿私心算計。在這份協議中，猶太復國主義者同意承認費瑟對敘利亞的領土聲索，以換取「阿拉伯人」認可猶太復國運動並同意一項但書：「將採取各種必要措施，鼓勵、推動猶太人大舉移入巴勒斯坦。」但這個叫人瞠目結舌的計畫能否實現，完全取決於敘利亞阿拉伯人能否在自決原則下獨立，而費瑟不顧猶太人在巴勒斯坦只占少數的事實，同意猶太復國主義者對巴勒斯坦的領土聲索，已象徵性地否定了「自決」原則。費瑟這麼做，可能在無意間，也喪失了他對巴勒斯坦沿海地區的領土聲索，儘管他的哥哥阿卜杜拉後來在從該地區割出的大片沙漠區裡建立了王國（外約旦，即今日的約旦）。此外，費瑟吞下貝爾福的毒藥，已大大傷害了他家族為阿拉伯人講話的公信力，因為大部分阿拉伯人激烈反對猶太復國主義。[7]

費瑟於一九一九年二月六日抵達巴黎，為阿拉伯人在敘利亞的「自治」爭取認同時，勞倫斯和英國人已為他組成一支完備的公關小組，向好騙的記者（特別是美國記者）大肆宣傳這位哈希姆家族親王的英勇事蹟。費瑟欣然接受他要扮演的角色，一身「繡金白袍」，「腰側佩一把短彎刀」，出現在巴黎和會最高會議（Supreme Council）講話，從而開啟了阿拉伯領導人一身戎裝在外交集會上講話這項奇怪的二十世紀傳統。勞倫斯一副氣定神閒的模樣，把費瑟講的話「翻譯」給協約國最高會議（事實上勞倫斯的阿拉伯語很糟，因此他實際上在利用費瑟闡明他自己的主張；謠傳費瑟根本只是在背誦可蘭經）。勞倫斯如同費瑟的發言人，說阿拉伯人最大的追求是自決。這場勞倫斯—費瑟合演秀，從豪斯上校（Colonel House）和美國國務卿羅伯特・蘭辛（Robert Lansing）兩人的熱情看來——前者說費瑟「使他對阿拉伯人心生好感」，後者說費瑟「似乎發出乳香的香氣」——勞倫斯和費瑟把美國人完全矇住了。敗下陣來的法國人，把令他們怒火中燒的費瑟斥為「纏著阿拉伯頭巾的英國帝國主義者」。[8]

雙方在此的爾虞我詐，叫人瞠目結舌。為安撫威爾遜和美國人，勞合・喬治和克里蒙梭已於一九一八年十一月九日發表了聯合「英法聲明」，表面上宣稱贊同阿拉伯人自決（「成立中央政府和行政機關，其公權力則來自對本土居民之創制權和選擇權的自主運用」）。這兩人其實都不打算遵守這類原則，但勞合・喬治要克里蒙梭這麼做，以毀掉法國人對敘利亞的領土聲索。克里蒙梭不是笨蛋，要英國答應讓協約國提供「足以確保

* 誠如勞合・喬治在回憶錄裡以發人深省的悔恨寫道，「我們無法與巴勒斯坦阿拉伯人聯繫上，因為他們正與我們廝殺」（亦即他們在鄂圖曼軍隊裡賣命，而非加入費瑟的陣營）。

政府平順運作的支持和有效的幫助」，才肯同意這份聲明。面對費瑟聲稱代表敘利亞人民發聲——不大站得住腳的主張——法國人最初想把他從英國那邊拉過來，為此甚至頒予他榮譽軍團勳章（Legion d'honeur）。眼見這招無效，他們把費瑟的名字從巴黎和會全權代表名單中剔除，想藉此使他上不了會議桌。* 費瑟於一九一九年二月完成他應英國要求的專場演出後，克里蒙梭叫來據稱代表「中央敘利亞委員會」發言的阿拉伯人舒克里·加內姆（Shukri Ganem），以提醒每個人（特別是美國人），麥加的哈希姆家族先前與他的國家毫無關連（他們的確沒有這份關連）。英國人悄悄把一張紙條塞給威爾遜總統，指出加內姆過去三十五年都住在巴黎（後來發現他連阿拉伯語都忘了）。[9]

受夠了這些高來高去的動作，一九一九年二月十五日，克里蒙梭乾脆向勞合·喬治提議來場條件交換。只要英國同意大敘利亞和四分之一的摩蘇爾石油產量由法國托管，法國就同意拋棄賽克斯—皮科協定，正式割讓摩蘇爾和巴勒斯坦兩地（此事若成，那四分之一的石油產量將透過在法屬敘利亞建造的輸油管送到市場）。勞合·喬治不願放棄費瑟這張牌，不肯讓步。[10]

費瑟那場戲是為了演給伍德羅·威爾遜看，但威爾遜看了之後無動於衷。回華府後不久，這位總統於三月再度來到巴黎，決意堅持自己的立場。一九一九年三月二十日，威爾遜被請去居中調解克里蒙梭和勞合·喬治。強忍不耐看完更多圍著敘利亞問題打轉的裝腔作勢後，威爾遜要英國人攤牌。威爾遜建議道，如果「被治理者的合意」是整頓戰後阿拉伯世界的依據，那麼何不派個實情調查委員會去「探明這些地區民心之所向」，以「為解決方案（提供）最符合科學要求的基礎」？接著換克里蒙梭上場玩虛張聲勢的把戲。他同意的確必須查明敘利亞人是否希望由法國統治——但前提是也必須問巴勒斯坦、美索不達米亞的居民是否想成為英國子民。威爾遜順水推舟，要克里蒙梭說到做到，於是懇請協約國最高會議派「中立」委員會到「包含……巴勒斯坦、敘利亞和這兩地以東的諸阿拉伯人國家、美索不達米亞、亞美尼亞、奇里乞亞、或許還有小亞細亞（安納托利亞）境內其他地方的某些區域」探詢民意，以確保在那裡創立的任何政府的統治會得到「居民的認可」。†11

在鄂圖曼問題上，美國政府的處境很奇特，在某些方面類似一八九〇年代突然崛起，公認對阿卜杜勒·哈米德二世威脅性最低之強權的威廉德國。正因為美國人未與土

* 法國人似乎不知道英國補助費瑟相當龐大的金額，英國人則同樣不知道費瑟竟向青年土耳其黨保證會在麥加的市場散播英國人刻意集體餓死穆斯林的惡意謠言，顯見英國給費瑟的金援尚不足以買到他完全的效忠。如果說有哪些各懷鬼胎的外交夥伴各司其職合演出一場漂亮的戲，那就是這三者。

† 據說，費瑟得知此事時喝香檳慶祝，從而使（任何聽過此傳聞的人）更加懷疑他所謂忠實代表阿拉伯穆斯林運動的說法。

耳其交戰，未有染指該地區之野心的前科，美國人被戰後幾乎所有鄂圖曼派系視為戰後理想的靠山。在威爾遜主導下派去亞洲土耳其探查民意的委員會，由美國人查爾斯·克蘭（Charles Crane）和亨利·金恩（Henry C. King）領軍（克里蒙梭和勞合·喬治都不想指派自己的人出任此職，以免被解讀為看重此一委員會），表示幾乎每個受訪者都贊同由美國托管巴勒斯坦和敘利亞，因為美國被視為是最可能接受阿拉伯人獨立的強權。[12]就連與勞倫斯交好且從英國收了大筆金援的費瑟，都在一九一九年二月贊同由美國托管敘利亞，讓聽聞此事的美國人大吃一驚。有時，就連英國官員，例如戰爭內閣秘書莫里斯·韓基，都想過讓華府托管巴勒斯坦，「以創立一個緩衝國來保護埃及」。[13]

最重要的是，由博格霍斯·努巴爾帕夏（代表流散全球的亞美尼亞人發聲）和阿韋迪斯·阿哈羅尼安（〔Avedis Aharonian〕達什奈克黨老戰士，新成立之亞美尼亞共和國的代表）領軍的巴黎和會亞美尼亞代表團，向威爾遜求救。美國傳教士親眼目睹鄂圖曼亞美尼亞人的苦難數十年，他們關於一九一五年屠殺事件的證詞，對左右西方諸國首都的輿論，作用特別大。在美國，有數十個行動主義團體為亞美尼亞人的權益發聲，最重要者是美國亞美尼亞獨立委員會（American Committee for the Independence of Armenia）。該委員會以曾任美國大使的詹姆斯·傑拉德（James Gerard）為主席，且有多位名人加持，例如前國務卿查爾斯·伊凡斯·休斯（Charles Evans Hughes）、紐約州長、哈佛大學、哥倫比亞大學的校長。威爾遜前往巴黎之前，白宮已收到許多要求他「協助亞美尼亞為戰時亞美尼亞人所蒙受的嚴重損失取得充分賠償」的請願書。[14]

由美國托管土耳其亞美尼亞，乃至托管整個小亞細亞（安納托利），的確大有道理。威爾遜個人支持亞美尼亞人的獨立目標，但始終主張土耳其人也必須有自決權，暗示美國官員在處理此事時應力求公允。為了保護亞美尼亞人和其他少數族群安全，而長期佔領安納托利亞，可能得投入高達十萬的兵力，在諸多強權中，只有美國的財力和人力足以勝任。如果美國攬下這事，可指望得到英國乃至法國的支持（儘管法國的支持會較不情不願）。一九一九年三月七日豪斯上校告訴勞合．喬治和克里蒙梭美國會接下托管任務時，勞合．喬治「很高興」聽到美國人終於接下這項「崇高職務」。當然，一如勞合．喬治歷來的表現，這一肯定很可能別有居心，而且不難看出（美國人一旦就位，大概會把法國人拒於小亞細亞之外）。但美國托管「亞美尼亞」一事，界定再怎麼寬鬆，肯定都非設在巴黎的協約國最高會議所樂見。[15]

就連土耳其人，得知在巴黎廣傳「將由美國托管」的提議，都欣然接受。君士坦丁堡成立一個特別的官方委員會，由這時已卸下大維齊爾之職的伊宰特帕夏擔任主席，以鼓勵美國人托管整個鄂圖曼帝國（或該帝國的殘餘領土），主要是為了「使它免遭希臘人或亞美尼亞人毒手」。鄂圖曼各大報社，幾乎個個名列其中，還有君士坦丁堡受過教育的人士。誠如《時報》（*Vakit*）主編艾哈邁德・埃敏貝伊／雅爾曼（Ahmed Emin Bey/Yalman）所主張的，「不是美國托管，就是一片混亂」，兩者擇一。就連逃到內陸的土耳其民族主義者，都欣賞這想法。里札・努爾（Riza Nur），日後將成為安卡拉土耳其大國民議會（Turkish Grand National Assembly）創會成員之一的軍醫，深信「如果美國同意托管，行事公正、正派，不到二十年就能把我們帶到若讓土耳其自己幹，一百年也不可能達到的發展程度。」擬議的美國托管案，在一九一九年九月在錫瓦斯召開的一場民族主義者代表大會上得到採納——條件是美國人不得侵犯土耳其的獨立與完整——顯示這並非孤立的看法。美國托管亞美尼亞這一構想，令伍德羅・威爾遜大為心動，經過幾個月遲不表態，一九一九年五月十四日，他終於在巴黎批准此案，待美國參院批准後就可施行。於是，一個極複雜難解且一旦沒處理好、會對不起道德良心的鄂圖曼帝國後續處置爭議，似乎有了令各方都滿意的解決方案。[16]

亞美尼亞、安納托利亞、敘利亞、巴勒斯坦或整個鄂圖曼土耳其交美國托管的難題所在，當然就在美國人自己對這些地方沒有領土野心。聲援鄂圖曼亞美尼亞人，支持其他原被鄂圖曼帝國統治的其他民族享有自決權，是一回事，把年輕子弟送到極陌生的地方涉險，面對難管且有充分理由相互猜忌的諸多民族，執行棘手的解決方案，則是另一回事。威爾遜於五月意志開始動搖之前，就一再告訴協約國最高會議勿指望美國出來當警察，順利執行鄂圖曼解決方案。誠如這位總統以難得坦白地指出的，「除了在亞洲的軍事責任，（他）想不出還有什麼事情是美國人民所更不願攬下的。」一九一九年八月二十八日，金恩—克蘭委員會提出實情調查報告，主張分成君士坦丁堡和其周邊地區、「亞美尼亞」、「安納托利亞土耳其的其他地方」這三個區，由美國托管，* 但到了這時候，見諸該報告的親美心態已沒有意義，因為威爾遜已離開巴黎，在巴黎所談出的條約，正在美國報刊上被批得體無完膚，條約送到參院後注定過不了關。這份報告原本有可能成為在鄂圖曼帝國解體之際該帝國境內民意的重大記錄，最後卻被束諸高閣（金恩—克蘭報告一九二二年才公諸於眾，直至今日仍少有人知）。[17]

美國迅速撒手不管鄂圖曼問題，令許多人失望，但這樣的發展本就不該太令人意外。亞美尼亞人、阿拉伯人、土耳其人這些各成一體的族群較中意由美國而非英國或法國托管的理由，就足以說明為何美國不會攬下這差事。一九一九年時美國人仍無意攬下新的帝國負擔，他們特別不願在紛擾不安、暴力橫行，且幾無實地經驗的地區（除了君士坦

* 金恩—克蘭委員會的確勉為其難同意由英國托管美索不達米亞和巴勒斯坦，由法國托管敘利亞，但針對後一托管案，特別表示，作此建議，「坦白說，不是依據人民的初心想望，而是依據維護法英兩國友好關係的國際需要。」

丁堡、貝魯特的教會學校），攬下這樣的負擔。[*]美國人的天真為何打動了那些想擺脫歐洲帝國主義魔掌的人民，不難理解，而這種天真為何最終是個假象，同樣不難理解。

事實表明，美國人所不敢踏足的地方，其他人很樂於踏上。希臘人何其走運，他們是靠一次大戰突然崛起的新貴。希臘人在佛朗歇・戴斯佩雷取得突破之前不久，加入位在薩洛尼卡的協約國陣營，且在戰爭結束後不久，就能好好利用這份好運，牟取自己利益。[†]穆德羅斯停戰協定簽署後不久，希臘就派兵從保加利亞手裡奪走愛琴海港口傑賈加赫（Dedeagatch，亞歷山德魯波利／Alexandroupoli），以及保加利亞色雷斯的剩餘部分。一月上旬，希臘人強行闖入鄂圖曼在西色雷斯的領土，把武器分發給當地希臘人，迫使土耳其穆斯林逃難，過程中只遇少許抵抗。到了四月，希臘人（在協約國最初默許、後來明確同意下）已推進到泰基爾達（Tekirdağ），使土耳其人幾乎只剩一小塊內陸地區守衛都城。[18]

法國人急欲阻止英國人把鄂圖曼戰利品全盤端走，出手速度幾乎和希臘人一樣快。只要艾倫比部仍在內陸敘利亞，法國人就別想染指該地，但早在一九一八年十二月十一日，法國人就已開始派兵登陸該地海岸，成扇狀散開，進入哈塔伊（Hatay）和安條克（安塔基亞）。十二月十八日，法國人派小股兵力在更北處的梅爾辛登陸，該部往北急奔，占領「奇里乞亞」的最大都市和據稱的首府——阿達納（「奇里乞亞」這個地區的範圍仍有待釐清）。在鄂圖曼歐洲境內，法軍拿下馬其頓與色雷斯之間的東方特快線的幾個重要的鐵路樞紐站，派一個旅協同英軍前去占領君士坦丁堡，法軍搭火車去，英軍則坐船經愛琴海過去。到了一九一九年初期，已有三千五百名協約國士兵占領君士坦丁堡，其中只有少數人裝出對造船廠感興趣的樣子，從而證明卡爾索普修正穆德羅斯停戰協定第九條只是虛晃一招。事實上，占領軍侵占鄂圖曼都城裡所有最高級的房地產，接收塔克西姆一地的軍營、盧梅利卡瓦克（Rumeli Kavak）的博斯普魯斯海峽堡壘和其他戰略要地。英國人把司令部設在哈爾比耶的軍校，法國人設在俯臨加拉塔塔（Galata Tower）的杜乃爾（Tünel）高地上的第六區公所，義大利人則大張旗鼓設在尼襄塔西（Nişantaşi）區某棟豪華的帕夏別墅裡。較粗略地說，義大利占領區，由君士坦丁堡的亞洲城區組成，包括于斯屈達爾、卡德柯伊和馬爾馬拉海的大部分島嶼。英國人占領了從佩拉區（貝伊奧盧區）

＊ 從晚近美國人打過阿富汗、伊拉克戰爭之後，就反對介入他國事務，這樣的心態直至今日依然如此。從魯德亞德・吉卜林（「接下白種人的負擔」），到一九一九年的韓基與勞合・喬治、一九四六年的邱吉爾（「鐵幕」演說），再到晚近的尼亞爾・佛格森（Niall Ferguson），有個存在已久且受尊崇的英國傳統，即力勸美國人接下帝國大業。只是，如今這仍不是件易事。

† 希臘動員了二十三萬人，但只死了約五千人，傷了約兩萬六千人，死傷比例在諸交戰國中僅高於日本和美國。

綿延到黑海濱的北部歐洲人區。法國人占領了原本該是俄國區的地區：拜占庭古城，包括東方特快線火車的終點站錫爾凱吉站。[19]不過，法國人不以此為滿足。在宗古爾達克附近發生游擊隊（希臘人居多）搶劫事件後，法國人搬出停戰協定第七條——「一旦出現可能危及協約國安全的情勢」可出兵占領——一九一九年三月派兵登陸該城，以確保煤礦安全。[20]

義大利人也不落人後。一九一五年五月，義大利根據倫敦條約投入一次大戰，而在該條約中，義大利獲承諾「在鄰接阿達利亞（Adalia，安塔利亞/Antalya）省的地中海地區分得應有的土地」。一九一七年四月，義大利外長悉尼・松尼諾（Sidney Sonnino）男爵，在協約國處於戰局最低迷——且至為緊要的，希臘參戰之前——抓準時機，要求把義大利在瓜分鄂圖曼帝國時所能取得的領土說個清楚。勞合・喬治擔心俄國革命後軍隊譁變頻傳，協約國在整個東戰線就要垮掉，於是在一九一七年四月二十六日的聖讓—德莫里耶訥（St.-Jean-de-Maurienne）協議中，不情不願同意將義大利占領區往西擴及愛琴海，把卡什/卡爾坎（Kaş/Kalkan）區、費特希耶（Fethiye）、乃至艾登（Aydın）、士麥那，都納入其中（尷尬的是，兩個月後希臘人被說動參戰，其主要理由建立在戰後會把士麥那給希臘，但這個條件並未形諸文字於非正式的協議上）。早在一九一八年十二月，就有小股希臘、義大利先遣隊登陸士麥那，以申明各自對該地的領土聲索，從而造成不久後將貽害甚大的僵持局面。但真正出手是一九一九年三月底，當時義大利人搬出法國人用以把出兵宗古爾達克合理化的第七條，派兵登陸安塔利亞、卡什和（安塔利亞與梅爾辛）之間的錫利夫凱（Silifke），部隊登陸後迅即在土耳其的地中海岸成扇形散開。[21]

至這時為止，土耳其人一直以溫順的態度，面對這些濫用穆德羅斯停戰協定的行為，但這不像土耳其人會採取的姿態。法國人出兵敘利亞沿海地區和奇里乞亞，在土耳其人預料之中，英國人越過停戰線抵達摩蘇爾和阿勒頗，亦然。義大利人進兵安塔利亞和其周邊地區，則有點離譜（義大利人提出的唯一「重要藉口」，乃是羅馬兩千年前就統治該區域）。不過，義大利聲索土耳其南部或法國聲索宗古爾達克的理由站不住腳，使這些舉動的威脅性，還不如希臘或亞美尼亞人的占領舉動。外國派兵進入匪患猖獗的區域，不盡然是件壞事，在某些地方，例如費特希耶，義大利人似乎得到友善的對待。據多項原始資料，穆斯塔法·凱末爾本人，在被占領的君士坦丁堡閒晃那段日子，結識了義大利高級專員卡爾洛·斯佛察（Carlo Sforza）伯爵，可能是為了挾義大利人之勢力對抗威脅性更大的英國人。[22]就連希臘人入侵色雷斯之舉（由於恩維爾愚蠢地降低都城的衛戍兵力），儘管隨之出現一波族群清洗行動，在君士坦丁堡仍被當成某種既成事實予以接受。

同樣地，由於協約國艦隊在獲准自由通過已清除水雷的達達尼爾海峽之後，已停泊於博斯普魯斯海峽裡，面對協約國占領君士坦丁堡，即使土耳其人嚥不下這口氣想抵抗，也不可能如願。有數小股陰謀分子開始聚會密商，但鄂圖曼政府完全聽從協約國占領當局。一九一八年十一月十一日，內閣裡最後幾名統進會成員已遭肅清，大維齊爾伊宰特帕夏下台，由這時已幾乎老態龍鍾的哈米德時代官員陶菲克帕夏接任。十二月，陶菲克帕夏同意讓協約國成立戰爭罪法庭，以將犯下違反人道的統進會官員繩之以法，特別是那些參與一九一五年屠殺亞美尼亞人的官員。蘇丹穆罕默德六世同意此舉，但他擔心政府若被認為討好協約國太甚，會引發人民強烈反彈，於是要求英國也把戰時對土耳其穆斯林犯下的罪行納入考慮。這一請求，以及另外一個請求（讓四個中立國，分別是丹麥、西班牙、瑞典、荷蘭政府的代表參與戰犯審訊過程的請求），一九一九年二月十二日提交協約國的諸位高級專員，結果都遭否決。[23]

不管是真的為了伸張正義，或者（如憤世嫉俗者所懷疑的）為了把罪責丟給現已名聲掃地的統進會，鄂圖曼政府如期召開受協約國督導的伊斯坦堡軍事法庭（Divan-i Harb-i Örfi），不久後在各省城市，特別是特拉布宗、埃爾津詹、巴伊布爾特、（安卡拉附近的）約茲加特（Yozgat），成立戰爭罪法庭。一九一九年一月底，約三十名統進會高階官員在都城被捕，不久後一百名較低階官員被捕。七名逃走的首要分子（例如恩維爾、傑瑪爾、塔拉特、納澤姆），在缺席的情況下被以戰爭罪名送上法庭。恩維爾所成立的惡名昭彰的「特別組織」（Teşkilat-ı Mahsusa），也被認定涉及強制遷徙、屠殺亞美尼亞裔平民相關的罪行。約六十七名囚犯（即約一半的被捕者）於一九一九年五月獲釋，七月對數人提出重罪起訴，尤其是對塔拉特、恩維爾、傑瑪爾、納澤姆求處死刑。對統進會領導階層第一次審訊之後，審理過程相當緩慢，但法庭持續宣判，直到一九二二年。

關於伊斯坦堡軍事法庭的本質和重要性，自那之後爭論不休。鄂圖曼司法始終不是很透明，這些審理亦然。出於一時的利害考量，法庭未傳喚證人確認政府不利於被告的說詞是否屬實，而政府這些說詞都依據書面資料或在他處取得的證詞。此外，被告無緣向控方證人反詰問，就連那些真的出庭的被告亦然。此舉有一部分可能是蓄意，因為鄂圖曼政府可能暗地裡想破壞自己判決的效力，以免激怒那些認為這個法庭代表「戰勝者之正義」的批評者。海軍上將卡爾索普於簽署穆德羅斯停戰協定之後，接任君士坦丁堡占領區的英國高級專員。一九一九年八月，他提醒倫敦，這些審訊「到頭來會是場鬧劇，傷害我們的威信和土耳其政府的威信。」審理記錄未妥善保存，大部分已佚失。想重建證據的歷史學家，不得不倚賴鄂圖曼政府公報（Takvim-i Vekayi）裡的記事和通俗報刊對審訊過程的報導。這些原始資料為研究族群滅絕的學者提供了攻詰的素材，但它們本身不盡可信。詳細研究過戰後法庭的塔內爾．阿克恰姆（Taner Akçam），只好常大量依據沒有實質罪行可以起訴的文件，來調查「族群滅絕」，以此不利統進會（以及特別是恩維爾的特別組織）。至於檢方為何無法提出足夠的文件，據稱是因為那些文件已被跑掉的領導階層成員「帶走」（aşırılmış）了。阿克恰姆甚至找到倖存的鄂圖曼政府下令銷毀文件的公文，從那些公文可看出，許多與一九一五年強制遷走亞美尼亞人一事有關的資料，一九一九年時已經消失，這情況與公訴檢察官所抱怨的事是一樣的。在戰後審訊過程中他們很可能討論過這些文件已遭竄改，但究竟是這意味著什麼，我們不得而知。[24]

最後，戰後戰爭罪法庭的表現，幾乎無一方滿意。它們提供了一些——但遠遠不夠的——文件證據，證明統進會的罪行和傷害人權的行為，以取悅亞美尼亞人或想為亞美尼亞人討公道的協約國；而統進會的幾個首惡雖被判死刑，最終當然並未處死，從而使受害者家屬的心理創痛無從紓解。*也沒有哪個希臘人或亞美尼亞人，因為戰時對穆斯林犯下的罪行受審，從而使這個法庭在土耳其民族主義者和鄂圖曼穆斯林心目中，公信力大減。戰時，鄂圖曼政府在沒必要討好外國的情況下，自行召開一千多場軍事法庭，一些官員因此「被判決犯了主導（攻擊）或未能防止」攻擊平民（亞美尼亞人居多）的罪。相對地，這些備受吹捧的戰後法庭，只把寥寥數人定了罪。難怪，海軍上將德．羅貝克，卡爾索普底下的專員之一，斷言它們的「裁決根本不值一顧」。[25]

這些戰爭罪法庭大概永遠不可能被鄂圖曼穆斯林視為完全正當，也就不可能得到他們的贊同。他們自認戰時所受的苦絲毫不亞於其他任何人。如果鄂圖曼政府的要求——

讓中立國參與審理和讓迫害穆斯林的罪行也得到起訴——得到尊重，這些審判可能會更受土耳其人看重，使他們更深自反省戰時對亞美尼亞人和其他基督徒的迫害。即使如此，土耳其人的克制還是有其限度，而且這些限度正受到不留情的考驗。法、義、英三國派兵占領和希臘人入侵色雷斯，這些事都已讓土耳其人難以忍受。但當土耳其人得知法國邀一支「亞美尼亞軍團」一同占領奇里乞亞時，那就不只是難以忍受而已。這支亞美尼亞軍團，由所謂的「東方軍團」（Légion d'Orient）的四個營裡的三個營組成，在塞浦路斯受過訓練，然後以配角角色參與了一九一八年艾倫比在巴勒斯坦、敘利亞的戰役，配屬英國第二十一軍。這支軍團的志願兵大部分是來自安條克（安塔基亞）周邊山區的鄂圖曼子民，這些人於鄂圖曼政府開始強制遷徙亞美尼亞人之後拿起武器，然後逃到一九一五年八月上旬出現於亞歷山大勒塔附近海面的一艘法國船上。這些亞美尼亞裔難民在薩伊德港恢復元氣之後，請求法國提供武器，以便「繼續抗擊土耳其人」。[26]

如今，他們做起這樣的事。部分因為法國人在該地區沒有其他兵力可用，於是占領奇里乞亞，確保巴格達鐵路波贊特（Pozantı）到德爾特約爾（Dörtyol）段、伊斯拉希耶（Islahiye）

* 後來，一心報仇的亞美尼亞人，可以說代為執行了這些死刑。他們在一九二一年三月在柏林暗殺了塔拉特，一九二二年八月在提弗利司暗殺了傑瑪爾。恩維爾則是在今日塔吉克境內的杜尚貝（Dushanbe）附近，與突厥語族巴斯馬奇（Basmachi）（穆斯林游擊隊）叛軍一同對抗紅軍時戰死。

到阿達納段安全無虞的任務，主要由亞美尼亞軍團執行。他們一路聚眾滋事。誠如該軍團指揮官哈梅朗（Hamelin）一九一九年二月二日向法國高級專員報告的，他的亞美尼亞裔軍人「一心要為他們多年來所受到的壓榨報仇」，因此需要祭出「鐵的紀律，才能逼他們和法國軍人一樣守規矩」。但他們顯然軍紀敗壞，因為哈梅朗哀嘆道，「自他們來到奇里乞亞，我每天都會收到當地鄂圖曼當局或英國當局轉來的投訴，投訴亞美尼亞人對當地居民的種種不當行徑（偷竊、武裝攻擊、搶劫、殺人），而且令人遺憾的是，這些投訴大多有憑有據。」到了一九一九年七月，第一批真正由法國兵組成且有份量的分遣隊抵達奇里乞亞時，要抹去亞美尼亞軍團在當地穆斯林心目中形成的惡劣印象已經太遲。[27]

協約國一九一九年所犯下的最大錯誤，乃是決定允許希臘人占領士麥那。如果說鄂圖曼帝國裡有哪個地方亟需小心處理，亟需按照一八九七年的克里特先例或一九〇三年的馬其頓先例，由多國成員組成的憲兵隊占領該地，那就是這裡。雖說人口數據各方爭議極大，希臘裔居民眾多（一九一九年時占將近三十萬人口的一半或更多），或希臘裔商人與企業家主宰當地文化與經濟（從製造業到外貿），乃是不爭的事實。艾登省約四千六百家工廠和工匠店，其中超過四千家的老闆是土生土長的希臘裔鄂圖曼人，鄂圖曼穆斯林為此懷恨在心。[28]隨著士麥那的經濟於十九世紀蓬勃發展，希臘人從希臘「本土」大批湧入，更加劇這一人口問題。而士麥那的蓬勃發展，部分要歸功於恢復希臘—拜占庭帝國這個「偉大構想」（Megali Idea）的傳播，士麥那則在這個帝國裡扮演舉足輕重的角色。隨著士麥那的日益繁榮，這個城市變得更加希臘化，到了十九、二十世紀之交希臘人已占全城人口將近一半，從而為雅典的韋尼傑洛斯之類擴張主義者所極力提倡的收復失土士麥那的主張，提供了辯駁的依據。但兩次巴爾幹戰爭後，希臘人湧入潮劇然逆轉，至少十五萬希臘裔被強迫離開愛琴海岸，包括數萬名來自士麥那區域的希臘裔——但來自瑟凱（Soke）、塞夫迪耶柯伊（Sevdiyeköy）、切什梅之類附近城鎮者，多於來自士麥那城者——同時有穆斯林難民從歐洲湧入取代他們。[29]就是這一族群更替的混亂狀況，差點導致希土兩國於一九一四年夏爆發第三次巴爾幹戰爭，因為斐迪南大公在塞拉耶佛遇刺，才制止或者說推遲這場生靈塗炭。一點即燃的引火物仍在那裡，巴黎的協約國最高會議照理應非常清楚點燃它的危險。

最後，可能是伍德羅．威爾遜這位怪咖政治家起了決定性作用，使形勢轉而有利於希臘出兵士麥那。畢竟勞合．喬治從未掩飾其對希臘擴張行動的熱情支持。這位出身威爾斯的英國首相，與倫敦的希臘商人，特別是巴西爾．札哈羅夫（Basil Zaharoff），關係密切。札哈羅夫是鄂圖曼希臘裔軍火販子，在組織一九一七年韋尼傑洛斯政變上出力甚大，他不久後會拿出他可觀財富的大部分，支持希臘入侵小亞細亞。勞合．喬治和韋尼傑洛斯自一九一二年就結為好友，因此，在巴黎和會上，這個英國人力挺這位希臘總理也就不足為奇。正因為這兩人關係如此緊密，克里蒙梭和法國人對韋尼傑洛斯始終冷淡得多，並暗地裡鼓勵義大利人出兵安塔利亞，以反制希臘的野心。但義大利人高估了自己的力量，後來也開始在亞得里亞海惹出麻煩，堅持要控制阜姆（Fiume）、的里雅斯特（協約國想把這兩座港口給由塞爾維亞人支配的新國家南斯拉夫）。一九一九年四月二十四日，義大利代表團離開巴黎以示抗議，從而使義大利在士麥那問題已開始處理之際陷入孤立（巴黎和會的英美法義四巨頭減為由克里蒙梭、勞合・喬治、威爾遜代表的三巨頭）。韋尼傑洛斯迅即出手，向三巨頭示警道，義大利人正從費特希耶出兵，就要派戰艦到士麥那。羅得島上的希臘居民向威爾遜請願，抱怨受到占領該島的義大利人不當對待，更加劇對義大利的反感。威爾遜怒道，「義大利是和平的威脅」，斷言要糾正義大利侵犯自決原則的離譜行徑，最佳辦法就是把鄂圖曼帝國的「希臘人」區域劃歸希臘。三巨頭認為義大利人會在五月七日重新加入協約國最高會議，於是在前一天會商如何逼他們就範。挺希臘的勞合・喬治提議「應該要韋尼傑洛斯先生派兵到士麥那」，已完全掌握狀況的威爾遜回道，「何不要他們現在就登陸？」韋尼傑洛斯被叫進來聽取這項可喜的決定，簡單回道，「我們已準備好了」。[30]

一九一九年五月十五日凌晨兩點左右，一支貨真價實的希臘艦隊抵達士麥那港，共十八艘戰艦，包括英國護衛艦鐵公爵號（Iron Duke），總共載來由一萬三千步兵、四千隻馱畜、七百五十挺機槍組成的兩棲登陸部隊。可想而知，該城居民的反應相當兩極化，狂喜的希臘裔揮舞祖國的藍白旗，點燃火把，群集街頭，歡迎要來解放他們的祖國部隊，伊斯蘭教宣禮員則召喚穆斯林群起抵抗。整個晚上土耳其裔居住區戰鼓頻擂，傳報員四處傳播希臘人要占領該城的惡耗，要穆斯林動起來。傳言有數百名土耳其裔囚犯被放出監獄，一名很不想讓希臘人得逞的義大利陸軍少校參與了這項放人行動。希臘部隊一接近某鄂圖曼陸軍軍營，雙方即交火，有人開了一槍，撂倒希臘精銳部隊埃夫佐尼（Evzones）旅的旗手（直至今日仍不清楚誰開的槍，但在場的希臘軍人認為凶手是土耳其民族主義記者哈桑．塔赫辛．雷傑普〔Hasan Tahsin Recep〕迅即把他打死）。希臘軍人火大反擊，朝軍營開槍，（據某幾則說法）也朝軍營周遭以平民居多的群眾開槍，穆斯林受此刺激，結眾滋事（如果此前還沒有結眾滋事的話），在城裡四處遊走，與希臘人打架。土耳其軍營被攻擊，營裡的軍人被捕，連同遊蕩者和其他與希臘人起衝突的人一起被押著遊街，「打倒在地，挨了刺刀或子彈，搜走身上值錢東西，丟進海裡。」天黑時，已有三百至四百名土耳其人遇害，希臘人則有約百人遇害。[31]

這些事發生時，穆斯塔法．凱末爾正在大維齊爾處向他告別，就要搭上汽輪前往薩姆松和土耳其內陸。這兩件事並非毫無關連。黑海沿岸，一如士麥那，儘管戰時強制遷徙過本都希臘人（Pontic Greeks），仍有許多這類希臘人住在那裡，而薩姆松—吉雷松區域，希臘氣息仍很濃，尤以在城鎮為然。作為希臘占領士麥那所必須付出的代價之一，韋尼傑洛斯向協約國最高會議保證，他不會聲稱黑海地區為希臘所有，因為他的「雙手」「握住色雷斯和安納托利亞，（已）握不住別的東西。」為平息本都希臘人和穆斯林之間急速升高的緊張關係，英國人不得不於一九一九年三月派兩百名英軍登陸薩姆松，結果發現這樣的兵力大大少於錫瓦斯、埃爾祖魯姆境內據認尚未復員完畢的鄂圖曼軍隊的殘部，且這時這些殘部正漸漸組成新的第九集團軍。英國高級專員做出一個幾乎和同意希臘人出兵士麥那一樣短視的決定，同意任命穆斯塔法．凱末爾為第九集團軍的督察長——照官方的說法，要他督導該集團軍武器的收繳，並調查部隊裡「蘇維埃」正在組建之事是否屬實（當時英國人認為布爾什維主義的散播是比土耳其民族主義分子抵抗還要大的威脅）。

一九一九年五月十九日，穆斯塔法．凱末爾乘船抵達薩姆松。* 不管是否事先就已定好行動方案，凱末爾不久後就察覺到民間愈來愈高漲的抵抗心態。誠如凱末爾後來所憶道，「要不是敵人蠢到前來（士麥那），整個國家可能會若無其事的繼續熟睡。」從布爾薩到黑海岸到埃爾祖魯姆，全國各地陸續出現抗議希臘人占領的群眾集會。到了五月底，抗議浪潮已傳到都城，在君士坦丁堡蘇丹艾哈邁特（Sultanahmet）這個以穆斯林為主的老居住區，一場群眾集會竟破天荒引來大批婦女參與，包括哈莉黛．埃迪卜。埃迪卜激勵土耳其同胞投入「符合公義、熱情昂揚的暴動」，對付「戰勝的歐洲軍隊」。六月上句，海軍上將卡爾索普代表高級專員公署向倫敦示警道，「反希臘人」已「星火燎原，我覺得似乎已擋不住。」令薩姆松的英國司令部大為惱火的，他們發現凱末爾竟「幾乎霸占（與周邊城鎮通信的）電報」，鼓吹抵抗。禁不住高級專員的施壓，鄂圖曼陸軍部長謝夫凱特・圖爾古特帕夏（Shevket Turgut Pasha），一九一九年六月八日下令要凱末爾回都城。但凱末爾已帶著幾名隨從偷偷溜出英國人控制的薩姆松，往內陸五十哩處的哈姆宰（Hamza）開山立寨。凱末爾悍然抗命，問為何要把他召回。[32]

凱末爾要鄂圖曼陸軍軍官抵抗已然失控的協約國占領行動，結果一呼百應。雷菲特・貝萊（Refet Bele），來自薩洛尼卡的凱末爾老友，晚近當過君士坦丁堡憲兵隊隊長，後來在凱末爾麾下，也跟著薩姆松，角色如同參謀長。另有幾位有心抵抗的將領，更早就來到內陸地區。卡朱姆・卡拉貝基爾，四月時接掌司令部設在埃爾祖魯姆的陸軍第十五軍，在他和凱末爾都還在君士坦丁堡時，就建議凱末爾在東部成立新政府；看到凱末爾已改弦更張，他很高興，主動表示願全面配合。† 阿里・富亞特・傑貝索伊（Ali Fuat

* 自一九三五年起，這一天就被訂為土耳其的國定假日。

† 不可避免的，針對誰頭一個在哪裡開始做了什麼，後世有所爭辯。就卡拉貝基爾和凱末爾這兩位最有權勢的土耳其抵抗運動領袖來說，最公允的說法似乎是他們兩人差不多同時開始抵抗，且意志之堅決不相上下。

Cebesoy），曾在敘利亞的「閃電」集團軍群效力於凱末爾麾下，且曾協助將該支軍隊的武器偷偷運到托羅斯山脈以北，凱末爾來到薩姆松時，他人在安卡拉擔任陸軍第二十軍軍長。勞夫的響應，則使反抗陣營一切齊備。這位穆德羅斯停戰協定的簽署人，這時決意為他所受到的羞辱報仇。一九一九年六月十九日至七月二十二日，阿里・富亞特、雷費特、勞夫、凱末爾在阿馬西亞（Amasya）開會，以擬定全民抵抗運動的原則。然後這四人前往埃爾祖魯姆，接著前往錫瓦斯參加全國代表大會（九月四至十一日），在埃爾祖魯姆時（七月二十三日至八月七日），卡拉貝基爾表示願以他轄下的一萬三千兵力助陣。代表大會制訂了國民章程（Misak-i-Milli），其主要條文包括停止復員，在據認土耳其人過半的區域「土耳其民族不可分割」（於是，在東南部，將不准成立獨立的庫德國或亞美尼亞國，在本都黑海地區、色雷斯或愛琴海區域，也不得有希臘人的軍事基地；相對地，托羅斯、阿馬努斯兩山脈以南的諸阿拉伯人省，將可以透過全民公投脫離帝國），成立代表委員會（Heyeti Temsiliye）。這個委員會不受中央政府節制，由凱末爾擔任主席。凱末爾拋棄其陸軍軍銜，象徵其反抗意志之堅，從而開始了二十世紀最輝煌的政治生涯之一。[33]

協約國遲遲才認清正在安納托利亞醞釀的行動茲事體大。理論上，這整個地區仍在美國的托管保護下。直到十月上旬威爾遜中風和十一月美國聯邦參議院否決凡爾賽條約之後，協約國才看出美國托管只是說說。在這同時，英法為敘利亞而起的爭執，占去勞合．喬治大部分心力。最後，主要因為要求復員和抑制支出的政治壓力日增，而非因為什麼痛悔之感，這位頑固的威爾斯人才不得不於一九一九年九月十三日讓步。那天，他告知克里蒙梭，英國會於十一月從敘利亞撤兵。艾倫比部一離開，昂利．古羅（Henri Gouraud）將領統率的法軍就與費瑟的阿拉伯人在貝卡山谷打了起來，並強行拿下巴勒貝克。不久，就在凱末爾的民族主義者受到亞美尼亞軍團侵略性部署的刺激，而在奇里乞亞騷擾法國人之時，法國人在敘利亞真正下場打了一場戰爭。一九二〇年一月二十一日，土耳其人包圍被法國人和亞美尼亞人占領的馬拉什，展開長達三星期的圍城，爆發殘酷的族群間殺戮。解圍的法軍二月十日左右從阿達納抵達時，馬拉什守軍已所剩無幾，倖存的亞美尼亞、法國軍人只能邊打邊退，退入南邊的敘利亞，一路上受到穆斯林游擊隊襲擊。據說有數千名亞美尼亞裔平民死於跋涉途中，而離城的亞美尼亞軍團士兵，則在所經的村落對穆斯林犯下各種暴行。古羅看出要同時守住奇里乞亞和敘利亞代價太大，非他所能承受，於是向這時人在安卡拉的凱末爾試探停戰之意，從而在協約國對土耳其的占領上，打開了至目前為止最大的缺口，而且這不會是最後一個缺口。[34]

勞合．喬治讓希臘人出兵士麥那，結果適得其反。情勢愈來愈清楚，土耳其穆斯林民眾永遠不會接受境外勢力統治，特別是如果那些勢力援引希臘人、亞美尼亞人來遂行統治，而且希臘人、亞美尼亞人高喊要收復主權歸屬有爭議的地區的話。自一九一六年薩佐諾夫、賽克斯、皮科商談如何瓜分鄂圖曼帝國以來，情勢已大大改變，首先俄國人原獲承諾在鄂圖曼瓜分大戲中分一杯羹，如今那已成泡影。＊沒了舊俄國的高加索集團軍在前面攻堅，協約國沒有能支配土耳其心臟地帶的實質武力。沒有俄國人和哥薩克人可用，勞合·喬治找上義大利人，但義大利人不可靠（事實上，想方設法打擊對手的義大利人，已開始和凱末爾談判，比法國人還早一步）。勞合·喬治懷疑義大利人別有居心，轉而找韋尼傑洛斯和希臘人幫英國做見不得人的事——作為占領者，希臘人，一如俄國人，不為土耳其人所接受，差別只在於希臘人比俄國人弱了許多。

一九一九至一九二〇年那個冬天，本該是英國重新思考並修正其土耳其政策的絕佳時機。奇里乞亞境內戰事未歇之時，土耳其其他大部分地方因為氣候嚴寒，無法發動正規的軍事行動。於是，有了一段勉強稱得上是暫停時間的空檔，鄂圖曼帝國殘餘領土的大部分地方在此期間舉行選舉。選舉結果，凱末爾主義—民族主義陣營拿下國會過半席次，一九二〇年一月十六日國會在君士坦丁堡開議（凱末爾這時已被鄂圖曼政府視為逃犯，留在安卡拉），迅即批准「國民章程」。原被許多人寄予厚望的伍德羅·威爾遜，這時已是傷殘之人（但他不願被宣告已無法勝任總統之職）。整個凡爾賽條約，包括美國參與國際聯盟一事，在參議院遭否決之後，威爾遜的外交政策已徹底破產：情勢很清楚，亞美尼亞、君士坦丁堡或整個安納托利亞交美國托管已經無望。法國人在敘利亞自搞自的，而且即將照自己的方式與凱末爾打交道。英國人對凱末爾和其民族主義追隨者所做的情報工作仍不夠全面，但倫敦收到的消息已足以讓其體認到就要有大事發生。英國在中東的新帝國，局勢愈來愈不靖，阿拉伯人、猶太人為了巴勒斯坦而劍拔弩張，跡象顯示美索不達米亞民怨甚深。一九一九年一月被勞合・喬治請回內閣擔任陸軍（和空軍）大臣的溫斯頓・邱吉爾，有了一份苦差事，即在國會要求大幅裁減軍事和全面復員之際，替版圖空前遼闊的帝國搞定防務。此外，國內動蕩不安，爆發一波罷工潮，還有讓人頭疼的愛爾蘭問題。早在一九一九年八月，邱吉爾就向勞合・喬治抱怨，「遲遲未能與德國、土耳其締結和約，造成復員無法如期展開，已使尚未得到國會批准的陸軍支出預算增加了六千多萬。」一九一九年十月，邱吉爾展現其一貫深謀遠慮且富想像力的作風，問道：

歐洲諸大國是不是該同時一起聲明放棄各自在土耳其帝國的所有利益，只保留

* 對此，俄國人並不高興，至少白軍一方的愛國帝國主義者不高興。高爾察克的全俄臨時政府（Provisional All-Russian Government）於一九一九年七月派代表赴巴黎，要求讓俄國參與新的鄂圖曼海峽政權，以及讓俄國托管亞美尼亞。由於俄國內戰仍熾，這些請求未受理會。

戰前即存在的利益。亦即，希臘人應退出士麥那，法國人應放棄敘利亞，我們該放棄巴勒斯坦和美索不達米亞，義大利人該放棄他們的控制區。我們不應把這個帝國分割為數個區各自利用，而應一同維持土耳其帝國的完整，一如戰前那樣的完整，但應讓該帝國受到嚴格的國際管控，把它當一個整體來對待，從君士坦丁堡發號施令，指導它。

看出自己的提議牴觸勞合．喬治日益好大喜功的帝國觀之後，邱吉爾委婉提醒首相，英國所擁有的「領土……供未來好幾代人開發利用，還綽綽有餘。」從長遠利益考量，當務之急顯而易見：「我們應該……把資源集中用於發展現有的帝國，而非把資源分散用於擴大帝國。」[35]

很明智的建議，但勞合．喬治完全不予採納。他未在事態尚未不可收拾時減少在土耳其的損失，反倒加碼下注。他無疑老早就在想著怎麼一舉解決民族主義分子，而鄂圖曼帝國議會一九二〇年二月十二日批准體現凱末爾主義的「國民章程」，以及馬拉什爆發新一波屠殺亞美尼亞人的消息傳抵倫敦（也幾乎同時傳抵巴黎），給了他所需的動手藉口（馬拉什的屠殺也堵住了原先法國人反對挑釁凱末爾的政治藉口）。於是，一九二〇年三月五日，協約國最高會議經過漫長討論，議定了要在塞夫爾強迫土耳其接受的投降令條文，包括將士麥那和（恰塔爾賈線以下的）色雷斯正式割讓給希臘、亞美尼亞完全獨立、庫德斯坦自治這些會引發極大反彈的條款。勞合．喬治很清楚這樣的條款會激起土耳其民族主義陣營何等激烈的抵抗，決定用武力對付武力，希望在不可避免的抵抗四處蜂起，變得不可收拾之前，協約國就能將其敉平。於是，他命令卡爾索普等高級專員占領君士坦丁堡（亦即要投入比先前更多的兵力），宣布戒嚴，包括關閉新成立的鄂圖曼國會（或至少肅清國會中的民族主義議員）。為讓諸位高級專員更加安心，勞合．喬治還向他們承諾，如果他們轄下的兵力不足以執行此任務，韋尼傑洛斯已慨然答應出兵十萬平定君士坦丁堡。一九二〇年三月十日，協約國三位高級專員（卡爾索普和義法兩國的高級專員）同聲抗議這項用武力強迫土耳其接受嚴苛和約的新政策，認為此舉必會激使土耳其「國會逃到安納托利亞」，把凱末爾送進布爾什維克的懷抱。但不把邱吉爾的意見看在眼裡的勞合．喬治，更不看重他們的意見。命令開始執行。[36]

一九二〇年三月十五至十六日那個夜晚，英國艦隊封鎖博斯普魯斯海峽，然後開始把部隊送上君士坦丁堡周邊的戰略要地。早上五點半左右，英國海軍陸戰隊員向第十高加索師的軍營開火，擊斃四名土耳其人（有些說法是六人），擊傷十人。其他部隊成扇形向全城展開，逮捕已知心向民族主義陣營的政府部長和陸軍軍官。裝甲車轟轟駛過街頭。早上十點，英軍接管陸軍部和海軍部，法軍在舊城斯坦布爾散開，占領位於薩拉奇哈內（Saraçhane）的帝國倉庫，以及出於某種理由，也占領了托普卡珀宮隔壁的考古博物館。協約國分遣隊在重要據點架起機槍，以使反抗者不敢輕舉妄動，包括法國人在聖索非亞清真寺（Hagia Sofia）前面架起一挺機槍。土耳其各大報都被協約國控制，受到嚴格的出版檢查，明令凡是窩藏土耳其民族主義叛亂分子者一律處死。就連土耳其紅十字會辦公室都「遭三十名軍人查抄」。城裡到處混亂，風聲鶴唳。誠如哈莉黛．埃迪卜所憶道，「英國軍人搜查房子，挖出舊墳，尋找炸彈和軍火。」接近正午時，電報局遭占領，不久，人在安卡拉的凱末爾就收到協約國軍隊橫行都城的消息。[37]

「第二次占領」鄂圖曼都城這步棋下得大錯特錯。要土耳其人這樣自傲的戰士民族接受卑屈的投降令，注定不可能如願。勞合．喬治推翻身邊顧問的意見，包括基於職責得執行他爭議性政策的那些人的意見，終於得到他所要的戰爭。事後他將後悔太過冒進。

CHAPTER 19 薩卡里亞 Sakarya

（敵人）會被掐死於祖國的至聖所裡。——穆斯塔法・凱末爾[1]

一九二〇年五月十一日交到凡爾賽會議鄂圖曼代表手上的塞夫爾條約，猶如穆斯塔法・凱末爾的民族主義軍隊最有用的徵兵海報。好似打定主意要激怒愈多土耳其人愈好，勞合・喬治的條款壓到他們所有最敏感的痛處。授予最惠國待遇的條約，一九一四年九月廢除，這時全部恢復，包括讓西方監督鄂圖曼政府所有收稅業務和支出，用意之一是確保鄂圖曼政府乖乖支付賠款給戰時與土耳其為敵的協約國政府。英法兩國爭取到對諸阿拉伯人省的委任統治，義大利爭取到對安塔利亞和阿菲永（Afyon，阿菲永卡拉希薩爾／Ayfon-karahisar）之間的安納托利亞中南部海岸段的委任統治，這些都在預期之中，*但與東安納托利亞有關的幾個決定，很可能引發強烈反彈。由於美國不願承接托管任務，這

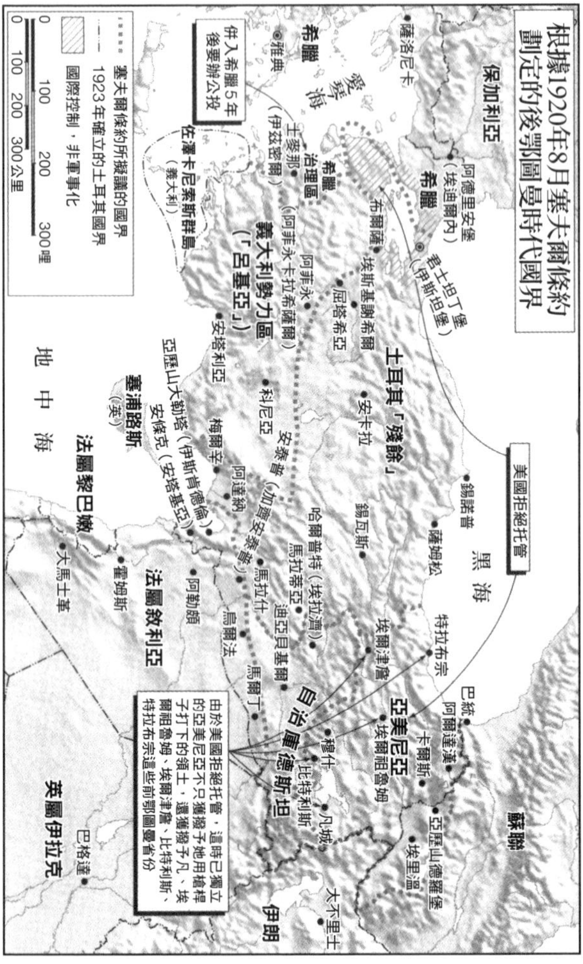

時處於獨立地位的亞美尼亞，不只獲撥予他們用槍桿子贏得的領土，還獲撥予凡城、埃爾祖魯姆（包括埃爾津詹）、比特利斯、特拉布宗這些前鄂圖曼省分，而且令土耳其人

更加無法忍受的是，邀請立場親亞美尼亞而這時已是傷殘人士的美國總統威爾遜前來劃定最後的邊界線。嚴格來講，這個條約未載明讓庫德斯坦獨立建國，但的確給予庫德人在國際聯盟監督下公投，走上廣義自治的權利。希臘獲給予對以下諸地的完全控制權：東色雷斯、愛琴海上所有有歸屬爭議的島嶼，以及（在五年後會舉行的公投）已遭希臘軍隊占領的士麥那。戰時條約所承諾給予俄國的君士坦丁堡和鄂圖曼海峽，劃歸土耳其名義主權之下，但會由一個國際委員會治理。所謂的鄂圖曼「帝國」，只剩下薩卡里亞河對岸的安納托利亞局部，以及該地的主要城市安卡拉、埃斯基謝希爾（Eskişehir）、屈塔希亞（Kütahya）、薩姆松、錫瓦斯。[2]

勞合．喬治的投降令要由位在君士坦丁堡的蘇丹政府簽署生效，但投降令本身卻奪走該政府所有僅存的政治正當性，把主權轉移到因投降令而縮水之帝國的僅存領土上。一九二〇年三月十七日，即協約國部隊解散君士坦丁堡鄂圖曼國會的隔天，穆斯塔法．凱末爾以令人吃驚的回應速度，迅即要求舉行全國大選，以組成新的具有特別權力的大國民議會。不足為奇，許多選上新國會的議員，乃是已逃出協約國所設下之天羅地網的

* karahisar 這個詞尾，指的是一座高岩上的「黑要塞」，此岩聳立於該城。阿菲永卡拉希薩爾如今仍是此城的正式稱呼，但當時和現在的大部分土耳其人都把它簡稱為阿菲永。

原國會議員（協約國已在君士坦丁堡各地張貼海報，昭告凡是窩藏民族主義分子者，都可能被處「死」）。一九二〇年四月二十三日，土耳其大國民議會在安卡拉開議（後來這一天被訂為土耳其的國家主權與兒童節）。* 隔天，凱末爾獲選為議長。為不違反鄂圖曼或伊斯蘭傳統，凱末爾宣布大國民議會要著手保衛這時被協約國占領軍「關」在君士坦丁堡的蘇丹—哈里發，但他也表明此議會此刻代表國內的最高當權者，眾人必須服從於它。主權從君士坦丁堡轉移到安卡拉一事，即使法理上尚未完成，實際上已完成。

塞夫爾條約助凱末爾和其民族主義分子清除了政治障礙，但長遠來看，安卡拉所面臨的形勢仍較不利。英、法、義三國這時已派出高達五萬的軍人占領土耳其，兵力已超過鄂圖曼軍隊的剩餘兵力。希臘人已把十多萬兵力投入位在士麥那的橋頭堡，而且他們正「急欲掙脫束縛」，以在內陸大展身手。[3] 俄國革命後的混亂已暫時除去土耳其來自北邊和東邊的傳統威脅，但此一混亂情勢——加上迫使土耳其撤出外高加索的穆德羅斯停戰協定，也使新成立的亞美尼亞共和國有機會耀武揚威。到了一九一九年二月，鄂圖曼人已在協約國監督下奉命完全撤到一九一四年東部邊界的後方。兵力不多的英軍於四月離開卡爾斯，該地即被亞美尼亞部隊占領。亞美尼亞部隊迅速控制了亞歷山德羅堡—卡爾斯—薩勒卡默什鐵路線，且成扇形展開，往北進入阿爾達漢省，往南進向卡厄茲曼。一九一九年五月十至十一日那個週末（希臘出兵占領士麥那的該星期）亞美尼亞達什奈克黨總理亞歷山大・哈提西安（Alexandre Khatisian），參與軍隊的列隊行進儀式，騎馬穿過卡爾斯城，然後到「具有重大歷史意義的使徒教堂」作禮拜。在該教堂，他宣布亞美尼亞軍隊不久後就會大舉進入阿拉什克爾特（Alashkert）的平原，以拿下古亞美尼亞的其他領土。[4]

亞美尼亞人拿下卡爾斯，對亞美尼亞人和土耳其人來說，都具有重要的象徵意義，但事實上，亞美尼亞民族主義運動與俄國互為消長。一如所有戰爭，內戰造就出同床異夢的盟友，而哈提西安在埃里溫的執政黨——達什奈克黨，雖然因為社會主義政黨的出身而既反對鄂圖曼壓迫，也反對沙俄的壓迫，但在俄國內戰時卻迫於形勢而支持白軍，以防紅軍征服外高加索。†凱末爾的土耳其民族主義分子則在同時試圖與布爾什維克建立外交關係，因為雙方都與協約國為敵，協約國成員支持白軍和亞美尼亞人（儘管支持程度因國而異）。於是，當勞合・喬治出於本身特有的國家利益考量而於一九一九至一

* 若非凱末爾的代表委員會決定等到週五禱告之後才開議，以讓此機構在穆斯林心目中有更大正當性，此機構本該在四月二十二日週四就開議。

† 這也絕非只是口頭說說。一九一九年，埃里溫既派外交特使到海軍上將高爾察克的西伯利亞人民軍，也派特使到安東・鄧尼金（Anton Denekin）的志願軍。高爾察克甚至准許達什奈克黨特使格里戈爾・德薩莫耶夫（Grigor Dsamoev）在其司令部升起亞美尼亞旗，發行亞美尼亞護照和簽證。

九二〇年那個冬天不再支持白軍，撤銷波羅的海上對彼得格勒的封鎖，切斷英國對白軍的援助，剛成立的亞美尼亞共和國隨之岌岌可危。一九二〇年二月白軍潰退，撤離新羅西斯克，使志願軍被困在克里米亞半島——這時鄧尼金已辭去志願軍司令之職，由烏蘭蓋爾（P. N. Wrangel）男爵接任——紅軍揮兵向南，消滅外高加索諸獨立共和國，就根本是遲早的事。[5]

一九二〇年四月，紅軍沿著裏海海岸大舉南下，拿下佩特羅夫斯克（停戰協定簽署後曾被土耳其人短暫占領的達吉斯坦首都）和傑爾賓特（Derbent），然後越過獨立的亞塞拜然國的邊界。一九二〇年四月二十八日天快亮時，紅軍應宣告成立亞塞拜然蘇維埃社會主義共和國的布爾什維克革命委員會之邀長驅直入巴庫，一路未遇抵抗。五月七日，喬治亞與蘇俄簽定條約，獲承認為獨立共和國，但受到明顯的軍事壓力，且領土涵蓋巴統省，包含亞美尼亞宣稱為其所有的喬羅希河谷（Chorokhi Valley，喬魯赫河谷）等區域——從而向埃里溫的達什奈克黨發出再明確不過的信息。五月十日，卡爾斯和薩勒卡默什這兩座不久前併入亞美尼亞共和國的城市，發生親布爾什維克的暴動，全城震動。隔天，紅軍進入卡拉巴赫（Karabagh）。那是個族群混居的區域，亞美尼亞和亞塞拜然都宣稱為己所有，為此不惜暴力相向（如今亦然）。達什奈克黨為保住獨立而頑抗，但到了一九二〇年五月底，亞美尼亞共和國已被親布爾什維克的部隊從四面八方慢慢掐死。[6]

奉行凱末爾主義的土耳其和布爾什維克俄羅斯兩者進行戰術性的結盟，協約國駐君士坦丁堡的高級專員，曾在該結盟初現時要勞合．喬治小心提防，但未獲採納。這時，這一結盟關係迅速深化，畢竟基於雙方都與英國、協約國陣營為敵，老早就是合者兩利。但在這兩個被拒於國際社會之外的國家接壤之前，什麼事都很難順利搞定。在俄國內戰仍未平息之際，就連派特使赴莫斯科都危險重重。俄國內戰使情勢一片混亂，多方私底下暗自往來談判（包括恩維爾帕夏和布爾什維克透過柏林談判）。紅軍於一九二〇年四至五月挺進外高加索之後，橫亙在凱末爾與布爾什維克之間的障礙，就只剩陷入困境的亞美尼亞共和國。* 達什奈克黨原指望英法支持，對白軍投入政治資本。這個政策在一次大戰結束時，乃至進入一九一九年秋時（鄧尼金往北攻向莫斯科，尤德尼奇的西北軍已威脅彼得格勒之際），這一政策似乎頗為明智，但到了一九二〇年就已和現實脫節。白軍在俄國已成不了氣候，英法兩國在這地區的駐軍就要經由巴統完全撤走（儘管協約國最高會議已同意供應軍火給亞美尼亞共和國，至少理論上是如此）。[7]

亞美尼亞雖陷入孤立，卻不能就此斷定這個共和國已如大廈將傾。亞美尼亞軍隊

* 照道理亞美尼亞本有可能找信基督教的喬治亞結為地區性夥伴，互為倚仗，但由於雙方都宣稱提弗利司、巴統為己所有而勢如水火，一九一八年十二月亞美尼亞曾揮兵入侵喬治亞。這場短暫但慘烈的戰爭，在聖誕節那天戰局來到最激烈，大受驚嚇的協約國駐提弗利司的代表在那一天出面調停，促成雙方停火。

已在一九一八年與努里帕夏的伊斯蘭軍對陣時一戰成名，且於那年十二月（大體上）擊敗喬治亞人，還在一九一九年時拿下卡拉巴赫、卡爾斯兩地境內穆斯林居多數的區域。大部分人推斷，亞美尼亞軍隊，相較於卡拉貝基爾在埃爾祖魯姆的第十五軍（經過遵照穆德羅斯停戰協定的規定復員後，唯一戰力完好無損的鄂圖曼軍級部隊），較占上風。就連兵力優於亞美尼亞軍隊的紅軍，都在一番猶豫之後才正面強攻他們，原因之一是布爾什維克想如他們併吞亞塞拜然那樣，以較少的流血併吞這個共和國。卡拉貝基爾也不急於進攻亞美尼亞人，至少在他集結到足以穩操勝券的兵力之前不急。一九二〇年六月八日，已被授予東戰線司令之職的卡拉貝基爾，下令局部動員，但動員進度緩慢。六月十八至二十二日，亞美尼亞揮兵入侵雙方都想據為己有的邊境區奧爾圖，受到韃靼、土耳其非正規軍抵抗，在埃爾祖魯姆引發強烈抗議，但卡拉貝基爾對此事態的反應一樣低調，凱末爾未批准他與亞美尼亞撕破臉交手（原因之一是那個星期，希臘人獲協約國同意，已開始越過士麥那推進）。因此，亞美尼亞出兵奧爾圖，未導致亞美尼亞、土耳其兩國再度兵戎相向，反倒促成埃里溫與安卡拉首次互換外交照會。這一溝通未有決定性的結果，但表明這兩個死敵已不再動不動就喊打。[8]

只要與蘇俄的談判仍在進行，埃里溫與安卡拉就都有充分理由審慎以對。一九二〇年夏，堪稱布爾什維克首度嶄露頭角的時刻。波蘭一九二〇年揮兵入侵烏克蘭（鎖定基輔），使紅軍一時陷入守勢，使烏蘭蓋爾的白軍得以在克里米亞島存活到十一月，但到了八月，情勢已轉為對莫斯科有利，紅軍逼近華沙。那個月，第一場真正的共產國際代表大會召開，主辦單位帶領來自歐洲各地的代表參觀了紅色彼得格勒和莫斯科克里姆林宮，叫他們看得瞠目結舌，然後又帶多位特別的貴賓參觀不久前從白軍和波蘭人手上收復的烏克蘭地區。一九二〇年九月一日，不久後會聲名大噪的東方人民代表大會（Congress of the Peoples of the East）在巴庫召開，宣揚了蘇俄與全世界受壓迫者一起對抗歐洲帝國主義的主張。*由於共產黨人的世界革命（或至少紅軍）似乎會所向無敵，地區外交的重心自然而然轉移到莫斯科。[9]

在這同時，布爾什維克仍在研擬他們對土耳其、外高加索的政策。夏天，紅軍正攻入波蘭，蘇俄一片雀躍的氣氛中，凱末爾的特使，切爾卡西亞人貝基爾·薩米（昆杜赫），代表凱末爾的民族主義政權與蘇俄外長格奧爾基·契切林，在莫斯科簽署了合作條約：重點為土耳其割讓凡、比特利斯兩省的局部給亞美尼亞，布爾什維克則開始供應軍火給安卡拉作為回報。但這一訊息由信使傳送到凱末爾手上時，現實情勢已使俄國和亞美尼亞不再能那麼強勢。波蘭人於八月在華沙擊敗紅軍之後，已於九月奪回戰略主動性，把

* 恩維爾帕夏的出席，在巴庫激起不和諧之音，土耳其共產黨代表痛斥他是帝國主義者和戰犯。

俄軍逼回到涅曼（Nieman）河對岸和烏克蘭境內。凱末爾抓準時機，一九二〇年九月二十日，就在莫斯科向華沙求和時，批准卡拉貝基爾挺進卡爾斯。九天後，鄂圖曼軍隊拿下薩勒卡默什，只遭遇凌亂的抵抗，亞美尼亞人往卡爾斯撤退。

有了實力作為談判後盾，凱末爾於一九二〇年十月十六日正式回覆契切林：土耳其不會割讓已征服的領土。這時，亞美尼亞已幾乎對獨立不抱希望，請求莫斯科將其納為受保護國，讓埃里溫即使無法控制西方盟國在塞夫爾所承諾給予的所有領土，至少能控制卡爾斯和阿爾達漢。凱末爾則趁著自己享有主動權（且紅軍正忙著在克里米亞半島消滅烏蘭蓋爾的白軍殘部，無法全軍進抵高加索）之時，於一九二〇年十月二十四日命令卡拉貝基爾進攻卡爾斯。蘇俄駐埃里溫的全權代表鮑里斯．萊格蘭（Boris Legran），十月二十八日簽署了承認卡爾斯為亞美尼亞共和國之一部分的條約，兩天後卡拉貝基爾拿下卡爾斯的護城城堡，俘虜兩千多名亞美尼亞軍人。十一月，卡爾貝基爾的兵鋒進抵卡爾斯的東部邊界，迫使埃里溫求和。一九二〇年十二月二日，亞美尼亞共和國的代表在安卡拉與大國民議會簽署了懲罰性的久姆里條約（Treaty of Gümrü）——凱末爾政府所簽署的第一個條約。四天後，紅軍進入埃里溫，以吞併這個已然無力抵抗土耳其人進攻的亞美尼亞共和國。然後，處於奇怪的半敵半友之夥伴關係的卡拉貝基爾第十五軍和紅軍，繼續瓜分外高加索的剩餘土地，紅軍吸併了喬治亞大部分地區，搶先趕到巴統，土耳其人則襲捲阿爾達漢省的大部分地區和阿爾特溫。一九二一年三月十六日，凱末爾主義土耳其和蘇俄在莫斯科簽署條約，承認用武力劃出的新邊界，土耳其人收回「三省」的三分之二（卡爾斯和阿爾達漢），俄國人拿下巴統。卡拉貝基爾在卡爾斯的征戰，穩住了土耳其的東線，土國的東界自此未再更易。[10]

對安卡拉來說，這是天大好事，因為它還有數個戰線得操心。由於法國人在敘利亞愈來愈活躍，在土耳其於一九二〇年六月拿下奇里乞亞的波贊特之後，雙方簽署了暫時的停戰協定，但在托羅斯山脈，整個冬天戰火未歇，土耳其人於十月強攻法國—亞美尼亞的據點哈金（Haçin，薩因貝利／Saimbeyli），但在一九二一年二月，經歷十個月的圍城之後，被法國人攻下安泰普（加齊安泰普）。義大利人眼看對手潰敗，一九二〇年卻未給土耳其民族主義者添什麼麻煩。即使如此，安納托利亞中部仍是戰區，據地為王的切爾卡西亞人、庫德人土匪頭子，在民族主義派勢弱的地方，例如從士麥那往內陸的區域、伊茲米特沿海地區、屈塔希亞周邊和博盧（Bolu）附近的山區、乃至從西邊進入安卡拉的通道上，皆挑戰了凱末爾政府的公權力。每次政府投入正規軍，三兩下就將叛亂分子驅散，但由於凱末爾轄下的兵力有限（頂多一萬或一萬五，而且裝備低劣，備用彈藥不足），難以平定各地蜂起的亂事。在這個階段，凱末爾的真正成就，乃是把戰爭壓制在他能打贏的小戰役上，同時使他的諸多敵人（亞美尼亞共和國、占領奇里乞亞的法國—

亞美尼亞軍隊、義大利人、希臘人、英國人）無法聯合起來對付他。只要希臘的對手不讓希臘軍隊越過士麥那，凱末爾就能繼續拿兵力較弱於己或至少只稍強於己的對手開刀。

最後是一場次要的軍事行動造成形勢的消長。一九二〇年六月上旬，一小股土耳其民族主義部隊，在博盧山西坡往下追擊叛軍，追往伊茲米特，而英國人已在伊茲米特駐紮了一個營扼守從亞洲方向抵達君士坦丁堡的通道。協約國軍艦從伊茲米特灣發炮掩護友軍，使土耳其人無法攻下這處英國基地，但該基地指揮官知道自己兵力居於劣勢，於是下令炸掉倉庫，準備死守。這是凱末爾的民族主義分子和英國占領軍第一次直接的軍事對抗，而且是真刀真槍的對抗。由於在君士坦丁堡只有四千四百六十九名步兵，另有兩千兩百七十二名步兵守衛伊茲米特和（南邊）阿菲永之間的鐵路線，如果凱末爾大舉來犯，英國的兵力遠不足以守住都城，附近也沒有援兵可用（只有六百五十七名守衛達達尼爾海峽沿岸炮台的軍人）。當然，若此時在倫敦當政者是另一類人，這些事說不定已促使英國政府重新思考強迫土耳其人接受他們顯然無法接受的投降令，且又未派足夠兵力執行該令，是否明智。但勞合·喬治不同於他的盟友、乃至他身邊的大部分顧問，他矢志執行塞夫爾條約，為此甚至執行強行肢解土耳其的政策。他一得知英軍兵力不足以遂行此目的，立即於一九二〇年六月十四日把韋尼傑洛斯叫來倫敦，詢問希臘是否能出兵為他執行此任務。[11]

希臘入侵土耳其的第二階xx段，就以如此拐彎抹角的方式展開。為爭取法國人和英國內閣中的批評者支持，勞合．喬治的確同意將希臘人進兵的範圍侷限在緊接士麥那東邊、北邊的區域，最北不得超過潘德馬（Panderma，班德馬／Bandırma）；希臘人則要把一個師調到伊茲米特供英國米爾恩將軍暫時調遣。起初，這項行動照計畫順利進行。在韋尼傑洛斯所親自選派的指揮官萊奧尼達斯．帕拉斯凱沃樸洛斯（Leonidas Paraskevopoulos）指揮下，希臘士兵於一九二〇年六月二十二日從士麥那往內陸成扇形展開，兵分三路，打頭陣的「群島師」（Archipelago division）沿著鐵路往北攻向潘德馬，七月七日攻陷潘德馬和巴勒凱西爾（Balıkesir）。然後希臘人折而向東，七月八日拿下布爾薩。布爾薩戰略價值不高，卻是鄂圖曼帝國最初的都城：帝國創建者奧斯曼（Osman）埋骨於該地，至今它仍是土耳其穆斯林的重要宗教—文化中心。不足為奇的，布爾薩的陷落在安卡拉引發如喪考妣的反應，有人在窗上掛上黑旗，據說大國民議會裡許多議員傷心落淚，悲痛得說不出話。[12]

理論上講，希臘人這波攻勢至此結束。帕拉斯凱沃樸洛斯想繼續進攻，韋尼傑洛斯擔心辜負了勞合．喬治的信任，於是在一九二〇年七月七日通知位在斯帕的協約國最高會議，希臘軍隊會待在現處，直到蘇丹簽署塞夫爾條約為止。但希臘人暗地裡繼續前進。帕拉斯凱沃樸洛斯以高明的偽裝手段從潘德馬調走一個步兵團，從士麥那調走一個師，以增強希臘在色雷斯的軍力。一九二〇年七月二十六日，希臘人大舉進入阿德里安堡（鄂圖曼帝國歷史上繼布爾薩之後的第二個都城），在安卡拉又引發一波咬牙切齒、傷心痛哭的反應。八月下旬，希臘人進入烏夏克（Uşak），然後在九月上旬，進入蓋迪茲（Gediz）、坎德拉（Kandıra）。九月五日，希臘軍隊進入亞洛瓦（Yalova）。亞洛瓦是馬爾馬拉海東南岸的最重要城市，該海域的海水在此流入伊茲米特灣（如今，馬爾馬拉海的大部分渡輪仍從該地駛往舊城斯坦布爾）。這些入侵舉動大大違背了韋尼傑洛斯對最高議會的承諾和勞合·喬治春天時所訂下的條款，而且事後未受到懲罰。誠如協約國調查委員會談到一九二〇年夏天這場攻勢時所論道：

> 希臘進攻部隊一路燒掉數百座村鎮，攻擊村鎮居民，雖未出現它初占領艾登時那種有計畫的屠殺，但殘暴行徑還是使數千土耳其人逃到土耳其防線後方避難。[13]

在四處為非作歹的希臘軍隊替勞合·喬治帶頭衝撞下，由協約國的傀儡蘇丹穆罕默德六世（瓦赫戴丁）派出的代表，在一九二〇年八月十日簽署了塞夫爾條約。

協約國以種種誇大做作的作為，為其強加於土耳其的和約造勢，而在和約真的得到土耳其批准時，反倒一下子冷場。安卡拉出現又一波國喪般的情景，而且這一次君士坦丁堡也一樣，店鋪關門歇業，黑布幅披掛在建築外牆，街頭冷清不見人車。大國民議會及時出手，宣布支持簽訂此約的蘇丹政府成員犯了某種叛國罪（anathema），但八月時，就連這樣的動作都激動不了人心。從某個意義上說，這個條約仍未獲批准，或至少未敲定，因為它尚未得到現在在協約國勢力範圍之外的安卡拉開會的鄂圖曼國會通過。凱末爾和民族主義者認為塞夫爾條約明顯無效，根本不想拿它爭辯，以免讓人以為真當它一回事。除開九月上旬希臘人進入亞洛瓦，大部分戰線沒有戰事，直到卡拉貝基爾開始進攻卡爾斯才改觀。

在希臘，民眾也已開始厭煩於土耳其戰爭，韋尼傑洛斯被迫於九月要求國會改選。他察覺到自己的重大機遇可能消失，決意於冬雪降臨前（甚至可以的話，最好在十一月希臘選舉前）發兵進入安納托利亞。一九二〇年十月五日，這位處境艱危的希臘總理發了封長電報給勞合．喬治，提議發動一場浩大的攻勢，「目的是一舉消滅（安卡拉）周邊和本都地區（Pontus）的民族主義勢力」，在黑海岸建立一個與協約國在塞夫爾條約中所已創立（至少已在書面上載明要創立）的大亞美尼亞接壤的新希臘超國家。為掩護側翼，韋尼傑洛斯請求英軍從伊茲米特出兵拿下薩卡里亞河流域，還請求英國供應軍火、羊毛軍服、一個月三百萬英鎊的補助費。為免英國三心二意，韋尼傑洛斯暗暗威脅道，如果不滿足這些要求，他會從安納托利亞撤軍，讓英國人自己去對付凱末爾的民族主義者。一九二〇年十月下旬，韋尼傑洛斯批准小幅進攻，希臘軍隊攻上布爾薩東邊的山坡，占領伊內格爾（Inegöl）、卡拉米塞爾（Karamürsel）、拉里薩（葉尼謝希爾）。[14]

這一次，韋尼傑洛斯的要求太離譜。就連極精通古希臘語言學術的勞合・喬治，再怎麼肆無忌憚，都未認可希臘從愛琴海出兵到黑海，畢竟時程太緊迫，且法義兩國和他自己的大部分閣員都深怕進一步挑激凱末爾。就在勞合・喬治反覆思考如何處理韋尼傑洛斯這項爆炸性的提議時，一場意外事件左右了雅典政局。話說一九一七年爆發親協約國政變之後，立場極度親德的希臘國王康斯坦丁被拉下台，由年輕的「韋尼傑洛斯派」成員亞歷山大繼任。九月三十日，亞歷山大在塔托伊宮（Tatoi Palace）花園裡散步，為了追他的狗，追入灌木叢裡，被一隻猴子咬到腿肚。最初傷口看來並不嚴重，但不久後亞歷山大就因高燒病倒，一九二〇年十月二十五日，韋尼傑洛斯的新攻勢正要在安納托利亞展開之際，亞歷山大死於血中毒。為配合國喪期，希臘選舉延到十一月十四日。眼見復辟突然變得可能，反對派在國王康斯坦丁身邊集結，把這場選舉打造為類似對韋尼傑洛斯和其整個外交政策的公投。令絕大部分人大感意外的，韋尼傑洛斯派竟慘敗，在三百六十九個國會席次中只拿下一百一十八席。受到如此廣大民意的否定，韋尼傑洛斯請辭，以避去必然會到來的不信任投票，接著公投迅即排定於十二月上旬舉行，以讓康斯坦丁復位。

「猴子咬人」衍生出的這場政治餘波，乍看之下似乎預示了希臘將改變其對土耳其的政策。極度親德的國王康斯坦丁，仍被倫敦、巴黎視為不受歡迎的人物。早在一九二〇年十二月四日，即排定就康斯坦丁的復位舉行希臘公投的一天前，協約國最高會議就發表了一份公報，譴責這位國王「戰時不忠於協約國的態度和行為」，說投票贊成他復位，將被視為「對他敵意行徑的認可」，如果他復位，協約國將撤銷對希臘的任何承諾，包括進一步金援的承諾。結果還是一樣：康斯坦丁在一九二〇年十二月五日星期日的公投中，得到廣泛的民意支持（約六成選票），兩個星期後他勝利返回雅典。由於協約國資金不再注入雅典和士麥那且希臘公務員和陸軍裡的韋尼傑洛斯派遭肅清，希臘對安納托利亞的占領似乎就要劃下句點。

結果並非如此。迪米特里奧斯．拉利斯（Dimitrios Rallis）組成的新希臘政府，一九二〇年十二月二十九日發表一份充滿反抗意味的聲明，要協約國知道希臘軍隊正「在小亞細亞的戰線上為列強的共同利益而戰」，嚴正表示希臘「在恢復自由和國王復位後（會）比以往更加積極地」執行此任務，由此可看出對大希臘的追求，比反對或支持韋尼傑洛斯的黨派之見更加深入人心。[15]阿納斯塔西奧斯．帕樸拉斯（Anastasios Papoulas）將軍，被流放克里特島的康斯坦丁派一員，取代帕拉斯凱沃樸洛斯，出任總司令。

為消化雅典政治革命的衝擊，弄清楚此事對塞夫爾條約的未來是吉是凶，勞合．喬治於一九二一年二月召開另一次大會，且勉為其難首度同意接納安卡拉所派來、由貝基爾·薩米（昆杜赫）率領的凱末爾主義代表團。好似要表明新政權的民族主義本色，在此次大會召開之前，帕樸拉斯就下令立即從布爾薩出兵，進向埃斯基謝希爾。一九二一年一月六日，進攻的希臘軍隊遭遇在伊諾努（Inönü）火車站附近掘壕固守的土耳其民族主義部隊。經過數日激戰，由伊斯梅特將軍領軍的土耳其人開始撤退，後來卻驚訝得知希臘人也已後撤。從世界大戰的標準來看，這場後來人稱第一次伊諾努之役的戰事，未分出勝負且規模甚小（土耳其方面約死九十五人、傷一百八十三人），戰略影響卻特別大。經此一役，土耳其民族主義者讓世人知道他們擋得住入侵的希臘優勢兵力，從而足以讓法國和義大利知道他們並不好惹。法軍已在奇里乞亞吃過被土耳其人擊敗的苦頭。一九二〇年五月與凱末爾達成的停火，使古羅將軍得以在那年夏天在毋須擔心其北翼安危下擊垮費瑟的阿拉伯人部隊，輕鬆拿下大馬士革，迫使費瑟接受英國給他的「安慰獎」——出任伊拉克國王。*相對地，誠如法國總理亞里斯蒂德·布里昂（Aristide Briand）一九二一年二月在倫敦所說的，托羅斯山脈以北的法軍，

> 在那個戰區面對土耳其人已一年多，因此，他個人已漸漸對希臘總理（即韋尼傑洛斯）所瞧不起的這個所謂的烏合之眾生起明確的敬意。在某些人的引導下，這場

大會的與會者認為輕易就可將土耳其軍隊驅散，但法軍的親身體驗表明並非那麼容易。土耳其軍隊已重創法軍。法軍攻打受到死守的安泰普已經一個月。總而言之，法國人發現土耳其兵無比英勇，打起仗非常凶猛，矢志保衛每一寸土地。[16]

一九二一年三月九日，布里昂與貝基爾．薩米（昆杜赫）簽署全面停火協議，承諾法軍會從托羅斯山脈以北的整個奇里乞亞撤走，只在今日稱作哈塔伊的亞歷山大勒塔（伊斯肯德倫）留下駐軍，以換取在土耳其的經濟特許權（和取道巴格達鐵路土耳其段的權利），以及要土耳其人民繳出武器，以保護亞美尼亞人和其他少數族群的規定。三天後，義大利人簽署一協定，承諾從安納托利亞撤出所有部隊，支持土耳其對士麥那、黑海沿岸的領土聲索（也就是反對希臘對這些地方的領土聲索）以換取經濟特許權和土耳其承諾尊重義大利對羅得島等佐澤卡尼索斯群島島嶼的領土聲索。一九二一年三月十六日，凱末爾派駐莫斯科的代表，阿里．富亞特帕夏，簽署了暫時劃定土耳其東部與蘇俄國界的協議。在這項莫斯科協議的附件中，蘇俄外長契切林答應撥款一千萬金盧布給

＊ 古羅效法德皇威廉二世，拜訪了薩拉丁之墓，但不如威廉謙遜。面對這位協助擊退法蘭克基督徒十字軍的中世紀穆斯林戰士暨英雄，他說「薩拉丁，我們回來了。」

土耳其「發展經濟」，同時也答應加快將軍火運送到黑海對岸之土耳其的作業，包括步槍、機槍和野戰炮。於是，就在國王康斯坦丁當政下的新希臘政府與協約國同盟日益疏遠之際（想當年，一九一七年，將他罷黜的政府即加入協約國同盟），凱末爾的政府得到即使算不上法理上的承認，至少得到實際上的承認。

英國仍堅持原有立場，但在倫敦，跡象顯示政策即將轉變。勞合·喬治個人仍堅定支持希臘人在安納托利亞的占領行動，但已不再能得到他自己內閣的支持，也無法說服下議院撥經費給他們。這位首相甚至不得不逼希臘接受塞夫爾條約的修正，限制希臘對士麥那省的領土聲索——但為爭取希臘人接受這一要求，他於一九二一年三月七日悄悄同意取消協約國最高會議對希臘軍隊在安納托利亞的行動限制。他的顧問得知此一決定，大為生氣。帝國參謀總長亨利·威爾遜爵士概括說明了內閣的看法，表示「這整件事令人很反感。在我看來，這麼做的話，到頭來會是希臘人（勞合·喬治的友人）徹底完蛋。」但替勞合·喬治說句公道話，他雖同意讓帕樸拉斯放手去做，這場倫敦會議的結果卻是與希臘軍隊正式劃清界限。在官方立場上，協約國駐君士坦丁堡的高級專員此後在希土戰爭中保持中立，不再允許希臘陸軍或海軍使用鄂圖曼都城裡的設施，或不再允許他們經由鄂圖曼海峽運送作戰物資。希臘人得完全靠自己。[17]

一九二一年三月二十三日，帕樸洛斯重啟希臘攻勢。在南戰線，進展神速，三月二十七日拿下阿菲永。但在位於伊諾努的主戰線，土耳其人再度守住防線，三月三十一日以迅雷不及掩耳的反攻擊退希臘人，使此役的土耳其指揮官因此聲名大噪，自此取了

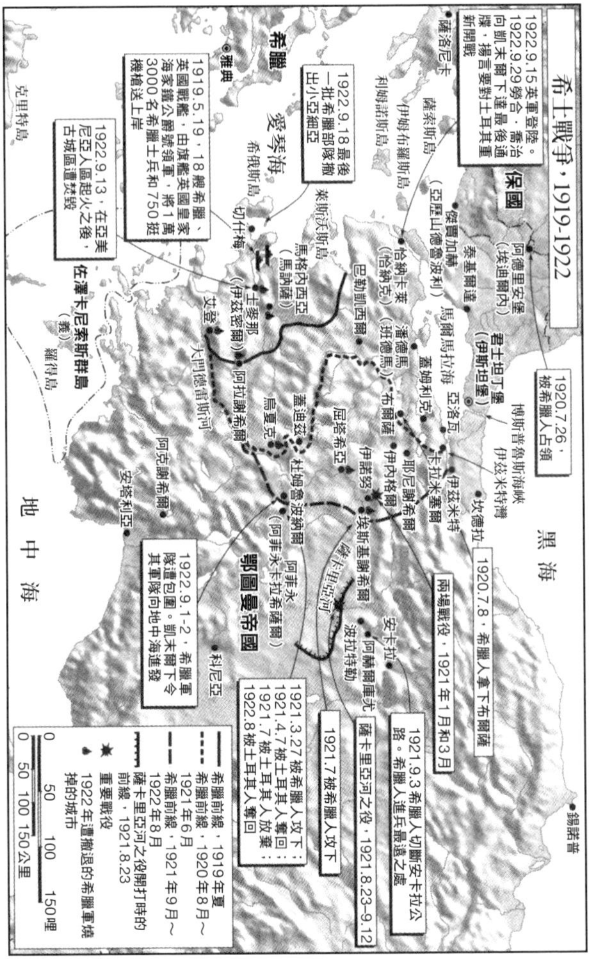

伊斯梅特．伊諾努之名。南戰線司令官雷費特，受伊斯梅特的戰績鼓舞，四月七日奪回阿菲永。然後，戰事再度沉寂，協約國武官因此認為入侵一方可能退回去鞏固戰果。事實上，帕樸拉斯正在施行焦土式的戰術性撤退，藉由燒掉位在其補給線上的數百座土耳其村落，確保其側翼的安全——此事會於不久後由多位外國觀察家，特別是由向《曼徹斯特衛報》發了一連串快報的阿諾德．湯恩比（Arnold Toynbee），向世人揭露。帕樸拉斯也正拼命召來預備隊，使希臘占領軍的兵力，在其準備作最後攻擊時，達到二十多萬。曾在一八九七年克里特戰爭和兩場巴爾幹戰爭中統領希臘軍隊攻打土耳其的國王康斯坦丁，一九二一年六月十二日來到士麥那，為這場征戰加持。他向士兵保證，「古希臘理念曾在這個地方創造出那個舉世無匹、永遠值得全世界人欽敬的文明，而現今，你們正在這裡為那個理念而戰。」經過兩年的試探性襲擊和初步的小衝突，第三次巴爾幹戰爭（土耳其與希臘兩國這數十年來的第四次戰爭）將在不久後轟然爆發。[18]

一九二一年七月十日，希臘軍隊猛攻阿菲永與屈塔希亞之間的土耳其防線中段。這時，雙方戰力都到巔峰，希臘投入約十二萬六千人與約十二萬兩千土耳其人較量（但希臘人的武器較精良許多，以四百一十門野戰炮對土耳其的一百六十門、四千挺機槍對七百挺、二十架戰機對四架戰機）。時值盛夏，安納托利亞高原西南部曬乾的平原，正是打側翼包抄戰的絕佳地點——但供人馬飲用的水不多，因此若要施行此戰術，特別講究速戰速決。希臘人一在屈塔希亞突破土耳其防線，帕樸拉斯即下令先遣隊折而向北再轉東，向埃斯基謝希爾挺進，他的右翼部隊則切斷阿菲永上方的鐵路線。為免遭包圍，土耳其人不得不放棄埃斯基謝希爾和阿菲永，撤到波拉特勒（Polatlı）火車站附近的薩卡里亞河對岸，安卡拉西邊約七十五公里處。土耳其一方已損失約四萬人，另有同樣多的人逃亡。在大國民議會，已有人談到要撤出安卡拉，退到開塞利或錫瓦斯。

對土耳其人和穆斯塔法·凱末爾來說，這是見真章的一刻。擔任大國民議會議長的凱末爾，已不再帶兵打仗，但此前曾低調督導軍隊撤往安卡拉之事，這時則因為把如此多領土奉送給敵人而受到政治人物抨擊。眼見首都陷入險境，愈來愈多議員一致希望凱末爾出山親自接掌兵符。一九二一年八月五日，凱末爾接下這項挑戰，接掌總司令為期三個月。理論上講，大國民議會能撤銷他的兵權，但實際上這形同某種有條件的軍事獨裁統治——能否一直走下去，當然取決於即將開打的希土戰爭的結果。為維持民心士氣於不墜，凱末爾發表聲明，誓言把入侵者「掐死於祖國的至聖所裡」。

私底下凱末爾沒把握能把希臘人阻擋於薩卡里亞河以西。帕樸拉斯有兵力優勢，且火力遠強於土軍。從純軍事角度看，凱末爾深信他軍隊戰力的保住，比薩卡里亞河和安卡拉都重要；但他知道大國民議會和安卡拉老百姓普遍認為應守住首都。即使如此，政府機關檔案還是先移到開塞利，並下達了一旦希臘人取得突破，政府即全面遷走的長效命令。八月十二日，凱末爾視察軍隊時落馬，心情更加低落。他跌斷一根肋骨，痛苦不堪，難以入睡。為替軍隊籌得軍需品和糧食，凱末爾發布新一批繁重的強徵令，從食物、燃料到馬匹、馱畜，樣樣都在徵收之列，心知剛從世界大戰的摧殘裡勉強恢復元氣的辛苦農民對這些措施有多反感。一如底下的士兵，凱末爾出於愛國心，不想讓希臘入侵者得逞，但經過長達十年幾乎沒斷過的戰事，已沒有幹勁，沒有熱忱，只有不得不打仗的認命心態。

希臘方面也開始懷疑這條路是否該繼續走下去。往後方士麥那的補給線已拉得過長，隨時可能不保，常騎馬出沒的土匪和土耳其非正規軍，只要能騷擾希臘人都不放過機會。雖然祭出旨在剷除後方「土匪」的殘酷焦土策略，希臘人在西安納托利亞，人數上卻是大大居於劣勢，而且他們知道這點。從士麥那橋頭堡和馬爾馬拉海岸愈往東走，穆斯林占人口的比重愈高。安德魯親王（Prince Andrew），康斯坦丁王位的繼承人，在希臘陣營裡力主審慎行事。他提出擊敗凱末爾的難處：「追擊他能追多遠？能追著他穿過遼闊的小亞細亞到庫德斯坦和波斯邊界？」一九二一年七月二十八日，希臘人在屈塔希亞舉行了重要的規劃會議，帕樸拉斯的顧問幾乎個個力主，若未對戰爭的最後階段有明確的規劃，勿冒險更深入安納托利亞中部的乾旱平原，穿過大部分杳無人煙的鹽漠。此外，即使拿下土耳其民族主義派的首都，面對充滿敵意的城民，能高枕無憂的占領？協約國已中斷金援，以雅典的財力打這場戰爭能打多久？最後，唯一贊成繼續打下去的論點，出於政治考量：消滅土耳其民族主義，打造大希臘帝國，而帕樸拉斯採納了這個看法。於是，希臘軍隊奉命前進到薩卡里亞河，至於要不要從波拉特勒進一步向安卡拉挺進，則視能否消滅土耳其抵抗勢力而定。但這些看來進攻掛帥的命令也含有一個退路條款，即如果「情勢」「不利」，希臘人要破壞鐵路，退到埃斯基謝希爾。於是，希臘軍隊被催著往前進入凱末爾設下的陷阱，大張旗鼓穿越鹽漠，好似大老遠就向敵人示警他們要來了。[19]

從一九二一年八月二十三日打到九月十二日的薩卡里亞河之役，在希臘、土耳其境外鮮為人知，卻具有重大的歷史意義。從某個意義上說，它是一次大戰的最後一場戰役。約十萬希臘人隔著一道一百公里寬的戰線與約九萬土耳其人對峙，薩卡里亞河之役的規模比不上索姆河之役或凡爾登之役，甚至比不上加利波利半島之役。從世界大戰的標準看，死傷人數也是小兒科，雙方共戰死約四千人，受傷一萬八千或一萬九千人。但這兩個勢均力敵的宿敵宣稱同一塊領土為己所有，因此輸贏的賭注非常大，任一方都不想輸。的確，就連希臘一方最沙文主義的泛希臘主義者，都未宣稱希臘人在薩卡里亞河流域為多數族群，但這些入侵者的確宣稱在安納托利亞的愛琴海岸和黑海岸，有數大片地區，希臘人占人口多數——希臘人這時就為搶奪這些土地而流血犧牲，土耳其人則要為阻止它們落入雅典之手而戰。每個人都完全清楚這次交手所要爭奪的賭注，從當時的第一手記述可看出雙方司令部裡緊張忐忑的氣氛。

未到最後，分不出勝負。整個夏天希臘人連戰皆捷，從土耳其人手裡奪走領土，在薩卡里亞河，還是如此。守軍據有薩卡里亞河東岸的較高處，從數個陡坡和山頂往下猛烈開火，但希臘人還是在一九二一年八月二十三日夜，土耳其人炸掉第三座（最後一座）橋之前，大舉渡過該河。希臘人逐一拿下河東重要的高地據點，曼加爾山（Mangal Dağı）、卡拉伊利亞斯（Kara Ilyas）、卡爾塔勒山（Kartal Tepe）這些地名由此聞名於世。一九二一年九月二日，希臘人強攻拿下此區域的最高峰，恰爾山（Çaldağı），從這座「墨黑土壤的大山」，土耳其人首度瞥見遠方微微發亮的安卡拉燈火。隔天，一支希臘先遣隊在阿赫爾庫尤（Ahırkuyu）切斷安卡拉到波拉特勒的主要公路，把凱末爾的軍隊一分為二。安卡拉城裡已能聽到槍炮聲，人心驚恐，各清真寺裡宣讀禱文，拿綿羊獻祭以祈求解救。收到來自戰場的最新消息後，迪米特里奧斯·古納里斯（Dimitrios Gounaris），希臘國會新康斯坦丁派多數黨領袖，告訴英國大使，「土耳其或許可以說已完蛋了」。[20]

這一論斷言之過早。凱末爾已從一次大戰得到借鑑，擬出一個雖然不體面但明智的「縱深防衛」原則，憑藉多條戰壕線，他的部隊能在戰爭期間進行戰術性撤退。希臘人突破頭兩道防線，拿下大部分高地，甚至把土耳其軍隊一分為二，但猛烈的攻勢已使帕樸拉斯的前線士兵精疲力竭，而凱末爾正慢慢調來在安卡拉和東方諸地徵集的生力軍預備隊。從某個意義上看，他要做的事很簡單：土耳其人只需捱過頭幾場仗，等希臘人自己累倒。帕樸拉斯看出這一招，早在九月二至三日，他的鬥志就開始下降：這位希臘軍總司令雖在這兩天打贏，卻發電文回雅典，詢問能否讓他請求凱末爾停火，結果遭拒。這場戰役的第十七天，一九二一年九月八日，凱末爾終於下令猛烈反攻，希臘軍士氣頓時瓦解。一九二一年九月十一日，帕樸拉斯下令撤退，向倫敦《泰晤士報》記者坦承失敗（「這場戰役結束了」）。隔天，恰爾山被土耳其人奪回，不久，其他晚近落入希臘人之手的高地也全都奪回。親眼目睹土耳其軍強攻恰爾山的哈莉黛·埃迪卜後來憶道，她最記得的景象是「在落日餘暉映襯下一個土耳其人孤身站著的身影，他的水壺在背後藍金色天空下閃閃發亮。」*[21]

由於帕樸拉斯破壞了鐵路和希臘人的掩護火力，凱末爾無法大舉追擊。於是，希臘占領軍未在這場大敗中全軍覆沒。但薩卡里亞河之役，土耳其拿下明確的勝利，希臘入侵土耳其的行動和建立大希臘的構想，自此節節敗退。安卡拉的凱末爾主義政府，在戰場上證明了自己的實力，站穩了腳跟。

* 如今，在波拉特勒正西邊，通往安卡拉的公路上，有幅類似的景象迎接過往的旅人，一尊巨大雕像呈現一名舉起手臂要入侵者停住的土耳其軍人。

CHAPTER 20 士麥那 Smyrna

強橫傲慢的敵軍已被打敗。眾將士！你們的第一個目標是地中海！前進吧！
——穆斯塔法・凱末爾，對士兵的講話，一九二二年九月一日[1]

安納托利亞爭奪戰，這時陷入奇怪的沉寂。土耳其人雖然連戰皆敗，只打贏最後一仗，但在薩卡里亞河之役徹底擊敗希臘人，俘虜敵方一萬四千人，自己只損失八百人。不過，帕樸拉斯在交出其兵符之前已及時撤退，得以保住其軍隊，且已摧毀夠多的鐵路線以及安卡拉西邊的主要公路和橋梁，使土耳其人幾乎無法乘勝追擊。希臘人在埃斯基謝希爾和阿菲永重新部署，掘壕固守，除了捱過冬天，盡可能使凱末爾進攻時難以得逞，沒有擬訂什麼高明的計畫。誠如英國駐士麥那領事哈利・蘭姆（Harry Lamb）向倫敦報告帕樸拉斯的焦土式撤退時所說的：

希臘人已看清他們得走，但決意留下凋敝的大地，不管誰可能因此受害。凡是有時間和工具搬走的東西，他們樣樣都會帶到希臘；土耳其人的屋宅會被洗劫燒掉。安納托利亞的命運會完全由血和火來決定。什麼都不會放過。[2]

隨著大希臘的夢想成為泡影，希臘軍人在安納托利亞征戰顯得意興闌珊。安德魯親王於一九二一年十月卸下第二軍軍長之職後，從士麥那寫了家書，說「必須盡快把我們從可怕的小亞細亞弄走。我不知道怎麼做，但我們不能再虛張聲勢，必須面對真實形勢。因為掉在海裡，或趁我們還沒被按（在海裡）逃走，哪個比較好？」希臘陣營士氣跌到谷底。許多軍官獲假返回希臘本土後未再回營。士兵希望搜刮到骨董等等物品帶回家，結果發現把土耳其村子燒個精光，已沒多少東西值得搶。希臘駐士麥那的高級專員，阿里斯蒂德斯．斯泰爾吉亞德斯（Aristides Sterghiades），看到一九二二年希臘逃兵開始湧入士麥那的情況，大為震驚。他告訴美國領事喬治．霍爾頓（George Horton），「這些兵

燒殺劫掠，把完全不值錢的東西塞進麻袋裡，塞得又鼓又沉，帶著它們在驕陽下徒步走了數天。打開麻袋，我們找到石頭、磚塊、不值錢的尋常土罐……很少成雙的舊鞋……我們拿出這些東西，問他們幹嘛把這些不值錢的東西帶這麼遠，他們只

是傻傻盯著我們，不發一語。吃飽、休息一兩天後，這些東西像夢一樣全部消失無蹤，他們又變得聽話、講理，表示要回去繼續打仗。[3]

帕樸拉斯和他的占領軍殘部唯一的指望，就是勞合．喬治出手助他脫困，替他弄來足夠的英國資金和作戰物資，以便他重新攻打凱末爾。一九二二年一月十二日，希臘總理迪米特里奧斯．古納里斯，在羅馬會晤勞合．喬治和英國外長喬治．柯曾。這一次，這位力挺希臘的英國首相，受制於柯曾和其他內閣閣員反對更加涉入希土戰爭，幫不上什麼忙。接著，古納里斯於二月親赴倫敦，在寫給柯曾的信中不憚其煩報告了帕樸拉斯部的慘況，並揚言如果英國不伸出援手，那他們就要從土耳其撤軍，讓英國人自己獨自對付凱末爾。柯曾不為所動，而勞合．喬治得到來自他內閣的暗示，拒絕接見古納里斯，古納里斯只好悵然返回雅典。結果，英國人反倒勸希臘人挺住，希望他們撐到確立和平協議之後，屆時就可井然有序完全撤離。[4]

希臘人與英國人談判時不再那麼有求必應，不只是因為其在薩卡里亞河之役的潰敗。關於小亞細亞境內百姓所受到的迫害，數年來英國民眾一直只聽到一方的說法，而這時，希臘士兵和非正規切塔（chete）武裝團夥在土耳其西部殘殺平民的情事，已開始令英國民意動搖。阿諾德．湯恩比在《曼徹斯特衛報》刊出的報導，則使希臘人在土耳其違反人權的說法更具有可信度。湯恩比是倫敦大學學院的中世、近世希臘史教授，而這一教授職位則是幾個希臘船東所捐資設立。《曼徹斯特衛報》則是自由派報紙，歷來立場親希臘（反土耳其），奉行格萊斯頓傳統。在亞洛瓦—蓋姆利克（Yalova-Gemlik）半島落入希臘人之手後，湯恩比於一九二一年五月從君士坦丁堡搭渡輪抵達亞洛瓦。他告訴《衛報》讀者，這個地區的穆斯林村子，只有兩個未遭焚毀，而放火者若非希臘軍隊，就是非正規的切塔武裝團夥（他不確定究竟是其中哪一方放的火）。六個星期來，亞洛瓦七千土耳其人，存活者不到七百人，「所有穆斯林居民驚恐萬分，每天可能丟掉性命。」六月湯恩比繼續往東走，走向伊茲米特，「當場見到希臘軍隊在放火燒土耳其村落」，並強調是穿著軍服的正規軍士兵「冷血燒掉村子和停在岸邊的船」。湯恩比繼續往前走，遊歷了希臘人所征服的區域，在每個地方親眼看到燒掉的房子「餘燼底下燒焦的人體」。他推斷，希臘這場戰役的特色，乃是「存心要消滅該區域的土耳其居民且大體上得逞」。因為這些大無畏的報導，湯恩比被拿掉其在倫敦的希臘史教授之職。[5]

這類暴行的見證者不只湯恩比一人。他的報導在許多方面得到其他報導的證實。首先，他的妻子羅薩琳（Rosalind）在寫給母親的家書中，描述了幾乎一模一樣的景象。[6]美國高級專員海軍少將馬克・布里斯托（Mark Bristol），一九二一年夏向國務院呈上許多篇講述希臘人在亞洛瓦—蓋姆利克半島之暴行的報告。[7]莫里斯・蓋里（Maurice Gehri）是來自瑞士的紅十字會代表，帶領一個協約國觀察委員會走訪了該區域一個被毀掉的村子，看到「冒煙的廢墟之間，零星出現一些居民。其他居民則已逃入山區。八具屍體，其中四具是女屍……有些屍體殘缺不全。」附屬於該委員會的一名希臘軍官，聽到倖存者說來自希臘本土的正規軍士兵是凶手之後表示不信，隨即叫來一個「小女孩」，說「小孩不會說假話」。蓋里指出，「這個小孩低聲而明確的宣告，凶手是希臘軍人。」[8]

當然，在這場戰爭中，土耳其人也犯下暴行。但與一次大戰期間盛行的模式迥然不同的是，這些暴行這時在西方仍鮮有人知。一九二一年夏，希臘人仍在進攻時，一艘希臘戰艦炮轟伊內博盧（用來把蘇俄的黃金和軍火供應給安卡拉的黑海主要港口）。當地的土耳其指揮官，「鬍子」努雷丁帕夏（美索不達米亞戰役的英雄），下令將十五至五十歲的希臘裔男子遷移到內陸，作為報復。至少兩萬五千名希臘裔被迫離開家園，其中想必有不少人死於途中，但對此的報導甚少。另外，為審判民族主義運動的叛徒而在薩姆松成立的獨立法庭，光是一九二一年下半年，就判了四百八十五人死刑，其中大部分人是希臘裔或亞美尼亞裔非正規軍成員。[9]

因此，把殘酷的希土戰爭蔓延到本都海岸，未強化西方民意的反土耳其，反倒使希臘人成為眾矢之的。希臘人派軍艦經由鄂圖曼海峽進入黑海，違反了協約國禁止將這兩個海峽用於軍事目的的規定。伊內博盧只是個開端，因為希臘戰艦在一九二一年夏也炮轟了薩姆松、錫諾普、特拉布宗，造成沿海數百平民死傷，且曾肆無忌憚的強行登上數艘據認載運了布爾什維克送給凱末爾之軍火的船隻（其中有些船的確載了這類軍火）。英國新任駐君士坦丁堡高級專員霍勒斯・蘭博德（Horace Rumbold）爵士，一九二一年七月三十日和八月四日向柯曾報告了希臘人這些不法行徑，從而更加深英國外交部對希臘攻打土耳其的反感。10難怪那年冬天，勞合・喬治請求助希臘人脫困時，柯曾對此潑了冷水。一九二二年二月，柯曾發文給英國駐雅典大使法蘭西斯・林立（Francis Lindley）爵士，「我看與其讓我們招來貸款的污名，讓希臘招來戰敗的恥辱，要希臘在落敗之前，在她得到貸款（如果她真的拿到貸款）之前，退出小亞細亞，說不定比較妥當。」11

長久以來得寵於倫敦的希臘，這時失寵。雅典備受西方鄙視，因而在一九二二年三月二十二至二十六日召開的法義英三國巴黎高峰會上，無一國提議讓希臘堅守士麥那，更別提堅守更東邊、仍被她占領的安納托利亞領土。柯曾的確堅持只有土耳其接受以塞夫爾條約為基礎的和平協議，希臘人才必須撤出。但即使如此，法國人和義大利人都無法接受，他們已開始自己找凱末爾談。曾任法國總統，這時為總理的雷蒙・普恩加萊，把塞夫爾條約斥為不具正當性，堅持要希臘撤軍，作為希土停戰的先決條件——而非停戰的結果。普恩加萊甚至拒絕接受柯曾將奇里乞亞、卡爾斯、阿爾達漢歸還（現為蘇維埃）亞美尼亞，以及派國際憲兵保護土耳其境內亞美尼亞人的提議——由於法國曾幫忙武裝奇里乞亞境內的亞美尼亞軍團，普恩加萊這一立場特別引人注目。他主張，凱末爾與亞美尼亞、蘇俄分別簽訂的雙邊條約都是既成的事實，受到武力支持且為有利害關係的各方所接受；協約國若想推翻這兩個條約，得向凱末爾開戰才能辦到。為減輕對土耳其的衝擊，柯曾修改了塞夫爾條約，把草案中原答應要給希臘人和亞美尼亞人的領土大部分收回，但他告訴倫敦內閣，就連這一打了折扣的塞夫爾條約，這時都「被法國以完全冷漠、跡近於公開敵視的心態（看待），得到義大利人根本半心半意的支持。」在巴黎談定的停戰協定提案，要希臘完全撤出安納托利亞，但允許她繼續保有西色雷斯，包括阿德里安堡和加利波利半島（英國人不希望這兩個地方落入土耳其人之手）。土耳其人也必須恢復授予最惠國待遇的條約，為的是即使不專門保護希臘人，也要保護所有西方人。希臘國會清楚，在得不到英國金援其打仗的情況下，這大概是她所能得到的最佳待遇，於是接受這些條件，前提是得派國際憲兵前去保護安納托利亞境內的希臘裔基督徒。[12]

土耳其大國民議會的回應，則沒這麼配合，最初斬釘截鐵拒絕恢復授予外僑特權的條約。凱末爾推斷列強要求停戰，完全因為「經過薩卡里亞河之役，希臘軍隊已無法進攻」，因此凱末爾完全無意讓敵人安然脫身。「眼前不是和談的時候，」他在非正式會談裡告訴某英國特使。「如今我們能逼希臘人和協約國接受我們的條件」。一九二二年四月二十二日，協約國的高級專員向安卡拉提出停戰提案，安卡拉對此的正式回應很客氣，但堅持要希臘立即且無條件的撤離安納托利亞，不得派外國憲兵前來接替他們。想必誠如他所預料的，這些條件不為柯曾，特別是不為勞合．喬治，所接受。勞合．喬治整個冬天堅持要希臘軍隊待在安納托利亞愈久愈好，就是為了逼凱末爾接受最嚴苛的和平協議。[13]

凱末爾不肯讓步，有其充分且實質的理由。經過伊諾努、薩卡里亞河兩役，外交形勢已翻轉，由安卡拉政府此時的處境不如希臘孤立就可看出。義大利原本就始終反對希臘對土耳其領土的聲索，但一九一九至一九二〇年法國已幾乎完全改弦更張，甚至在法軍撤出奇里乞亞之後，把多餘的武器和制服轉交給土耳其人，包括至少一萬枝的步槍和五百箱彈藥。在這同時，一如協約國高級專員所預料的，勞合．喬治力挺希臘的政策，已使土耳其民族主義者走上與莫斯科在實際上（de facto）結盟的道路，而凱末爾則已開始收割這方面的成果。布爾什維克悄悄運送黃金給安卡拉已數個月，包括一九二〇年九月紅軍征服布哈拉之後劫掠來的數百個金塊，凱末爾因此有錢支付部隊薪餉。[14]白軍於一九二〇年十一月徹底撤離克里米亞半島之後，布爾什維克覺得國內局勢已大致底定，於是也送了大批武器、彈藥給安卡拉，至一九二二年春為止，已總共送來約三萬七千八百一十二枝步槍、三百二十四挺機槍、將近四萬五千箱裝滿的彈藥、六十六門加農炮、二十萬枚炮彈。一九二二年四月獲告知協約國的停戰條款時，凱末爾已篤定莫斯科會全力支持他，於是提出給予一千萬盧布以支持一場夏季攻勢的特別請求。如果入侵的希臘人不願自動撤離，或者他們在倫敦的靠山不願要求他們撤離，土耳其人就得逼他們離開。誠如凱末爾以布爾什維克所能體會的措詞——這時布爾什維克已在內戰期間驅逐走外國軍隊——向俄國大使解釋的：

> 我們得用武力證明我們有生存權。要把干涉主義者從我們的國土上肅清，那一權利才會受到承認。國家，一如個人，要以行動表明自己的價值，要展現自己的實力和能耐，那時，追求關注和正義才不致落得徒勞。[15]

凱末爾一九二二年夏繼續戰鬥的決定是在賭博，但是個充分權衡過整體形勢的賭博。西安納托利亞的希臘軍隊形勢日蹙，而土耳其軍隊的戰力則愈來愈強。對安卡拉來說，唯一真正的戰略風險，乃是勞合·喬治為挽救希臘人和自己搖搖欲墜的政策，令英國向土耳其重新開戰。但此事發生的機率甚低，原因有多個。到一九二二年，英國政府的許多決策者已認知到，如果對土耳其重啟戰端，凱末爾只消出兵爭奪摩蘇爾附近的產油地區，其對英國在土耳其境內利益的傷害，能遠大於英國所能對土耳其造成的傷害。

畢竟美索不達米亞不是帝國規畫者所盼望的肥肉，反倒已成為馬蜂窩，當地阿拉伯人、貝都因人以武裝行動抵抗英國統治，一九二〇、一九二一年已使占領者付出至少兩千人死傷的代價。[16]

英國駐美索不達米亞的高級專員珀西．考克斯（Percy Cox）爵士，坐在這樣的民怨火山上，又得知凱末爾在薩卡里亞河之役大勝，自然而然請求倫敦「可以的話，（努力）確保伊拉克與鄰國關係要友好」。時為殖民地事務大臣的邱吉爾，向內閣提出一份示警性質的備忘錄，說如果「土耳其派數千士兵進入摩蘇爾省」，英國能走的路只有兩條，不是撤出油田，就是派大軍增援。英國駐開羅的軍情機關首長理查．梅納茨哈根（Richard Meinertzhagen）上校，措詞更為直白，道出這領域的大部分英國軍官與外交官的看法：「我們必須與土耳其交好，揚棄親希臘的政策；不然我們就得冒被趕出君士坦丁堡和摩蘇爾、乃至巴格達的風險……只要土耳其領土上仍有希臘軍人，我們就不可能與土耳其修好。」[17]

勞合．喬治不顧來自該領域的顧問的意見，堅持要希臘軍隊繼續待在安納托利亞，無意間反倒讓凱末爾得利。他未遷就土耳其人，反倒指望靠一支本身戰力已嚴重受損、大部分軍官和充員兵一心只想回家、又被充滿敵意的老百姓所包圍的占領軍，守住協約國的談判立場。帕樸拉斯去職之後，由喬治．哈齊亞內斯蒂斯（George Hatzianestis）將軍接任希臘駐安納托利亞陸軍的總司令，也無助於當地戰局。他的軍官同僚普遍認為他心理不平衡。一九二二年六月，哈齊亞內斯蒂斯視察戰線時，表現出難得的鎮靜，但這或許不是件好事，因為他推斷如果凱末爾來犯，戰線可輕易守住。的確，希臘在安納托利亞仍有約二十二萬五千駐軍，而且在機槍、野戰炮、摩托化車輛上的裝備優於土耳其人。但戰志則不是如此。希臘人守著一道將近四百哩長的戰線，這道戰線始於從馬爾馬拉海濱的蓋姆利克延伸出去的某種巨大三角形突出部，往東南到阿菲永，再折向西南，沿著大門德雷斯河（Meander River）河谷到愛琴海和地中海。而根據協約國所提出且得到希臘國會接受的停戰協定，這些土地已全被承諾還給土耳其！難怪希臘士兵無精打采，一副冷漠樣。哈齊亞內斯蒂斯視察戰線時，也未注意到共黨勢力在希臘軍中的迅速擴張——凱末爾與莫斯科戰術性結盟所帶來的另一個益處。土耳其人所分發的布爾什維克宣傳單，「用矯揉造作的希臘文勸希臘人回家，別打擾他們的土耳其同志」，對此起了推波助瀾的作用。共黨宣傳把這場戰爭歸咎於「英國帝國主義」，而對許多精疲力竭、士氣蕩然的希臘軍人來說，這一說法提供了讓他們理直氣壯退出戰場的好用藉口。麥可·盧埃林—史密斯（Michael Llewellyn-Smith）在《愛奧尼亞願景》（*The Ionian Vision*）一書中寫道，「到了一九二二年夏，希臘軍隊已猶如一顆被蟲或病吃掉內部的蘋果，表面看來完整且似乎硬實，但只要用力一擊，就會解體。」[18]

凱末爾的敵人心知必敗，而他好似可憐於他們，整個六、七、八月按兵不動，希望希臘人自己識相，主動離開。而即使希臘人主動離開，撤離也不易，而且每過一個星期，撤離就愈難。從阿菲永、埃斯基謝希爾通到海岸的鐵路，有不少路段是單軌，載客量極為有限（而且只要破壞鐵軌，撤離作業就得中斷）。如果主動撤離，希臘人也得用到公路，因此得在九月雨季開始前就開始大規模撤離。好似要測試基礎設施是否堪用於撤離作業，哈齊亞內斯蒂斯於七月將兩個營和三個步集團軍撤到色雷斯戰線，但這麼一來將削弱他面對凱末爾所部署的主力部隊，使希臘的處境更加孤立，而且讓協約國覺得希臘想染指君士坦丁堡。一九二二年七月二十九日，歐洲諸國的高級專員警告哈齊亞內斯蒂斯，希臘軍隊若侵犯君士坦丁堡的中立區，會遭到武力的迎頭痛擊。在一九二二年八月四日對下議院的講話中，勞合．喬治大體上來講與這一警告撇清關係，抱怨協約國「不讓希臘人全力開戰」，讚揚希臘人發動「大膽、不計後果的軍事行動」，「通過無法通過的峽道，深入（安納托利亞）數百哩。」但儘管勞合．喬治的加油打氣大受雅典肯定（雅典許多報紙把他的講話當頭條刊登），身在土耳其前線的希臘軍人聽來卻沒什麼說服力，因為話中連暗示協約國根本就無法提供實質援助。勞合．喬治說得天花亂墜，希臘人還是得一切靠自己。[19]

凱末爾一整年都在為一場大型攻勢作有計畫的準備。二月通過的新徵兵令，要求年紀更大（一八八一至一九〇一年間出生）的土耳其男子入伍，與年輕小老弟一同為國效命。對逃兵發布局部特赦令後，只要逃兵家裡能提供新壯丁替補，就可免罰，因此有更多兵丁加入。數百名有過沙場經驗的前鄂圖曼軍官，一次大戰期間遭沙俄軍隊俘虜，後來被布爾什維克歸還，從而有助於替補在薩卡里亞河之役倒下的大批土耳其軍官。與布爾什維克就新高加索邊界達成的協議，以及與法國就奇里乞亞達成的協議，使土耳其得以把駐守那些戰線的大部分兵力騰出來對付希臘人。到了一九二二年夏，凱末爾已集結約二十萬士兵和八千五百六十八名軍官準備對付希臘人，且有將近八千匹馬和馱畜助陣。雖然卡車不足，機槍、火炮性能較差，土耳其軍隊在騎兵上占上風，更為重要的是，在士氣上占上風。

到了七月底，希臘人撤離的時機明顯已過。哈齊亞內斯蒂斯向君士坦丁堡佯攻之舉，未挽救他的軍隊，反倒削弱其兵力，在戰志高昂的土耳其軍官眼中，那就像在公牛面前揮舞紅旗。七月二十八日夜，凱末爾與他的諸位戰地指揮官在阿克謝希爾（Akşehir）一地的前線附近會商，且使出障眼法，說他是為了看軍官隊的足球比賽而來此。那天夜裡凱末爾決定開始為八月中旬的攻勢作準備，屆時由努雷丁帕夏統率的第一集團軍要負責拿下阿菲永旁邊高地上的希臘突出部，第二集團軍則要向布爾薩發動佯攻。八月十七日，凱末爾再度神不知鬼不覺離開安卡拉。為掩飾他的意圖，安卡拉開始放出謠言，說凱末爾已邀請重要軍官二十一日到他位於強卡亞（Çankaya）的家參加茶會（為加強掩飾效果，凱末爾甚至向自己母親日貝伊德〔Zübeyde〕說謊，明明前往戰線，卻說那天晚上要出門去參加招待會）。* 接下來幾個晚上，第一集團軍得到第二集團軍撥部增援，以夜色為掩護行進。一九二二年八月二十五日，凱末爾抵達第一集團軍司令部，以接掌即將開打的一場仗。

安納托利亞高原曙光一出現，土耳其第一集團軍即全線開火。敵人的觀測所大部分被打掉，使希臘炮手難以還擊。但土耳其步兵強攻希臘人陣地時，遭遇頑強抵抗。在四十公里長的戰線上，整天上演拉鋸戰，一些山頂陣地數次易手。土耳其某部隊指揮官雷薩特（Resat）上校，向凱末爾承諾他會在半小時內拿下目標——吉伊勒山（Cigiltepe）山頭，結果未能如願，自殺謝罪。天黑時，土耳其人雖有不少斬獲，希臘人顯然仍守住防線。

但不久後，土耳其人就取得突破。這場戰役的第二天（一九二二年八月二十七日）早上，凱馬萊丁．薩米（Kemalettin Sami）上校統領的第四軍撕破希臘防線，拿下埃爾克門山（Erkmentepe）的高地，阿菲永西南方的重要陣地之一。然後，一支土耳其騎兵隊衝過希臘防線上的一個缺口，抵達敵人後方的開闊地。希臘第一軍軍長特里庫皮斯（Trikoupis）將軍擔心被圍，下令撤退，把大量軍需品遺棄在阿菲永，凱末爾也在阿菲永成立他的新司令部。這一突破來得太突然，特里庫皮斯與其麾下諸師師長失去無線聯繫，導致希臘人從這個突出部後撤時頗為混亂。[20]

這一次，與薩卡里亞河之役後的情況不同，追擊迅猛且緊追不捨。土耳其人不給特里庫皮斯時間休整，才剛停下來消化戰果，就又踏上征途。根據先遣騎兵的偵察研判，特里庫皮斯第一軍的殘部想在杜姆魯波納爾（Dumlupınar）——阿菲永西邊約五十公里往士麥那的路上——附近，與迪根尼斯（Dighenis）將軍統率的希臘第二軍重新會合，於是八月三十一日凱末爾下令土耳其第二集團軍南下切斷杜姆魯波納爾與北邊的聯繫，努雷丁帕夏則從南邊包抄該地。此舉會使希臘第三軍得以暢行無阻往北逃向馬爾馬拉海，但凱末爾強調主要目的是圍殲希臘軍隊在南邊的主力，以打通通往愛琴海和地中海的道路。一九二二年九月一日，凱末爾從俯瞰杜姆魯波納爾的一棟房子，下達了幾乎立即就聞名於世的一道命令：「眾將士！你們的第一個目標是地中海！前進吧！」土耳其人未負使命，前進神速，連經過希臘部隊旁邊時都未停下，幾乎是後來想起才在九月二日接受特里庫皮斯和迪根尼斯的投降。這一變故來得太快，致使特里庫皮斯被土耳其人俘虜兩天後，希臘還任命他為駐安納托利亞軍隊的新總司令，接替聲名掃地的哈齊亞內斯蒂斯，雅典方面顯然還未收到他被俘的消息。凱末爾俘虜特里庫皮斯之後，主動請他喝咖

* 日貝伊德也不是笨蛋，看著一身野戰服的兒子，調皮說道，參加茶會，這樣穿不得體。

啡、抽菸，安慰他的手下敗將道，戰爭本就有勝有敗，「最厲害的往往落敗」。這場殘酷的戰爭，在此流露出難得的人情味。[21]

並非每個人都如此寬宏大量。伴隨凱末爾出征的哈莉黛·埃迪卜，看過杜姆魯波納爾城還在燃燒的殘破城區後論道，「所有屍體——人畜的屍體——躺在那裡，維持著他們倒下時的模樣。」撤退的希臘人不再好整以暇劫掠或偷搶陶器或骨董，而是在逃向海邊的途中乾脆燒掉行經的所有城鎮。蘭博德讀過領事哈利·蘭姆爵士的報告後向柯曾報告，希臘人在前往士麥那途中「十足無法無天」，洗劫、殺人、火燒村子，「野蠻殘暴之事多到叫人毛骨悚然」。蘭姆不讓埃迪卜專美於前，把希臘軍隊後撤途中的行徑說成是「不像話到無法形容」。[22]蘭姆未交待細節，但可能提到希臘軍人和切塔武裝團夥在阿拉謝希爾（Alaşehir）和馬訥薩（Manisa）之類城鎮擄走、強暴數千名穆斯林少女且往往毀傷她們肢體的傳言。這些傳言，最初許多協約國官員未當一回事，後來，派團前去調查希臘人撤退期間被毀的城鎮，才大體上證實不假。[23]早在一九二二年九月二日，即凱末爾在杜姆魯波爾納接見被俘希臘軍長那一天，美國領事霍爾頓就從士麥那報告道，在西土耳其的幾乎每個地方，

> 由於希臘部隊的疲累不堪和士氣低落，（人道情況）已經非常糟糕。昨天，（希臘

人）撤出烏夏克和屈塔希亞並放火燒掉這兩個城鎮……駐埃斯基謝希爾的（希臘）第三軍大概不久就會撤走並燒掉該城……基督徒居民，包括希臘人和外僑，個個驚恐不安，許多人想離開。士氣蕩然的希臘軍隊抵達士麥那時，很可能會出現大亂子，不時聽到他們放話要燒掉該城。

五天後，霍爾頓告知華府，「這區域的主要城鎮，埃斯基謝希爾、屈塔希亞、烏夏克、馬格內西亞（馬訥薩）、阿拉謝希爾、艾登和納茲利（Nazli），已被燒掉或大部分毀掉。這些都是人口在三萬五至十萬的城鎮。」協約國和土耳其兩方的調查委員會，證實霍爾頓的報告不假，且補充道卡薩巴（Kasaba）這個位在從士麥那過來之內陸鐵路的終點，人口兩萬的重要貿易中心，也已化為「冒煙的廢墟，到處是灰燼、石頭」，希臘人放火燒掉該城後，只有八千人倖存。在烏夏克，希臘人甚至燒掉蘋果園。由於沒別的地方可供老百姓避難，士麥那，一如巴爾幹戰爭期間的君士坦丁堡，已變成難民營。霍爾頓報告道，「這些可憐人整整五萬，其中許多是土耳其人」，「這時睡在教堂庭院裡、清真寺裡、乃至人行道上。」[24]

隨著戰敗的希臘軍隊，連同害怕因希臘軍隊的暴行而受報復的鄂圖曼希臘人，大量湧入士麥那，駐該城的協約國領事和該城的外僑、基督徒居民，準備迎接最壞情況。

協約國陣營成員都在港裡停泊了戰艦——英國十一艘、法國五艘、美國三艘、義大利兩艘——並派小股海軍陸戰隊上岸，保護西方子民和財產。美國海軍情報官韋爾（J. G. Ware），去過內陸評估希臘人的情況，說他聽到「希臘軍官一再揚言要燒掉這個城市」。於是，美法英三國領事於一九二二年九月六日打電報給希臘陸軍部長尼古勞斯・塞奧托基斯（Nikolaus Theotokis），舉出這些揚言放火之事和希臘在西土耳其撤退時的焦土破壞前科，要他以書面保證希臘軍隊不會放火焚燒或洗劫士麥那。沒人清楚安納托利亞境內的希臘軍隊殘部究竟由誰統率——塞奧托基斯剛剛才被告知，他新挑選接掌此兵權的人已淪為戰俘——因此，他坦然承認「無法給予這樣的保證」。塞奧托基斯原本或許可倚賴希臘駐士麥那的高級專員阿里斯蒂德斯・斯泰爾吉亞德斯來收拾殘局——這位個性執拗的韋尼傑洛斯派成員，已因為不時鎮壓希臘民族主義者的反穆斯林暴行而受到當地鄂圖曼希臘人的抨擊——只是他在一九二二年九月八日星期五晚上，在英國人保護下離開了士麥那，而且是搭一九一九年五月跟著希臘占領軍艦隊一同執行任務的英國皇家海軍「鐵公爵號」離開，象徵意味十足。* 為了避免部隊撤離時塞在士麥那這個瓶頸以及其他考量，一道命令下來，要希臘軍人想辦法改經由切什梅港撤離。這個港口位在士麥那西邊稍偏南約八十公里處，與希臘所控制的希俄斯（Chios）島隔海相望。眼見希臘當局鳥獸散，無人留下來保護士麥那或代表當局將士麥那交給土耳其人，協約國諸領事做出不尋常之舉，提議親赴內陸的卡薩巴，好與土耳其談判該城投降之事，以及要求土耳其保證保護基督徒居民，好似坦承希臘占領士麥那之舉，從頭到尾都是西方在掌控。面對這場戰役以來希臘人往往殘民以逞的行徑，凱末爾始終頗為平靜，但聽到此事之後，他終於忍不住發火，吼道「他們是要把誰的城市給誰？」[25]

協約國根本不必費心派信使到卡薩巴。土耳其軍隊前進神速，第一支四百人的騎兵團，一九二二年九月九日星期六早上十一點左右，就進入士麥那。幕僚將此消息告知凱末爾後，他恢復鎮靜，轉而為推動希臘入侵安納托利亞卻一敗塗地收場的那位仁兄可憐：「可憐的勞合．喬治！不知明天他會怎麼樣？他會完蛋。」土耳其人留給士麥那當地人的印象，最初是正面，因為士兵看來「穿著考究，紀律良好」，相較於不久前通過此城的「骯髒、雜亂、無精打采」的希臘軍人，更別提那些破破爛爛的光腳平民難民，土耳其士兵明顯「吃得好且富有朝氣」。各報已刊出由凱末爾署名發布的公告，明令土耳其軍官若騷擾老百姓，一律立即處死。有個英國護士在家書裡寫道，「人人發自內心高興土耳其人回來」。九月十日星期天下午四點，凱末爾坐車進入士麥那，他的座車「位在一列敞篷式汽車的前頭，汽車上插了橄欖枝」，用以象徵征服者立意保境安民。土耳

* 斯泰爾吉亞德斯擔心在希臘難逃軍法審判——或遭人民私刑殺害——於是取道羅馬尼亞前去法國。

其穆斯林以一頭公牛獻祭歡迎凱末爾，但他未留下來欣賞這儀式。他信步走進碼頭邊克萊默（Kraemer）飯店的酒吧，一副沒人認得他是誰的模樣，點了一份拉基（raki）烈酒，向店裡希臘人占多數的顧客問道，國王康斯坦丁曾否在那裡舉杯與他們共飲。獲告知國王從未這麼做之後，凱末爾以揶揄口吻回道，「那他幹嘛費那麼大工夫拿下士麥那？」[26]

對土耳其士麥那來說，這是個好的開始。但經過一場為時三年且逐年愈發野蠻的戰爭，加上希臘人最近在附近犯下的暴行仍記憶鮮明，占領此城的土耳其人，其克制終究不可能長久。就連對土耳其人「格外良好」的紀律大感佩服的外國人，都看到「軍人於上級軍官縱容或至少同意下徹底洗劫市場」之事。星期六下午，就到處傳出暴力事故，整個夜裡這類情事更是此起彼落，城中到處傳出尖叫聲。一名土耳其騎兵策馬走在濱水區時中槍落馬，隨之激起報復行動。一英國上尉看到土耳其軍人把一名不照他們命令行事的希臘男子開槍打死。在艾登火車站附近，被人發現五具屍體。更重要的，士麥那的希臘裔都主教克萊索斯托姆（Chrysostom），未像斯泰爾吉亞德斯自個兒跑掉，而是留下來與他的全體教徒共患難，結果獲努雷丁帕夏在省長官邸接見後不久，遭穆斯林暴民私刑殺害，而據大部分說法，那些人是在努雷丁的明確鼓勵下行凶。其他的「叛國賊」，包括曾為希臘占領當局效力或高調與他們合作的土耳其人，送軍法審判然後槍斃。大部分希臘人不是已經逃走，就是已經打定主意只要能搭上港裡的船就立刻離開，因此暴力衝突最劇烈的地方是亞美尼亞人居住區，該區的武裝基督徒不甘任人宰割，拿起武器反擊。死亡人數緩慢但穩定上升，頭三天達到約四百人。誠如美國駐君士坦丁堡高級專員海軍上將布里斯托閱讀來自士麥那的所有報告後，在星期三有點含糊的報告，他說儘管「不少人死在當地暴徒之手，尤以在亞美尼亞人居住區為然，且土耳其部隊進城時遭希臘裔、亞美尼亞裔平民三次開槍、丟炸彈攻擊，但未發生屠殺之事。」[27]

然後情勢急轉直下。一九二二年九月十三日，即布里斯托向美國國務院發出這份報告那天，士麥那的亞美尼亞人居住區發生大火。火勢凶猛，迅速襲捲這個舊城區的木造建築，吞噬掉濱水區旁的許多美麗區域，包括戲院和咖啡館、英法美丹荷俄諸國領事館、士麥那劇院、多座教堂、猶太會堂和清真寺、「佛朗機街」——過去佛朗機商人（即歐洲商人）的聚居區——的店鋪，乃至凱末爾剛上門喝過拉基烈酒的克萊默飯店。英國《每日郵報》通信員沃德·普萊斯（Ward Price），從安全的鐵公爵號甲板上看著岸上「一道綿延不斷的火牆，長達兩哩，二十個猛冒火的火山有高有低往上竄，扭動的火舌高達百呎。」他論道，舊城區的「倉庫、商業建築和歐洲人住宅，全都在燒，像一根根明晃晃的火把。」碼頭區的景象猶如但丁筆下的《煉獄》——從港灣裡看著這一切的人所受到的衝擊，類似於親眼目睹九一一慘劇的那些人所受到的衝擊——先是傳來燒焦、燃燒的人體「令人作嘔的臭味」，同時還有想從致命火海裡逃生者的絕望尖叫。有個英國海軍上校從喬治五世號上看著岸上的情景，認為「許多人被推擠落海，被最靠近房子且拚命想更遠離大火的民眾擠落海……還有許多人肯定是驚慌失措而自己跳海。」港灣裡許多小船已經被難民塞得無立足之地，害怕再載人會翻船，於是拒絕再讓人上船，從而使那些未能踏進海裡或能踏入海裡但不識水性的人更加驚恐。最後，天快黑時，許多協約國戰艦駛到更接近海岸處，放下小艇搶救快滅頂者，只是許多戰艦仍堅持查核受害者的國籍（據說能正確唸出法語「J'ai perdu mes papiers」者，法國船較樂於救上船）。這場可怕的大火於九月十五日星期五終於自行平息時，最靠近海邊的希臘人、亞美尼亞人、佛朗機人居住區已淪為廢墟，死在火災裡或溺死在港灣裡的人成千上萬數不清。[28]

一如一八一二年莫斯科大火，這場火是誰點燃和為何點燃，自那之後爭議不休。幾乎各家說法都表示起火點在亞美尼亞人居住區，而亞美尼亞裔沒道理放這把火。希臘官員和政治人物，可想而知，認為是土耳其人放火燒「希臘」的士麥那，而土耳其人反駁道，放火燒掉他們剛拿下的城市沒什麼道理。不管有沒有道理，兩件間接證據使土耳其人的嫌疑最大。首先，一九二二年九月十三日，土耳其軍隊已明確控制住幾乎不費一兵一卒就拿下的這座城市；尚未撤出安納托利亞的希臘軍人，大部分避開這座城市，轉而前往切什梅。其次，大火始終未蔓延到位於濱水區南邊且地勢較高的丘陵區上的主要穆斯林——土耳其人居住區，而且很有意思的，也未蔓延到同樣位於南邊內陸的猶太人居住區。這有一部分是因為那個要命的星期三，風不尋常地往北往海的方向吹（有些外國觀察家認為縱火者或許看準這一點而下手，而且的確有許多人宣稱看到土耳其縱火犯動手）。還有一些報告說，土耳其人、猶太人居住區周邊迅速挖出壕溝，以阻止火勢蔓延過來，消防隊則待命，以免這兩個地方受波及。[29]

當然，這些都不足以證明有人蓄意縱火。好似料到必有人會指控這是土耳其士兵放的火，早在一九二二年九月十五日，與法國領事米歇爾．格萊耶（Michel Grailler）交談時，凱末爾就指控武裝的希臘人和亞美尼亞人縱火，在兩天後發到安卡拉的正式報告中並白紙黑字寫下此說法，而且在該報告中補充說土耳其軍人「竭盡全力滅火」。但根據拉媞菲．哈訥姆（Latife Hanım）的說法，就在大火仍在旺燒時，這位士麥那的征服者說道，「就讓它燒，讓它垮掉，我們可以補上所有東西。」* 凱末爾在士麥那時就下榻這個女人家裡，不久後她會成為他諸多愛人裡最有名的一位（一九二三年嫁給他）。法利赫．里夫基．阿塔伊（Falih Rıfkı Atay）在《晚報》（*Akşam*）刊出一篇文章，成為當時土耳其人對這場大火最有名的報刊文章之一。他在此文中指出，「這場火燒掉該城穆斯林許多財富」；阿

* 這場大火讓拉媞菲本人損失不少房產，而似乎正是她對自己損失的處之泰然（「我不在乎，都燒掉沒關係」），而非什麼由衷的狂喜，促使凱末爾發出上述看法。

塔伊還強調他看到「數千（土耳其人）軍人……奮力滅火。」但後來，同樣是這位阿塔伊，在其未經審查的第一版回憶錄中寫道，「異教徒的伊茲密爾付之一炬，黑夜裡冒著火，白天冒著煙。這場火真如最近我們所被告知的是亞美尼亞裔縱火犯所放？」阿塔伊引用其一九二二年九月的日記文，坦承當時寫道，「劫掠者進一步擴大火勢……我們為何要燒掉伊茲密爾？我們擔心如果濱水區的大宅、飯店、小酒店仍好好立在那兒，我們將永遠無法除掉少數族群？」伊斯梅特．伊諾努在回憶錄寫到他對士麥那大火和希臘人在土耳其西部各地放火燒掉城鎮之事的看法，內容同樣耐人尋味。他寫道，「這些火災的起因應在歷史大事裡尋覓。下位者說奉命行事，上位者說軍紀敗壞。」不管士麥那大火究竟是誰起的頭，有件事似乎再清楚不過，即許多土耳其人認為這為更內陸地區數十座被希臘人燒掉的城鎮還了一個漂亮的公道。因為儘管許多土耳其人失去房產，舊城區一些清真寺付之一炬，但士麥那的基督徒，包括鄂圖曼人和歐洲人基督徒，失去了一切。[30]

跟著一九二二年九月士麥那大火一起付之一炬者，乃是希臘人和土耳其人，基督徒和穆斯林，能在小亞細亞，或者在希臘本土，和平共處的想法。如果說希臘人一九二〇、一九二一、一九二二年殘酷的焦土行動開啟了族群分離計畫，士麥那大火則為此計畫劃下劇劇性句點。為防族群間的暴力衝突再起，努雷丁帕夏讓想離開的士麥那基督徒在一段時日之後才喪失鄂圖曼公民身分，只是這個寬限期並不長（最初的期限是九月三十日，後來由於港口持續堵塞，延到十月十五日）。到了一九二二年十月二日，據美國海軍的一手資料，已有多達二十萬難民搭乘希臘或協約國的船隻，從士麥那撤到他們希望會被接納為公民的希臘本土，其中絕大多數是希臘裔；還有一些協約國的一手資料說人數高達三十萬。但這些希臘人是幸運兒，大部分是老人和婦孺。凡是曾拿起武器戰鬥或與占領當局合作的十八至四十五歲亞美尼亞裔或希臘裔鄂圖曼男子——實際上意味著幾乎全部的這類男子，多達十萬至十二萬——都被送到安納托利亞內陸地區的戰俘營，或被迫加入勞動隊，「送去重建希臘軍隊敗逃期間所摧毀的村子和公路」。對於這些可疑的數字，我們絕不可照單全收。但事實擺在眼前，士麥那和其周邊地區的幾乎所有希臘裔，以及跟著撤退的軍隊往西逃的那些希臘裔難民百姓，總數可能達三十五萬，都被迫離開他們世居的家園，且其中大部分人從此無緣再見到故鄉。於是，這為不久後將上演的人口互換行動，且是有信史以來最大規模的兩個主權國家間的人口互換行動，立下了先例——希臘的穆斯林子民將被驅逐到土耳其，以「遞補」被遣送到希臘的鄂圖曼基督徒。[31]

在這同時，戰火仍未停歇。對凱末爾來說，攻陷士麥那並非結束，而只是他為實現「國民章程」原則而展開的有計畫行動裡，一場重大的勝利而已。土耳其與蘇俄接壤的東界這時已確立；與法屬敘利亞接壤的東南界已敲定，但與英屬美索不達米亞（伊拉克）

接壤的國界尚未完全談定；希臘人則被逐出安納托利亞西部。但東色雷斯境內仍有希臘部隊，在君士坦丁堡、伊茲米特灣沿岸、緊鄰達達尼爾海峽的某些沿岸炮台，仍有協約國部隊：凱末爾要實現「國民章程」，就得要他們自行離去，或者用武力將他們驅逐。從某個意義上說，在凱末爾領導下獲得重生的鄂圖曼帝國，這時的版圖和十四世紀初以布爾薩為都城、土耳其人尚未踏足歐洲時的版圖差不多。這時凱末爾要走征服者的路子用武力奪回阿德里安堡和君士坦丁堡？或者協約國和希臘人會止戰撤退，以免迎來又一年的生靈塗炭？

這個疑問的答案，一如自一次大戰結束以來的其他許多疑問，繫於勞合・喬治一人。希臘軍隊尚未完全放棄東色雷斯，但一九二二年九月十八日時，最後一支完好無損的希臘部隊已經由切什梅離開小亞細亞，這表示凱末爾的部隊和位在鄂圖曼海峽、伊茲米特的協約國部隊之間，不再有希臘部隊。在士麥那，凱末爾接見了英國總領事哈利・蘭姆爵士，用意之一是摸清楚英國人的意圖。獲告知這位總領事代表英國駐君士坦丁堡高級專員之後，凱末爾回道，他的政府「認為其與英國處於交戰狀態，因此不承認（這位）高級專員的存在。」於是，凱末爾認為他若「拘留英國子民，天經地義」，但他向蘭姆保證他沒計畫這麼做，土耳其境內的英國人「如果想走，悉聽尊便。」被問到是否真的認為自己與英國處於交戰狀態時，凱末爾稍有退讓，指出安卡拉與倫敦之間不存在任何關係。事實上，凱末爾在要求勞合．喬治給予他的政府外交承認——或在激他這麼做——以表明他對土耳其沒有敵意。如果勞合．喬治不這麼做，凱末爾會繼續進軍，以取得符合「國民章程」要求的土耳其版圖。[32]

英國方面傳來的跡象，最初令凱末爾洩氣。早在九月七日，在土耳其人還未拿下士麥那之時，英國內閣就在未徵詢本國國會，也未徵詢英國盟邦的情況下，准許英國在土耳其、黑海的占領軍總司令查爾斯．哈靈頓（Charles Harington）派兵占領加利波利半島，以防止土耳其人在前往色雷斯途中在該地登陸。溫斯頓．邱吉爾極力支持這一旨在牢牢抓住加利波利半島的舉動，而這有一部分出於不難理解的個人理由。邱吉爾長久以來不支持希臘人的擴張大業，但由於眼前面臨鄂圖曼海峽將由土耳其或英國控制的問題，他的看法變了：他的想像力被激起，熱血開始沸騰。他主張，「將亞洲與歐洲隔開的這道深水線，乃是極重要的一條線，我們必須以力所能及的各種手段確保該線的安全無虞。如果土耳其人拿下加利波利半島和君士坦丁堡，我們將失去所有的勝利果實。」勞合．喬治因邱吉爾對土耳其戰爭的立場一百八十度翻轉而信心大增，且深信希臘人還未完全敗下陣來，於是立場更為強硬，告知內閣如果土耳其人想強行通過鄂圖曼海峽，「我們要不惜一戰，不讓他們得逞。」為讓已埋骨於加利波利半島的英國人沒有白白犧牲，勞合．喬治和邱吉爾提議讓更多英國人在那裡流血犧牲。從某個意義上說，他們的打算更甚於一九一五年：一九二二年九月十二日，哈靈頓派兵登陸位於鄂圖曼海峽亞洲一側的恰納克（恰納卡萊），好似在向凱末爾下戰書，看他敢不敢趕走他們。自一九一八年就冷卻的鄂圖曼海峽爭奪戰就要再度升溫。

但反凱末爾同盟正漸漸四分五裂。勞合．喬治和邱吉爾讓內閣——不情不願地——支持他們的主張，但碰上英國的盟邦，就沒這麼順利。法國和義大利最初同意派小股部隊到鄂圖曼海峽的歐洲（加利波利半島）一側，但不願跟著哈靈頓進入亞洲。普恩加萊透過法國高級專員佩萊（Pellé）將軍向凱末爾保證，法國不會參與英國在鄂圖曼海峽地區的任何軍事行動。一九二二年九月十五日，邱吉爾發電報給澳洲、紐西蘭、南非、加拿大的總理，請他們重啟豪壯的加利波利半島戰役，以保障「與鄂圖曼海峽的自由航行有關的重大帝國利益和全世界利益」。這一次，這項懇請未激起什麼回響。紐西蘭表示願出兵一個營，澳洲和加拿大禮貌婉拒，南非連回覆都沒有。英國政府表示他們出席巴黎和會時會享有某種外交平等待遇，結果，這四個自治領拒絕跟著母國參戰，令英國大吃一驚。就連向來好戰的《每日郵報》都不肯附和，刊出一篇聳動的文章：「別再另啟戰端！」普恩加萊向處境日益孤立的勞合．喬治落井下石，一九二二年九月十八日下令法國部隊全部撤離加利波利半島。眼見法國擺明放棄鄂圖曼海峽，英國內閣批准柯曾前往巴黎，低聲下氣懇求法國幫忙。一九二二年九月二十三日，普恩加萊毫不留情斥責這位前印度總督，把柯曾罵到崩潰落淚，堅持要英國交出凱末爾所要求的所有領土，包括君士坦丁堡、鄂圖曼海峽、東色雷斯。凱末爾不只征服了「希臘」的士麥那，把希臘人逐出亞洲，還使大英帝國四分五裂，毀掉英法兩國間僅剩的外交禮貌。[33]

事情到此還未結束。好似覺得自己受到的羞辱還不夠，勞合．喬治要哈靈頓一定要堅守陣地，如果土耳其人威脅恰納卡萊，要不惜一戰。柯曾或許已在巴黎簽字放棄鄂圖曼海峽，但這位首相想要讓眾人知道他是以協議的一部分給予凱末爾，而非在武力脅迫下交出它們。在這同時，勞合．喬治相信，如果真的打起來，英國能贏。他這份堅信建立在以下的研判上：希臘軍隊其實未被徹底擊敗，而是被國王康斯坦丁的背叛和精神失常之哈齊亞內斯蒂斯的無能帶上歧途。* 一九二二年九月二十七日康斯坦丁遭罷黜後，韋尼傑洛斯派重掌大權，勞合．喬治因此認定重振活力的希臘會再度參戰。得悉雅典發生革命後，這位首相更加欣賞自己對希臘的研判，向其內閣說明道，「在色雷斯，土耳其人會遭遇的不是康斯坦丁那疲累的、統御無方的、士氣低落的軍隊，而會是（希臘）全民的抵抗。這一抵抗受到韋尼傑洛斯和革命的鼓舞，因有大英帝國作靠山而鬥志昂

* 同樣基於這個安撫人心但不合情理的理論，八名康斯坦丁派的主要成員，包括總理古納里斯和陸軍總司令哈齊亞內斯蒂斯，一九二二年十一月十三日被以叛國罪名在雅典送上法庭，兩星期後判定罪名成立，然後處決（但兩名罪行最輕者被判無期徒刑，因而此事常被人誤稱為「六人受審」事件）。

揚，且有重新被重用的舊將領指揮。」勞合．喬治擺明把他的公信力押在恰納卡萊的衝突上，保證「等到將穆斯塔法．凱末爾擊敗，我們的力量會強大到可以從恰納克往北進向伊茲米（特），屆時，在那裡，我們用相對較小的一股兵力，就會切斷他的交通體系，迫使其屈辱投降。」一九二二年九月二十九日星期五，勞合．喬治擬好要由哈靈頓交予凱末爾的最後通牒，表明他絕非在虛聲恫嚇。勞合．喬治信誓旦旦說道，「除非他的部隊在將由你（哈靈頓）敲定的日期前撤離，屆時我們的聯合武力會各就各位，我們手中的所有武力，海陸空軍會向土耳其人開火。」[34]

但情勢發展大出勞合．喬治所希望。據莫里斯．韓基的說法，邱吉爾、勞合．喬治和所有內閣閣員「整個星期六緊張萬分，等著知道是否已開火或土耳其人是否已撤離。」但始終沒有消息傳來。後來才知哈靈頓徵詢了英國駐君士坦丁堡高級專員霍勒斯．蘭博德的意見，兩人決定不把最後通牒送交凱末爾，以免兵戎相向。勞合．喬治所亟盼的戰爭，被他在當地的下屬化解掉，* 他在土耳其所施行的親希臘政策失敗收場，他自一九一六年起領導的聯合政府，隨著保守黨退出該政府，終於垮掉。在一九二二年十一月十五日的選舉中，勞合．喬治和其自由黨敗得一塌糊塗，他連反對黨黨魁都沒能當上，因為工黨擠下自由黨，首度躋身國會第二大黨，從此聲勢日漲。經歷過一次大戰最後兩年和戰後頭四年裡的數十場國際危機，勞合．喬治和他的整個政黨被穆斯塔法．凱末爾送出政壇。

協約國的傀儡蘇丹穆罕默六世（瓦赫戴丁）是凱末爾勝利之師的下個受害者。一九二二年十一月一日，土耳其大國民議會廢除鄂圖曼蘇丹這個職位，把最高統治權從君士坦丁堡的鄂圖曼政府正式轉移到安卡拉政府。兩個星期後，已是尋常百姓的瓦赫戴丁搭上英國軍艦離開君士坦丁堡前往馬爾它島，就此未再回來。鄂圖曼蘇丹的被迫出走，暗示蘇丹先前所簽署的所有條約和協議，包括受到土耳其人痛恨的授予最惠國待遇的條約，就此廢除，只是尚未得到外交層次的正式確認。從此凱末爾可以以平起平坐的國家元首身分，與西方列強談判和平協議。

國祚綿延六百餘年的鄂圖曼帝國，禁不住第一次世界大戰的摧折而消亡。這個帝國將以土耳其共和國的身分重生，就像從灰燼中升起的鳳凰。

* 勞合·喬治在其回憶錄裡屢屢說謊，但談到恰納卡萊時他如實陳述，寫道，「我的確想打仗，而且認定我們會贏。」

結語　洛桑與鄂圖曼遺產
Epilogue Lausanne and the Ottoman Legacy

把近東的居民分開，會有利於確保近東的真正安定。

——佛里喬夫．南森（Fridtjof Nansen），國際聯盟難民事務高級專員，一九二二年十二月一日在洛桑和會上講話[1]

經過超過十一年的殺戮，和平終於降臨鄂圖曼帝國。這一刻差點來得太遲。由於當時的記錄作業不夠精確，如今我們只能推估一九一一至一九二三年各場衝突的所有戰線上軍人（和戰時待在國內的平民）的死亡人數。可能有四十萬或五十萬鄂圖曼軍人死於第一次世界大戰，但這只占更廣泛的衝突——不妨稱之為鄂圖曼王位繼承戰爭——所奪走之人命的一小部分。根據最可信的估計，一九一一年前鄂圖曼帝國人口約兩千一百萬，到了一九二三年減為不到一千七百萬，其中只有一千三百萬這時住在凱末爾政權所轄已然縮小的土耳其國土上。這些數字都是粗估——而且我們不清楚失去的人口裡，有哪些是因為外移，又有哪些是死於疾病、營養不良和其他與戰爭直接相關的原因——但各界一致認為此帝國人口的死亡比例接近兩成。相較於西戰線最嚴重的死亡比例（法國是百分之三．五），這個比例高得嚇人。由相對來講獲得較良好補給和照顧的英國遠征軍，在美索不達米亞的驚人死傷比例（光是一九一六年因病而死傷且見諸記錄者，就有二十萬七千人），可看出這場戰爭在亞洲土耳其境內帶來多大的浩劫。聖經啟示錄中代表人間四大害（戰爭、飢荒、時疫、死亡）的四騎士，橫行於鄂圖曼大地上，直到一九一九年後凱末爾一舉扭轉乾坤，才止住他們的蹂躪。

當然，赤裸裸的死傷數字，只道出鄂圖曼戰爭可怕故事的一部分。整群人，在某些例子裡整個民族，被迫離開他們已世居數百年的家園，他們的生活方式也遭整個連根拔除。一九一五年亞美尼亞人的悲慘遭遇已是眾所皆知，但在長達十年的衝突裡，這絕非唯一的悲劇。在那段期間，數十萬巴爾幹穆斯林在兩次巴爾幹戰爭中被迫遷離家園，一九一三至一九一四年、一九一六年、一九二一至一九二二年；數十萬希臘基督徒被逐出安納托利亞，一九一四至一九一五年在高加索戰線上，數千韃靼人和其他切爾卡西亞穆斯林被強制遷走，一九一五年蝗蟲肆虐造成巴勒斯坦和敘利亞境內民不聊生，在希土戰爭中不計其數的土耳其穆斯林被燒掉村子和房子，一九二二至一九二三年那個冬天，又有數千希臘人被逐離士麥那和周邊的內陸地區，諸如此類不勝枚舉。

要弄清楚這一切奪走多少人命，要在數百萬被迫淪為難民者的困境中，要在同樣眾多令人身心俱痛的軍民死亡中，找出意義，肯定是不可能的事。但至少，事隔百年，我們可以開始評估對地緣政治的影響。鄂圖曼帝國踉踉蹌蹌走入二十世紀，仍然屹立不搖，即使已不復當年的威震八方，至少還勉強帶有過去那股令人不敢小看的氣勢。歐洲人透過授予最惠國待遇的條約和財政監管侵犯阿卜杜勒·哈米德二世的帝國，但在上千萬包括穆斯林、基督徒、猶太人的鄂圖曼子民心目中，他仍是蘇丹，還有更多位於更遠處的穆斯林視他為伊斯蘭世界的哈里發。一九〇八至一九〇九年的劇變確實推翻了哈米德政權，動搖了蘇丹權位的基礎，但從遠至英國治下的印度所發出的報告判斷，即使是青年土耳其黨的傀儡蘇丹穆罕默德五世（雷夏德），直到一九一八年都還受到全球穆斯林的某種尊敬，然後穆罕默德六世（瓦赫戴丁），在一九二二年十一月一日遭凱末爾罷黜之前，也享有這樣的尊敬——穆罕默德六世下台後，由阿卜杜勒·梅濟德二世（Abdul Mecid II），以雖非蘇丹但是哈里發的身分繼位，直到一九二四年三月土耳其廢除哈里發之位為止。幾場鄂圖曼王位繼承戰爭，帶來數個長遠的改變，而這肯定是其中最重要的改變之一。廢除哈里發之位，常被歸功或歸告於穆斯塔法·凱末爾（就歸告對象來說，奧薩瑪·賓拉登是其中之一）。但事實上是此帝國一九一八年的慘敗，摧毀了鄂圖曼人的威信，歐洲的霍亨佐倫王朝、哈布斯堡王朝、羅曼諾夫王朝同樣因為這一年的慘敗而走入歷史。就土耳其人來說，差別在於王朝的覆滅也摧毀了將全球的（遜尼派）穆斯林統合為一、進而將他們與伊斯蘭古典時代的哈里發連結在一塊的最後體制。好似要強調這點的，漢志王國國王侯賽因一九二四年三月得知土耳其廢除哈里發之位後，自封為所有穆斯林的哈里發，卻在才六個月後就被伊本·紹德（Ibn Saud）的瓦哈比派兄弟會（Wahhabi Ikhwan）戰士奪走對麥加的控制權。除了本身嚴守伊斯蘭原始教義的作風，伊本·紹德不具備取得大位正當性的憑藉，因此自一九二四年起就一直沒有哈里發來將全球穆斯林統合為一。伊斯蘭世界就此完全改觀。

不只鄂圖曼的蘇丹王位和哈里發之位，自此從世間消失。這個帝國本身，在捱過幾百年來一次又一次的攻擊之後，終於被打得四分五裂，從此未再恢復原狀。當然，在一次大戰中敗下陣來的所有交戰國都是如此，包括在布列斯特—立陶夫斯克被同盟國瓜分的俄國，以及其他同盟國——德國、奧匈帝國和（受衝擊較輕的）保加利亞。但鄂圖曼仍在幾個方面與眾不同。土耳其的戰時盟友德國和奧地利，在一九三八年被希特勒統合為一之後，的確嘗試恢復舊疆界，且嘗試以一九四一年的巴巴羅薩行動重建在布列斯特—立陶夫斯克驚鴻一瞥的東部帝國。但希特勒的壯舉不久就功敗垂成，今日德國和奧地利的版圖，相較於一九一四年前各自的版圖，都縮水不少。蘇俄在這方面較成功，奪回前沙俄帝國的幾乎所有領土，乃至（在加利西亞、加里寧格勒之類的一些地方）把前沙俄領土更加擴大。但儘管整個穆斯林世界一再有人哀嘆哈里發國的傾覆，卻直到晚近才有人真的試圖恢復鄂圖曼帝國或哈里發國。*由於凱末爾一九二二年在軍事上的徹底勝利，也沒有哪個境外強權認真質疑土耳其的新邊界（唯一的例外是史達林，在打贏第二次世界大戰後，志得意滿的向土耳其索取阿爾達漢和卡爾斯，結果連他都未能如願）。

一次大戰造成數國版圖重繪，耐人尋味的是最穩定的邊界和最不穩定的邊界都劃在前鄂圖曼帝國境內。戰後所劃定的阿拉伯近東的國界，其不牢靠的程度，最近幾年動不動就被人拿來大發議論，而晚近伊斯蘭國出現在被界定為「敘利亞」、「伊拉克」的這兩塊土地上，只是最新（但或許最嚴重）一樁疆界改變事件而已。但靠戰場上的流血犧牲打出來——而非由遙遠異地的外交官在紙上劃出來——的土耳其共和國的國界堅如磐石，土耳其的幾個東南鄰國的國界則禁不起摧折。一九二三年在洛桑劃出的土耳其國界維持至今，除了一九三九年添加了哈塔伊這塊領土，未有任何修改，由此可看出凱末爾

* 雷傑普・塔伊普・艾爾多安（Recep Tayyip Erdoğan）當政時期，土耳其重振其在中東的影響力，鄂圖曼雄風儼然再現，但我撰寫此書時，這股雄風似已式微。二〇一四年六月摩蘇爾陷落之後，伊斯蘭國的阿布・巴克爾・巴格達迪（Abu Bakr Al-Bagdadi）宣布創立全球哈里發國（他自封為哈里發易卜拉欣），則更像那麼一回事。

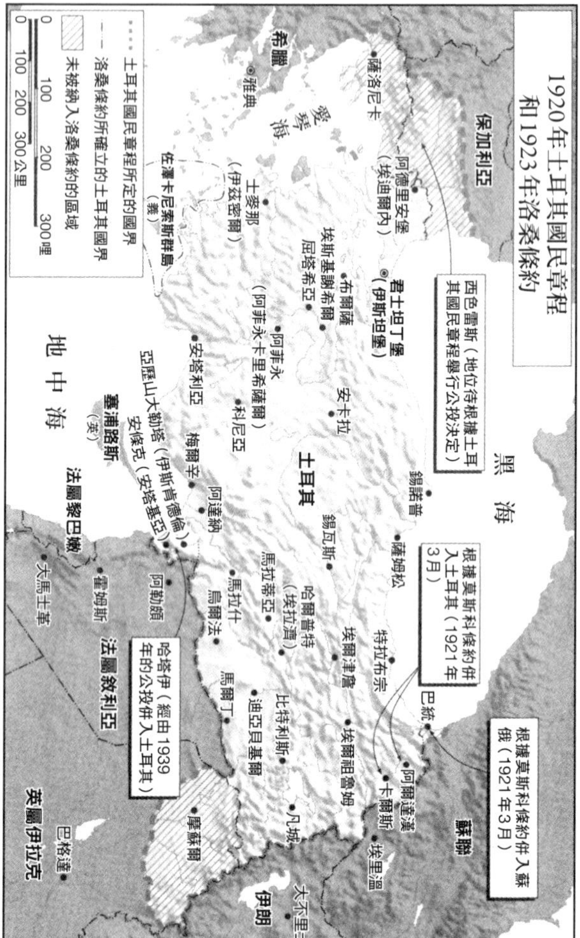

政治手腕的高明。原劃入法屬敘利亞的哈塔伊，經過一九三九年公投後改併入土耳其，使一九一九至一九二〇年土耳其國民章程所宣稱的土耳其版圖，自此完整實現。*配合更早時與法國、義大利談定但未正式承認的事實上的協議，凱末爾同意讓義大利控制佐澤卡尼索斯群島，讓整個敘利亞歸法國統治。對於英國宣稱摩蘇爾為其所有，他也未表示異議，儘管因為該地有大量突厥語系居民（「土庫曼人」／Turkmen），國民章程將此地納入土耳其版圖，而他若出兵強奪，大概輕易就可打敗英國在伊拉克的劣勢兵力。凱末爾要求英國廢除土耳其人所痛恨的最惠國待遇的條約，以換取他的自我克制，而他如願以償。

洛桑條約順利達成其主要目的——劃定土耳其與其戰時敵國的戰後國界——且因此劃定的國界幾乎未再有變，從這一成就來看，這項簽署於一九二三年七月二十四日的條約未有更好的名聲，著實令人奇怪。如果今天有人想起這份條約，最主要會因為一件事：希臘與土耳其兩國的人口互換。「希臘、土耳其人口互換公約」（Convention Concerning the Exchange of Greek and Turkish Populations），簽署於一九二三年一月三十日，但在土耳其攻陷士麥那後，撤走、驅逐該城希臘東正教徒的行動中已露出端倪。戰時展開的驅逐希臘裔行動，始於將居民選擇性逐出加利波利半島前線區和黑海沿岸本都區域，而這項公約的簽署，則代表這一行動的完成。唯一的新發展，乃是這時希臘的穆斯林子民也會被迫逃

* 洛桑條約所確立的國界和土耳其國民章程所宣稱的國界，兩者不盡一致，因為凱末爾在洛桑同意將西色雷斯割讓給希臘，將摩蘇爾割讓給英國。哈塔伊一地在一九二三年時尚不在土耳其版圖內，但十六年後會併入土耳其。此外的國界則完全吻合。

離，朝土耳其境內希臘裔逃來的方向逃去。總共約一百二十萬信仰希臘東正教或希臘東正教徒出身的鄂圖曼子民，被往西驅逐到希臘，那些已逃離者或已被迫離開者（說不定占總數四分之三）都算在內，另一方面，約四十萬穆斯林被往東驅逐到土耳其。如今，安納托利亞半島上遭棄的教堂，靜默但有力訴說著這場基督徒出走潮，一如前鄂圖曼盧梅利境內，包括在猶太歷史上占有重要地位因而如今常遭忽略的薩洛尼卡城，空蕩蕩的清真寺、澡堂、伊斯蘭教蘇菲修道場（tekke），讓人想起遭逐出該地的伊斯蘭文明。布魯斯・克拉克（Bruce Clark）在《兩度異鄉人》（*Twice a Stranger*）中寫道，「如果你打算單單根據建築證據來理解歐洲東南緣的歷史，很可能會推斷愛琴海兩岸曾遭某種可怕災禍打擊，不是天災就是人禍……推斷該地區尚未完全恢復。」在洛桑訂下的「人口集體轉移」原則，後來繼續被派上用場，直至二十世紀底，最惡名昭彰的事例包括一九三九至一九四一年間希特勒與史達林談成的人口交換、一九四四年史達林將克里米亞韃靼人和車臣穆斯林、其他切爾卡西亞族穆斯林驅逐出境、二次大戰後捷克斯洛伐克、匈牙利、波蘭、羅馬尼亞將德意志人集體驅逐出境（早在一九四三年美國總統小羅斯福就搬出洛桑條約，將這些驅逐行動合理化）、一九四八年的印度／巴基斯坦分家，以及在同一年的以阿戰爭後，以色列境內的阿拉伯人集體出走／遭驅逐至阿拉伯國家，阿拉伯國家裡的猶太人集體出走／遭驅逐至以色列。更晚近，「洛桑先例」又數次被人援引（但往往未明確承認援引）：一九八九年將保加利亞境內的土耳其裔穆斯林驅逐出境，前南斯拉夫境內戰爭後的族群清理，一九九四年亞美尼亞清洗納戈諾—卡拉巴赫（Nagorno-Karabagh）境內的亞塞拜然穆斯林，乃至還在進行中的分割原獨立的烏克蘭一事。[2]

還有許多有力的理由，叫人哀嘆洛桑條約的遺風流弊。這項條約的簽署，標誌著土耳其在打贏一場戰爭後其獨立地位得到承認，但如今土耳其人抨擊洛桑條約之激烈，常常更甚於戰場上敗於他們之手的希臘人對其的抨擊。從人力資本的角度看，土耳其在人口交換中的損失無疑遠高於希臘的損失，不管在量上（離開者比移入者多了約兩倍），還是在質上（離境的希臘裔基督徒在教育程度和財力上往往優於穆斯林農民，後者的移入根本彌補不了前者離開的損失），都是如此。曾有幾十年間，土耳其共和國一直苦於各種人材——從商人到藥劑師到工程師到技術純熟之工匠——的不足。經過長達十年的戰火摧殘，經濟凋敝，亟需各種人才投入復原，結果，復原工作一開始就受阻於具有專門技能的人力不足。從經濟成長和工業發展的角度看，土耳其經濟直到一九八〇年代圖爾古特・厄札爾（Turgut Özal）展開改革才重振活力。如今赴伊斯坦堡的觀光客數量來到史上新高，過去歐洲人聚居的佩拉區（今貝伊奧盧區），已恢復一部分其過去的國際風華，但曾讓此城的文化、經濟生活多采多姿的舊希臘人、亞美尼亞人、猶太人僑社，如今已幾乎蕩然無存。此外，由於土耳其語採用拉丁字母，如今大部分土耳其人看不懂鄂圖曼時代的文學、詩作或文獻，與自己的歷史脫節。

這一切都說的沒錯，而且對於洛桑條約和其所體現的「占多數的族群當家作主」的死板族群—民族主義，我們有充分理由不能照單全收。捲入人口交換的那些人民，在一九一一至一九二三年的劇變之前，鮮少人會從民族的角度將自己界定為希臘人或土耳其人，而是會界定為基督徒或穆斯林。雖然已有成千上萬人，特別是安納托利亞境內的希臘裔基督徒居民，被迫離開他們的村鎮或被迫加入勞動隊，但一九二三年時仍住在自己家園的人，從未就此事被徵詢意見。當被告知他們得收拾行李離開之時，大部分人一臉困惑。如果他們當時曾被徵詢意見，顯然只會有少數遭驅逐者會在剝奪他們遷徙自由的離譜條件下，同意離開他們和他們的祖先世居的家園（洛桑條約下令「強制交換」人口，規定「這些人未經各自土耳其政府或希臘政府同意，不得返回土耳其或希臘居住」。就連少數幾個最初以為可倖免的群體，例如卡帕多細亞（Cappadocia）地區的五萬多希臘裔基督徒，最後還是不得不踏上逃難之路（在一九一一至一九二三年這整個期間，該地區的族群關係幾乎未見緊張）。*

這些事在今人看來太沒道理，但評斷涉及其中的政治家的功過時，切不可未瞭解他們所努力解決的問題就遽下論斷。希臘、土耳其和西方的外交官，並非只是想結束一場殘酷的戰爭，還在處理一場嚴重的難民危機，成千上萬的老百姓逃離戰區，全都亟需安置在新家園裡。這些決定對那些想留在原處的人看來不人道且不公平，但藉由命令當前的占領者離開，替到來的難民「闢出」家園，也間接符合人道考量。對洛桑條約的議約者來說，希臘人、土耳其人的各歸其所似乎是「人道的解決辦法」：佛里喬夫·南森，他是出任國際聯盟第一任難民事務高級專員的挪威籍探險家暨外交官，正是如此提議。一九二二年十二月一日洛桑會議開幕時，南森提議「把近東的居民分開，會有利於確保近東的真正安定。」為此被迫遷離者遭遇到不可避免但情節輕微的虐待和不公不義，但不容否認的，人口交換的執行相當平和，只傳出幾起暴力情事。西方許多自由派報紙高喊錯了錯了，有些批評者的言語讓人覺得南森任由自己被土耳其、希臘政府利用，粉飾他們最不道德的意圖，但不容否認的，在洛桑會議上，與會者普遍贊成按照族群—宗教藩籬分開居民。甚至南森本人因協助談成人口互換有功，獲頒一九二二年的諾貝爾和平獎（這一獎項是為嘉許他在歐洲更早的作為，但它明確提到他「目前為小亞細亞和色雷斯境內難民從事的工作」）。[3]

＊最終有兩個重要例外得到通融。君士坦丁堡的東正教最高級主教之位，土耳其代表想將其驅逐，但最終獲准留下，只是其過去的政治職能（例如收稅）遭廢除；同樣地，有不少希臘裔獲准留在該城，以便該城順利運行（最後一場大部分希臘裔的出走，直到一九五五年才發生）。作為交換籌碼，十萬名穆斯林獲准留在西色雷斯，用意之一是為了讓土耳其強硬派同意將這塊領土割給希臘。

我們不應忘記，所有帝國垮掉時都帶來極大規模的混亂和苦難，還有隨之而來的哀嘆，哀嘆一段超越族群畛域——想像出來的寬容心態——的黃金時代的逝去。但安納托利亞經歷十年衝突的撕扯，再經歷從一九一九年打到一九二二年的戰爭撕扯，而且這場戰爭已演變為最殘暴的族群間流血衝突，原本的鄰人個個反目成仇，在這樣的情況下，該地已無超越族群畛域的情懷，寬容異己的心態已幾乎蕩然無存。希土兩國突然撕破臉，不再互相尊重，一九一二至一九一三年、一九一七至一九一八、一九一九至一九二二年的幾場戰爭，無疑是罪魁禍首——這幾場戰爭都為了過時的領土聲索而打，且交戰雙方早有宿怨世仇——因此，怪罪於終結這些戰爭的和約，說不過去。

至於在前鄂圖曼中東境內的幾個說阿拉伯語的國家，若有人哀嘆鄂圖曼帝國的覆滅，肯定也不難理解。土耳其人或許被視為征服者和治理者而不受阿拉伯人喜愛，鄂圖曼政府也的確腐敗無能，但鄂圖曼帝國為數百萬人既提供了不分派系、統合一切的最高原則，也提供了共同的身分認同。在伊斯蘭教法下，非穆斯林受到不平等的對待，但大部分黎凡特（地中海東部地區）基督徒和猶太人在鄂圖曼人治下過得很好，且由於他們在與西方列強的貿易、交往上扮演了一定角色，在中世紀之後甚至享有某種特殊地位。這些少數族群的發達成功，的確常使他們成為仇恨、迫害的對象，但只要鄂圖曼的威信——和相應而生的，穆斯林子民對自己位在社會最高階層的自豪——仍完好如初，就存在一個大略的均勢，使大部分基督徒和猶太人不致受到最慘的傷害。一如哈布斯堡、霍亨佐倫兩帝國的垮台在中歐製造出不寬容異己、反猶太人的時代，鄂圖曼帝國的垮台也使中東步入動亂時期。一九四八年的以阿戰爭和其後續效應，造成阿拉伯裔穆斯林與基督徒從巴勒斯坦集體出走，也造成猶太人從包括敘利亞、伊拉克在內的阿拉伯國家集體出走，雙方超過五十萬人被迫離開家園。巴格達城裡原本欣欣向榮的猶太族群，如今幾乎一個不剩。自古世居伊拉克、埃及的基督徒，如今人數只及於鄂圖曼帝國時期的極小比例，且這比例逐年降低。*黎巴嫩的內戰迫使將近一百萬居民離開家園。沒人知道令人髮指的敘利亞內戰會如何結束，但根據此地區的往例，不管哪個主要的交戰派系（遜尼派或什葉派／阿拉維派）輸，似乎可以篤定該地居少數的德魯茲派教徒和基督徒不會有好日子過。而這些可能都只是即將到來之劇變的序曲，就在一場更大範圍的什葉派—遜尼派戰爭從敘利亞、伊拉克往外擴散之際，凱達和特別是伊斯蘭國之類泛伊斯蘭團體摧毀了僅存的舊國界，而這場伊斯蘭兩派的戰爭很可能不只會把伊斯蘭國，還會把伊朗、沙烏地阿拉伯這兩個境外的主要贊助者，捲進一場爭奪伊斯蘭正統的殊死戰。

* 就伊拉克來說，十年前的比例下跌到百分之五，而由於自二〇〇三年的戰爭起有一百多萬基督徒喪命或離境，如今比例已降到百分之一或不到。埃及的科普特人（Copts），在進入中世紀許久以後，仍占人口多數，如今據認已占不到一成，自二〇一一年「阿拉伯之春」起，其人數隨著遭迫害而遽降。

不過，鄂圖曼帝國垮台後的中東史再怎麼混亂、暴力，我們都不該美化鄂圖曼的過去。不能因為西方世界對阿拉伯半島、敘利亞、美索不達米亞或巴勒斯坦的情況所知不多，就認為在遭第一次世界大戰粗暴打斷之前，中東是平和恬靜之地。一九一四年阿拉伯半島已陷入一場多重內戰裡，而境外的軍事勝負對該內戰的結果只有間接的影響。如果歐洲的影響真的具有決定性作用，那麼麥加的侯賽因肯定已成為公認的整個阿拉伯半島之王（或者，相反地，如果鄂圖曼帝國打贏一次大戰，大概會使恩維爾的人，伊本·拉希德，取得那一頭銜）。結果是伊本·紹德的瓦哈比派兄弟會戰士，雖然和哈希姆家族一樣樂於把英國的補助金放進自己口袋，卻基本上在阿拉伯半島上闖出自己的一片天，而若沒有一九一四至一九一八年的世界大戰，這一結果大概也差異不大。

敘利亞被直接捲入一次大戰的程度，的確遠比阿拉伯半島來得深。但使敘利亞在後鄂圖曼時代陷入動蕩的因子，一九一四年之前許久就已埋下，阿拉伯人的秘密會社與法國駐大馬士革的外交官密謀起事，猶太復國主義者得到從蘇丹阿卜杜勒·哈米德二世到德皇威廉二世的每個重要人物求見。一次大戰使這些陰謀公開化，曝露了黎凡特地區深刻的族群—宗教裂痕，給了境外強權利用它們來圖利自己的誘因。協約國的勝利使法國得以宣告敘利亞為其所有，使英國得以支持彼此水火不容的阿拉伯民族主義運動和猶太復國運動。當初若是土—德陣營打贏一次大戰，這三個帝國（或準帝國）計畫大概都要戛然而止，從這個角度來看，若說一次大戰為以色列、阿拉伯人間的纏鬥不休埋下禍根也不為過。但這些緊張關係在巴勒斯坦鬱積已久，只是還未升高到白熱化。一九一七年夏，德國大使詢問鄂圖曼大維齊爾塔拉特帕夏，德國是否可以搶先英國人一步支持猶太復國運動。塔拉特在一九一五年亞美尼亞人被驅逐、屠殺期間擔任內政部長，因而對鄂圖曼少數族群問題的處理頗有經驗。他答道，「我樂見猶太人（在巴勒斯坦）建立民族家園」，但在他看來，這事沒什麼意義，因為「阿拉伯人會不由分說殺掉猶太人」。[4]

把巴勒斯坦、黎巴嫩、敘利亞境內無休無止的衝突怪在英法兩國頭上者，認為英法把行之有年的「分而治之」政策用在已然派系對立的地區，進一步惡化阿拉伯人與猶太人、基督徒與穆斯林、遜尼派與什葉派穆斯林等對立族群之間既有的緊張。這說法看來言之成理，但他們也應記得這些占領國於一九四六和一九四七年就把駐軍完全撤出該地區，而那時第一次以阿戰爭還未爆發。

經過兩場波斯灣戰爭和現今由美國和其盟邦對抗伊斯蘭國的第三次戰爭，伊拉克可說已成為比以色列／巴勒斯坦更嚴重的地緣政治痛處。英國外交官於一次大戰後劃定的邊界，例如珀西·考克斯爵士所劃定，將伊拉克與一九九〇年被薩達姆·海珊揮兵入侵的科威特隔開的那條「沙中線」，顯然並不牢固。鄂圖曼人始終未打算讓伊拉克北部的摩蘇爾和其他庫德人（與土耳其人）區，與南部阿拉伯人占多數的鄂圖曼省份巴格達、巴斯拉結合為一。伊拉克境內的遜尼派—什葉派分界線，極接近巴格達附近的遜尼派三角區（Sunni triangle）和什葉派聖城納傑夫、卡巴拉，因此比伊斯蘭世界其他任何地方的此類分界線還不穩固，導致兩群體出現危險的離心傾向，什葉派穆斯林把目光望向東邊的伊朗，遜尼派穆斯林則望向南邊的阿拉伯半島，都冀求外部勢力的解救與贊助。這些群體打派系戰爭時，一如伊拉克的庫德人、阿拉伯人、土庫曼人從事族群鬥爭時，伊拉克境內人數較少的族群（基督徒和猶太人），大部分盡量壓低頭，避免遭波及。海珊的復興黨政權於二〇〇三年遭推翻後，伊拉克境內爆發駭人的暴力衝突，世人從中學到數個慘痛的教訓，其中之一是這個由英國帝國主義者草草拼湊起來的脆弱國家，其境內到處存在的部族間緊張、族群間緊張、教派間緊張，原來完全是靠史上最殘暴獨裁者之一的統治者牢牢鎮住。後鄂圖曼時代的伊拉克國內暴力，早在一九二〇年就開始，且持續至今。

上面說的都是事實，但同樣真真切切的，在一九一四年之前，鄂圖曼美索不達米亞就是個暴力橫行之地，只是那暴力不是很特別（且不為大部分西方人所見到）。當時來此的歐洲人注意到建築上的一個怪現象，即當地的房子，明明位於極炎熱的地方，卻往往沒有窗子，只為防止有人隔著窗子開槍射屋裡人。當時，貝都因人襲擾村鎮乃至鄂圖曼駐軍司空見慣，只有傻子才會沒帶防身傢伙行走於美索不達米亞。英國駐巴格達領事不是傻子，才會搭乘有特製裝甲防護的快艇行走於底格里斯河上。卡爾·費格多爾（Karl

Figdor）一九一四年五月為《福斯日報》（*Vossische Zeitung*）報導，為了保護其工人，德國的巴格達鐵路公司不得不蓋起具有防禦工事的工寮。「一道連續不斷的帶刺鐵絲網圍住大院，」費格多爾寫道。「只有面朝受到保護之內院的窗戶和門可以打開……位在最危險區域的火車站完全沒有窗戶，牆上只開了與牆面成斜角的狹長口子，以保護車站，抵禦貝都因人的子彈。」就連受雇的穆斯林都得「每天由武裝衛兵護送到工地」。[5]戰時，英國、鄂圖曼、德國的軍人都被貝都因戰士對待傷兵、垂死士兵的方式嚇到，他們像禿鷹般在每個戰場上打轉，看到倒下的士兵和掉隊的士兵即動手洗劫。德國老戰士漢斯·呂爾斯（Hans Lührs）寫道，「阿拉伯人把那些戰死者剝個精光，把屍體光溜溜丟在那裡，未予埋葬，往往也刻意損傷屍體。」[6]不管伊拉克的國界如何劃定、由誰劃定，伊拉克永遠不會是個容易治理的國家。

如果說在過渡到戰後哈希姆家族（應該說英國）統治的過程中，有哪個鄂圖曼的治理優點喪失掉，那就是治理手段較溫和這一點。與其說鄂圖曼人對美索不達米亞治理不當，不如說他們幾乎未試圖統治該地。一九二〇年夏，伊拉克暴亂最嚴重時，勞倫斯在《週日泰晤士報》語帶懊悔寫道，「我們的政府比舊土耳其體制還差。他們養了一萬四千名強徵入伍的本地兵，一年平均殺掉兩百名阿拉伯人以維持社會秩序。我們養了九萬的兵，還有飛機、裝甲車、炮艇、裝甲火車，在今夏這場暴亂中已殺了約一萬阿拉伯人。

我們別指望能維持這一平均數。」[7]不管勞倫斯的數據有多可靠，他觸及英國人——和後來美國人——在伊拉克所面臨的一個大難題。部族與部族、遜尼派與什葉派、庫德人與阿拉伯人爭鬥不休，但眾多交戰派系（除開土庫曼人這個少數族群），幾乎沒有哪個喜歡土耳其人，但至少土耳其人是穆斯林，透過鄂圖曼哈里發之位得以宣稱自己具有統治的正當性。除開人數不多的猶太人、基督徒少數族群，沒有多少伊拉克人希望由歐洲人（或美國人）統治。事後來看，就可以理解為何穆斯塔法·凱末爾決定不從英國人手裡奪回摩蘇爾，儘管摩蘇爾有豐富且眾所皆知的石油蘊藏。一九一八年後，伊拉克不再是土耳其的夢魘。

戰前的鄂圖曼—阿拉伯世界，整體來講可能不像戰後英法托管下的世界那麼暴力，但未必較穩定。在美索不達米亞之類的地方，鄂圖曼主權在一九一四年前大抵上是虛構的東西，儘管那可能是有用有益的東西。歐洲外交官、工程師、商人老早就開始侵入這個地區，即使沒有一場大國戰爭，他們很可能還是會在俄國漸漸接管東土耳其和北波斯之際，把巴勒斯坦、敘利亞、美索不達米亞納入西方的勢力範圍。在義大利戰爭中，鄂圖曼帝國丟掉了非洲，在兩次巴爾幹戰爭中，丟掉歐洲盧梅利地區的大半，以及愛海琴、佐澤卡尼索斯群島的大部分島嶼。對於土耳其政治家一九一四年的參戰決定，最佳的解讀應是為免於衰落、瓜分作出的臨死前最後一擊，其盤算是利用德國軍力對抗覬覦鄂圖曼領土的更危險強權——俄、英、法（覬覦程度由強而弱）。即使同盟國打贏一次大戰（在布列斯特—立陶夫斯克開會時他們就自認已贏了）戰勝的德國最終很可能還是會扮演某種托管角色，監督土耳其的行政和經濟。即使走到這個情勢，半戰勝的英國可能還是會拿走鄂圖曼的巴勒斯坦、美索不達米亞、敘利亞，作為同意德國入主俄國、烏克蘭的交換條件。考慮到一九一四年時鄂圖曼帝國所面臨的安全問題，此帝國根本不可能無限期維持某種過去的狀況，只會有糟和更糟的路子可走。最後，凱末爾和土耳其民族主義者放棄了治理不了的帝國和其令人頭疼的少數族群，贊成建立一個他們能以強有力手腕治理的單一民族國家，而且在這方面取得超乎預期的成就。在土耳其國界之外，鄂圖曼王位繼承戰爭還在打，而且看不出何時會結束。

誌謝
Acknowledgments

撰寫本書的過程中，得到許多人的襄助。我開始研究這個題目時，仍任職於安卡拉的畢爾肯大學（Bilkent University），Ali Doğramaci 惠我良多，給了我在學界的第一份正職的工作，對我的提攜從此不斷。但本書內容大部分寫於我搬到伊斯坦堡的科奇大學（Koç University）之後，在那裡我要感謝校長 Umran Inan 和院長 Sami Gülgöz 的感心支持，還要感謝我歷史系同事 Dilek Barlas, Yonca Köksal, Can Nacar, Ası Niyazoğlu, Mark Baker, Alexis Rappas 的感心支持。在這一寫書計畫上，我也得到科奇大學董事 Nur Yalman 和 Ömer Koç 最熱情的鼓勵。我與勾心鬥角的土耳其學術界官僚失和，因而在最近搬到紐約州哈德遜河畔安嫩代爾的巴德學院（Bard College），在這件事情上，我這些可敬的友人和同事，完全不必負什麼責。我要感謝巴德學院校長Leon Botstein和院長Michèle Dominy，以及我的歷史系新同事Greg Moynahan, Richard Aldous, Mark Lytle, Omar Cheta, Miles Rodriguez, Tabetha Ewing, Christian Crouch, Carolyn Dewald, Myra Armstead, Alice Stroup, Drew Thomson, Gennady Shkliarevsky，助我取得該學院歷史學教授這個令人振奮的新職。特別是Greg本無義務幫我那麼多忙，卻耐心回答我沒完沒了的疑問，幫我搞定數件大事，包括為我的小孩找到不錯的托兒所。Mark和Richard將他們積累的人生智慧與我分享，讓我覺得安心自在。本書只有最後幾章寫於安嫩代爾，但我覺得巴德學院是教書、寫作的絕佳地方。

撰寫此書時，我常覺得自己站在數個巨人的肩膀上。Norman Stone除了在二〇〇二年就邀我到土耳其加入他的突厥—俄羅斯中心（Turco-Russian Centre），還教我認識許多關於土耳其、俄國的事物，以及其他許多事物。說到土耳其陸軍，若不借用埃德．艾里克森（Ed Erickson）在鄂圖曼軍事史上的專門知識，絕對談不上瞭解，而我借用他這方面的知識已有數年。埃德常不嫌厭煩回答我的提問，我要感激他撥冗回答。穆斯塔法．阿克薩卡爾（Mustafa Aksakal）的《鄂圖曼走上戰爭》（*Ottoman Road to War*），是我所知道瞭解與土耳其一九一四年參戰密切相關之爭議的最佳入門書，麥克．雷茲諾（Mike Reynolds）的《破碎的帝國》（*Shattering Empires*），則是探究俄國—鄂圖曼衝突之地緣戰略層面的理想入門書。麥克始終不吝抽出時間助我，始終爽快回答我叨擾他的許多疑問。在鄂圖曼歷史方面，我也從賈斯丁．麥卡錫（Justin McCarthy）那兒獲益良多，不只從他的著作獲益，還從他數年前在塞拉耶佛的一場精彩演說中獲益，那場演說的主題是一九一五年英國未在亞歷山大勒塔和奇里乞亞採用的路線（我就從他的說法得到啟發，擬出我對加利波利半島上這另一個登陸地點的陳述）。在欽敬和批評麥卡錫的兩類人眼中，麥卡錫的主要角色都是社會史家和人口學家，但我發現他在與鄂圖曼帝國晚期歷史有關的各種事物上，包括軍事和策略上，都特別熟稔。就穆德羅斯停戰協定到洛桑條約之間這段時期，若沒有過去畢爾肯大學的同事、已故的史丹福．蕭（Standford Shaw）的《從帝國到共和國》（*From Empire to Republic*），我肯定不知如何窺其堂奧。這部開創性的歷史大作是有點古怪的專題論著，其難能可貴之處，乃是校勘了從各處檔案引用的長長原始文獻資料並合為一輯。拜蕭之賜，我們可以在舒適的家中或辦公室裡輕鬆閱讀這些資料，得出自己的結論，不管那些結論是否與蕭的結論一致。威廉．艾倫（William Allen）與保羅．穆拉托夫（Paul Muratoff）合著的舊經典《高加索戰場》（*Caucasian Battlefields*），在某些方面已顯過時，但仍是俄土戰爭方面的必讀書籍，我始終少不了它。我無緣結識史考特．安德森（Scott Anderson），但因為他富於幽默感的新專題論著《阿拉伯的勞倫斯》（*Laurence in Arabia*），我也要向他致上敬意。我描述阿拉伯人在一次大戰時的作為時，大大借用了此書。當然，若正文裡有什麼錯誤或誤用，責任全在我。

尤金・羅根（Eugene Rogan）剛出版其有關一次大戰中東戰區的歷史大作，很遺憾在本書付印之時，我仍未能拿到該書。希望這兩本書都有助於恢復鄂圖曼帝國在一次大戰史裡應有的中心角色。

首度建議我處理這個龐大且重要的題目者是美國Penguin出版社的Scott Moyers，從發想到完成，始終有他高明的指引。我的經紀人Andrew Lownie協助此計畫的落實，一如以往我要感謝他的時間付出和銳利的批判眼光。企鵝出版社在倫敦的負責人Simon Winder仔細校讀了本書正文，最後定稿大大受益於他的寶貴建議。

數年來我在六個國家從事此計畫，在這期間幫助過我的檔案保管員和圖書館員多不勝數，但在此我要特別提及紐約市立圖書館的Paul Friedman，在前一個夏天，距交稿期限已沒多少時間時，他花了大熱天的一整個下午幫我掃瞄資料。

若沒有我妻子Nesrin的耐心包容，還有我的兩個寶貝Ayla、Errol，我不可能寫成此書，也不可能寫成什麼書。我是為他們而寫，儘管他們的年紀還不會看這樣的書。我衷心期盼他們有一天會拿此書來看，會喜歡此書。

註釋
Notes

CHAPTER 11 ｜大英帝國的寒冬

1 Hamilton to Kitchener, 17 August 1915, in PRO, WO 32/5119.
2 Churchill, UA Further Note on the General Military Situation" 18 June 1915, reproduced in *World Crisis*, vol. 2,420-28.
3 同上
4 War Office to Hamilton, 11 and 12 June 1915, Hamilton to War Office, 12 June 1915, and Churchill to Kitchener, 15 June 1915, reproduced in ibid., 416-19. For Turco-German expectation of a new landing: Usedom from Chanak to Kaiser Wilhelm II, 25 July 1915, in RM 40-1, 94; and Liman, *Five Years in Turkey*, 79.
5 Hamilton to Kitchener, 17 August 1915, in PRO, WO 32/5119. "Disturbed ants": the phrase is Moore- head's, from *Gallipoli*, 248.
6 Cited in Churchill, *World Crisis*, 444-47.
7 Liman, *Five Years in Turkey*, 89.
8 Details in Erickson, *Gallipoli: The Ottoman Campaign*, 139-66.
9 Hamilton to Kitchener, 17 August 1915, op. city and Stopford Memorandum, 18 August 1915, in PRO, WO 32/5119. Gibson: cited in Travers, *Gallipoli 1915*,189.
10 Cited in ibid., 172-73.
11 Erickson, 166; Wolf, 161.
12 Falkenhayn, *General Headquarters and Its Critical Decisions*, 159-61.
13 As Churchill recalled learning on those dates, in *World Crisis*, vol. 2,498.
14 Falkenhayn, *General Headquarters and Its Critical Decisions*, 175-92.
15 Citations in Moorehead, *Gallipoli*, 297,302.
16 Churchill to War Council, 5 October 1915, reproduced in *World Crisis*, 507-10.

17 Kitchener to Birdwood, 3 November 1915, reproduced in *World Crisis*, 517-18.

18 On the evacuation I have followed mostly Moorehead's superb account in *Gallipoli*, chap. 17.

19 Liman, *Five Years in Turkey*, 103. "God be praised": cited in Erickson, *Gallipoli*, 180. For casualty estimates, see Özdemir, *Ottoman Army 1914-1918*, 114-15.

20 McMeekin, *Berlin-Baghdad Express*, 225-29.

21 For details, see Hopkirk, *On Secret Service East of Constantinople*, chap. 12 ("The Christmas Day Plot").

22 Captain Nunn, "Report on Naval Co-Operation with the Expeditionary Force in Mesopotamia," *op. cit.*, vol. 2; and Erickson, *Ordered to Diet* 110. On Ahwaz, see also Hans Lührs, *Gegenspieler des Obersten Lawrence*, 95-103.

23 Cited in Townshend, *When God Made Hell*, 107. For more details on Amara: Lührs, *Gegenspieler des Obersten Lawrence*, 123-24; and Captain Nunn, "Report on Naval Co-Operation with the Expeditionary Force in Mesopotamia," *op. cit.*, vol. 2.

24 Cited in Townshend, *When God Made Hell*, 97. Lührs: *Gegenspieler des Obersten Lawrence*, 81-82.

25 Captain Nunn, "Report on Naval Co-Operation with the Expeditionary Force in Mesopotamia," *op. cit.*, vol. 2. Citations in Townshend, *When God Made Hell*, 109-19.

26 同上，123-25.

27 Captain Nunn, "Report on Naval Co-Operation with the Expeditionary Force in Mesopotamia," op. cit., vol. 2; and Townshend, *When God Made Hell*, 125-30.

28 Citations in Townshend, *When God Made Hell*, 133,137,143.

29 Captain Nunn, "Report on Naval Co-Operation with the Expeditionary Force in Mesopotamia," *op. cit.*, vol. 2; and Townshend, *When God Made Hell*, 157-66.

30 同上; Captain Nunn, "Report on Naval Co-Operation with the Expeditionary Force in Mesopotamia," *op. cit.*, vol. 2; and (for casualty figures and "dubious refuge") Erickson, *Ordered to Die*, 112-14.

CHAPTER 12｜埃爾祖魯姆和庫特

1 "Enver Paşa şöyle düşünüyordu," in section "Dördüncü Konferansw (January 1916), in

Birinci Dünya Savaşın'da Doğu Cephes, ed. Mareşal Fevzi Çakmak, 112.

2 McMeekin, *Russian Origins of the First World War*, chap. 7.

3 Details in Allen and Muratoff, *Caucasian Battlefields*, 322-29; Nik Cornish, *The Russian Army and the First World War*, 88-89.

4 "Enver Paşa şöyle düşünüyordu," *op. cit.*

5 Erickson, Ordered to Die, 121.

6 This detail in "Azap Yarmasi (Kroki-29)," entry for 12 January 1916, in section "1915 Yili Sonunda Genel Durum," in *Birinci Dünya Savaşın'da Doğu Cephes, op. cit.*, 116.

7 For the battle I have mostly followed Allen and Muratoff, 330-43, with certain details gleaned from the Ottoman-sourced account in *Birinci Dünya Savaşın'da Doğu Cephes, op. cit.*, entries for 12-16 January 1916, 116-17.

8 Azap Yarmasi (Kroki-29), "entry for 16 January 1916, in section "1915 Yili Sonunda Genel Durum," in *Birinci Dünya Savaşın'da Doğu Cephes, op- cit.*, 118.

9 Erickson, Ordered to Die, 124-25.

10 Allen and Muratoff, *Caucasian Battlefields*, 355-57.

11 同上，357-63. For details of the Turkish defense, and the firing of the city's ammunition stores:"Ruslarin Erzurum'a Taarruzu Erzurum Müstahkem Mevkii (Kroki-31),"in section "1915 Yili Sonunda Genel Durum,"in *Birinci Dünya Savaşın'da Doğu Cephes, op. cit.*,124. For Russian sources on the Turkish deserter turning over the map: Airapetov, "*Sud'ba Bosforskoi ekspeditsii,*" 232.

12 Allen and Muratoff, *Caucasian Battlefields*, 364-68.

13 同上，368-72.

14 Buchanan aide-mémoire, reporting on Sir Mark Sykes's presentation of the map modified according to Sazonov's instructions, 11 March 1916, and Sazonov aide-mémoire, 29 February/13 March 1916, signed by Tsar Nicholas II on 1/14 March 1916, nos. LXXV and LXXVII in *Razdel aziatskoi Turtsii,* 157, 160-61.

15 Sazonov aide-mémoire drafted for Paléologue, 13/26 April 1916, and Paléologue "Note" to Sazonov, 26 April 1916, nos. CLLL and CIV in *Razdel aziatskoi Turtsii,* 185-87. For the final Franco-British arrangement, see Cambon to Grey, 15 May 1916, and Grey to Cambon, 16 May 1916, in Butler and Woodward, eds., *Documents on British Foreign Policy 1919-1939*, 1st series, vol. 4,244-47.

16 Captain Nunn, "Report on Naval Co-Operation with the Expeditionary Force in Mesopotamia," *op. cit.*, vol. 4.

17 同上。

18 Citations in Townshend, *When God Made Hell*, 243. For the bit footnoted about German machine guns from Russian intelligence: Strelianov, *Korpus generala Baratova*, 24. "Skinny cats and dogs": Hopkirk, *On Secret Service East of Constantinople*, 213.

19 Baratov, "Extract from the Order to Russian Expeditionary Corps in Persia," 10 June 1918, in Hoover Institution Archives, Baratov collection (Stanford, CA), box 3.

20 Strelianov, *Korpus generala Baratova*, 41-46.

21 Citations in Townshend, *When God Made Hell*, 237-48, and in Captain Nunn, "Report on Naval Co-Operation with the Expeditionary Force in Mesopotamia," *op. cit.*, vol. 4.

22 As noted by Erickson, in *Ordered to Die*, 151.

23 Townshend, *When God Made Hell*, 252.

CHAPTER 13｜雙重嚇唬：鄂圖曼聖戰和阿拉伯人叛亂

1 Pamphlet submitted by J. B. Jackson, U.S. consul in Aleppo, to Ambassador Morgenthau, 8 April 1915, in National Archives of the United States in the U.S. embassy in Ankara, M 353, roll 6.

2 Cited by Snouck Hurgronje, in *Revolt in Arabia*, 43 and *passim*.

3 See McMeekin, *Berlin-Baghdad Express*, chaps. 13 and 16.

4 McMeekin, *Berlin-Baghdad Express*, chap. 15.

5 Anderson, Lawrence in Arabia, 182; and Moorehead, *Gallipoli*, 76.

6 Fromkin, *Peace to End All Peace*, 103-4, 174.

7 Seidt, *Berlin Kabul Moskau*, 81.

8 As recounted in the *Compte rendu d'une stance politique* between Oppenheim and Feisal on 24 April 1915 in the Pera Palace Hotel, in MvO 1/19, folder labeled "Algerien, Afrika und Vorderer Orient. 1886-1941."

9 同上。

10 On the locust plague and its regional impact, see Tamari, *Year of the Locust: A Soldier's Diary and the Erasure of Palestine's Ottoman Past*.

11 Oppenheim-Feisal *Compte rendu*; and Oppenheim, "Besuch be idem Scherifen Fessal [Feisal] in Bujuk- dere am 30. April 1915," in MvO 1/19, folder labeled "Algerien, Afrika und Vorderer Orient. 1886-1941."
12 "Texte des instructions au Grand Chérif de Mecque remis à son fils Chérif Faisal Bey par son Excellence Enver Pacha le 9 mai 1915," and Oppenheim, "Besuch be idem Scherifen Fessal [Feisal] in Bujukdere am 30. April 1915," both in MvO 1/19, folder labeled "Algerien, Afrika und Vorderer Ori- ent. 1886-1941."
13 恩維爾在與胡曼之類德國同僚交談時非常清楚這點。見Humann report, 12 July 1916, in EJP, 1/35.
14 Cited in Fromkin, *Peace to End All Peace*, 185.
15 Oppenheim reproduces a copy of this telegram in MvO, 1A9, section of memoirs labeled "Person- alien …Stammbaum der Scherifen vol. Mekka. Fesal. Aufstand im Hedjaz."
16 McMeekin, *Berlin-Baghdad Express*, 293.
17 Wolff-Metternich from Pera, passing on Mecklenburg from Baghdad, June 1916, in PAAA, R13571.
18 Details in Anderson, *Lawrence in Arabia*, 188-89.
19 Cited by Snouck Hurgronje, in *Revolt in Arabia*, 43 and *passim*.
20 See citations in Will, *Kein Griff nach der Weltmacht*, 223 and 297. For the British pledge not to dismember Arabia, see French-language translation of English-language pamphlet intercepted by Otto¬man intelligence, ca. summer 1916, in BOA, HR.SYS 2318-6.
21 Stotzingen from El-Ula, 5 May 1916, and from Damascus, 16 July 1918, both in PAAA, R 21142. See also McKale, *War by Revolution*, 178.
22 Khogopian dispatch intercepted by Russian army intelligence, 1/14 June 1916; and (for 24 officers) Bakherakt to Sazonov from Bern, passing on Russian spy Mandel'shtam's report, 15/28 June 1916, both in AVPRI, fond 151, opis' 482, del' 4073,99-100,114.
23 Werth from Sivas, 14 August 1916, in PAAA, R13753.
24 Akçam, *The Young Turks' Crime Against Humanity*, 105-111，以及關於遭驅逐出境的希臘裔總數估計，見頁87-89。就整個一次大戰來說，Akçam提出四十八萬一千一百零九人這個數字，其中十二萬九千七百二十七人被從色雷斯驅逐出境，其餘的則被從小亞細亞驅逐出境。他利用的原始資料是一份希臘新聞報導文章的土耳其重印版，該文刊登於一九一九年二月，那時，戰爭剛結束不久，

各種誇大不實的說法滿天飛，以打動正在凡爾賽議決數個民族之命運的協約國代表。Bloxham在*The Great Game of Genocide*（頁141）提出的估計數據稍低，似乎較可信，儘管那些數據也未以稱得上鐵證的證據為依據。對戰前和戰時小亞細亞希臘裔的人口學研究，仍落後於對亞美尼亞裔人口的這方面的研究，因此，在有更確切的認識之前，我們大概只能將就接受這些相當籠統的估計。無論如何，一次大戰期間遭驅離家園的希臘裔人數，並非少到可略而不計，而且似乎在兩個時期驅離最厲害：加利波利半島戰役期間和一九一六至一九一七年那個秋冬。

25 Lewy, *Armenian Massacres in Ottoman Turkey*, 205-8; and Bloxham, *Great Game of Genocide*, 98-99.

26 Humann to Jäckh, 15 November 1916, in PAAA, R13753.

27 British spy report of agent in Constantinople from 3 to 27 June 1916, forwarded from Alexandria on 11 July 1916, in RGVIA, fond 2000, opis' 1, del' 3888,168.

28 Humann to Jäckh, 15 November 1916, *op. cit.*

29 Pomiankowski, 225.

30 "Altinci Konferans," entries for August and September 1916, in *Birinci Dünya Savaşın'da Doğu Cephes,* 215-18. For summaries, see also Erickson, *Ordered to Die*, 127-33; and Allen and Muratoff, *Caucasian Battlefields*, 422-28,440.

31 Kress to Tirpitz, 24, August 1916, in BA/MA, RM 40/215。欲更深入瞭解，也見Pomiankowski, *Zusammenbruch*, 227; Erickson, *Ordered to Die*, 153-155; and Ulbrichsen, *First World War in the Middle East*, 107-108。Ulbrichsen利用英國的原始資料，對此役的英國方面交待較詳細，但離譜高估了克雷斯的戰力。

32 Allen and Muratoff, *Caucasian Battlefields*, 430-35. For the Galician deployment, see Erickson, *Ordered to Die*, 137-41.

33 On the Habsburg side, see especially Tunstall, "Austria-Hungary and the Brusilov Offensive of 1916," in *Historian* 70 (1): 30-53. On the fallout for Russia, see Timothy Dowling, *The Brusilov Offensive.*

34 Details in McMeekin, *Russian Origins*, chap. 9; and (for *Imperatriza Maria*), see German naval intelligence report filed from Bucharest, 29 March 1917 (based on the report of a captured Russian naval officer), in RM 40/192. On the *Alexander III*: Airapetov, "Sud'ba Bosforskoi ekspeditsii," 245. Twenty- four new divisions by summer 1917: see dispatch

signed by Grand Duke Nicholas, 26 December 1916, in the Nicholas de Basily collection, Hoover Institution Archives (Stanford, CA), box 1.

CHAPTER 14 ｜俄羅斯的重要時刻

1 Cited by Stites in "Miliukov and the Russian Revolution," foreword to Miliukov, *The Russian Revolution*, xii.
2 "Turkish Gunboats Sunk. Russian Exploits in the Black Sea," *Morning Post*, London, 28 December 1915 (clipped with glee by the German Admiralty and preserved in BA/MA, RM 40/223).
3 Halpern, *Naval History of World War I*, 237。Halpern倚賴二手資料，把瑪麗亞號誤認為凱薩琳號，但除此之外，他文中的細節真實無誤。
4 Airapetov, "*Sud'ba Bosforskoi ekspeditsii,*" 236.
5 Ibid., 237-243; Halpern, *Naval History of World War I*, 234-244。蘇聯歷史學家Pavlovich在*Fleet in the First World War*（頁446）中證實，「在那個期間，俄國海軍幾乎稱霸（黑）海。」
6.Erickson, *Ordered to Die*, 135-37; Allen and Muratoff, *Caucasian Battlefields*, 438. See also Pomiankowski, *Zusammenbruch*, 225-26.
7 Airapetov, "*Sud'ba Bosforskoi ekspeditsii,*" 246.
8 Paléologue to Briand, 31 October 1916, in the Nicholas de Basily collection, Hoover Institution Archives (Stanford, CA), box 9. Trepov: Pipes, *Russian Revolution*, 257-58.
9 Bazili to N. N. Pokrovskii, from Stavka, 26 February/11 March 1917, in AVPRI, fond 138, opis' 467, del' 493/515, list' 1 (and back).
10 Guchkov telegram to Stavka, 19 March/1 April 1917, in the Nicholas de Basili collection, Hoover Institution Archives (Stanford, CA), box 11.
11 *Op. cit.*
12 Bazili to Milynkov, 23 March/5 April 1917, in AVPRI, fond 138, opis' 467, del' 493/515, list' 4-6 (and backs).
13 Kolchak to Russian Naval Command, 23 March/5 April 1917, in AVPRI, fond 138, opis' 467, del' 493/ 515, list, 11.
14 Bazili to Milyukov from Stavka, 8/21 April 1917, in AVPRI, fond 138, opis' 467, del'

493/515, list' 12- 16. On Romanian vessels: see G. W. Le Page to Captain H. G. Grenfell, 4 January 1917, in PRO, ADM 137/940.

15 G. W. Le Page to Captain H. G. Grenfell from aboard the *Almaz* at Sevastopol, 29 April 1917, in PRO, ADM 137/940.

16 Le Page to Grenfell from Petrograd, 3 April 1917, in PRO, ADM 137/940.

17 Usedom to Kaiser Wilhelm II, 16 April 1917, in BA/MA, RM 40-4. Seven seaplanes: Greger, *Russische Flotte im Ersten Weltkrieg*, 61.

18 Baratov, "Prikaz' zakluchitel'nyi voiskam' Otdelnago Kavkazkago Kavaleriiskago Korpusa... Generala ot' Kavalerii Baratova, 10 June 1918, in the Hoover Institution Archives (Stanford, CA), box 3, folder 3-5 ("Russian Expeditionary Force. Farewell to Troops").

19 Cited in Kazemzadeh, *Struggle for Transcaucasia*, 61. See also Wildman, *End of the Russian Imperial Army*, vol. 2,141.

20 Citations in Pipes, *Russian Revolution*, 329, 399-400. For more on mutinies targeting officers with German names, see Airapetov, "*Sud'ba Bosforskoi ekspeditsii,*" 248 and *passim*.

21 Citations in Pipes, *Russian Revolution*, 399-403.

22 Cited in ibid., 413.

23 Rukovodiashchiia ukazaniia General'Komissaru oblastei Turtsii, zanyatyikh'po pravu voinyi,"adjusted to comply with the "peace without annexations" declaration by the Petrograd Soviet, 15/28 May 1917, in AVPRI, fond 151, opis'482, del'3481, list'81-82.

24 G. W. Le Page to Captain H. G. Grenfell from aboard the *Almaz* at Sevastopol, 23 May 1917, in PRO, ADM 137/940.

25 Usedom to Kaiser Wilhelm II, 24 September 1917, in BA/MA, RM 40-4; Le Page to Grenfell from the *Almaz* off Sevastopol, 23 and 30 May 1917, in PRO, ADM 137/940; and German intelligence report dated 4 July 1917, in BA/MA, RM 40-192. For more details on Russian operations on 25-26 May 1917: Greger, *Russische Flotte im Ersten Weltkrieg*, 61-62.

26 Le Page to Grenfell from the *Almaz* off Sevastopol, 3 April and 30 May 1917, in PRO, ADM 137/940. On rumors surrounding Kolchak sending the fleet out during the February Revolution: *Novoe Vremya* article dated 20 April/3 May 1917, clipped in BA/MA, RM 40-192.

27 Le Page to Grenfell from the *Almaz* off Sevastopol, 23 June 1917, in PRO, ADM 137/940.

See also Halpern, *A Naval History of World War I*, 252-53, and Pavlovich, *Fleet in the First World War*, 460-63.

28 Usedom to Kaiser Wilhelm II, 24 September 1917, in BA/MA, RM 40-4。但烏塞多姆在數個細節上搞錯。英國戰機其實未在耶西勒廓伊機場丟下炸彈，而且烏塞多姆認為在金角灣投下的炸彈，矛頭全指向將軍號，而非戈本號（但這未能讓英國轟炸機的精準度因此比較好看）。對此次襲擊的更詳細記述，見Harvey, "Bombs on Constantinople," in *Cross and Cockade International Journal*, vol. 38 (no.3): 165-167。

29 Greger, *Russische Flotte im Ersten Weltkrieg*, 63.

30 "Proklamation der revolutionaeren russischen Flotte um die tuerkische Nation," tossed overboard from a Russian motorboat near the entrance to the Bosphorus, 26 April 1917, and attached to Usedom's report to Kaiser Wilhelm II, 24 September 1917, in BA/MA, RM 40-4.

31 Ibid. On the Odessa mutiny (which occurred on 19-20 July), see German agents report from Constantinople, 2 September 1917, in BA/MA, RM 40-193.

32 "Proklamation der revolutionaeren russischen Flotte um die tuerkische Nation," *op. cit.*

33 Telegram from Kurt von Lersner at Gr. Hauptquartier to the Foreign Office in Berlin, 25 November 1917, in PAAA, R 10085; and Riezler telegram from Stockholm to the Foreign Office in Berlin, 26 November 1917, in PAAA, R 2000.

CHAPTER 15 | 使阿拉伯人轉向

1 T. E. Lawrence to Gilbert Clayton, 22 January 1918, in PRO, WO 158/634.

2 As noted by Erickson in *Ordered to Die*, 160-61. On Muş and the reasons for Yudenich's move, see Allen and Muratoff, *Caucasian Battlefields*, 449; and Reynolds, *Shattering Empires*, 168-69.

3 See McMeekin, *Berlin-Baghdad Express*, 270-71 and 271n.

4 Cited in Anderson, *Lawrence in Arabia*, 199-200. "Little Lawrence": cited in Fromkin, *Peace to End All Peace*, 226.

5 Cited in Anderson, *Lawrence in Arabia*, 198.

6 As noted by Anderson in ibid., 233.

7 Ibid" 235-43,257-58, and 264.

8 Cited in Ulrichsen, *First World War in the Middle East*, 109. For details on the Ottoman order of battle: Pomiankowski, *Zusammenbruch*, 274-75.

9 Liman, *Five Years in Turkey*, 164-65.

10 Cited in Anderson, *Lawrence in Arabia*, 283.

11 The best account remains Tuchman's *Zimmermann Telegram*.

12 On German Zionism and its role in the war, see McMeekin, *Berlin-Baghdad Express*, epilogue. The New York Times headline is cited in Anderson, *Lawrence in Arabia*, 303.

13 Citation in Fromkin, *Peace to End All Peace*, 236. On the Balfour Declaration: see also chap. 18 below.

14 Captain Nunn, "Report on Naval Co-Operation with the Expeditionary Force in Mesopotamia," op. cit., vol. 4; and Townshend, *When God Made Hell*, 337-42. For 11,000 effectives: Pomiankowski, *Zusammenbruc,* 273.

15 Captain Nunn, "Report on Naval Co-Operation with the Expeditionary Force in Mesopotamia," *op. cit*, vol. 4; and Townshend, *When God Made Hell*, 343-59.

16 Liman, *Five Years in Turkey*, 161-63.

17 Cited in Townshend, *When God Made Hell*, 373.

18 Baratov, "Bor'a v' Persii vo vremenii Revoliutsii," in the Baṛatov collection, Hoover Institution Archives (Stanford, CA), box 3. For more operational detail, see Pomiankowski, *Zusammettbruch*, 273; and Liman, *Five Years in Turkey*, 163-64,181-82.

19 Anderson, *Lawrence in Arabia*, 311-23. For the Aqaba crisis: see McMeekin, *Berlin-Baghdad Express*, 26-27 and n. 26.

20 Cited in Anderson, *Lawrence in Arabia*, 264.

21 Ibid., 328-38.

22 Chief, Egypforce to C-in-Chief, London, 19 July 1917, in PRO, WO 158/634.

23 Cited in Fromkin, *Peace to End AU Peace*, 312; for the total figure estimated by Storrs, see 223. For interim figures and the size of the gold reserve in Cairo: Wingate from Cairo, 29 January 1917; Wingate from Ramleh, 18 July 1917; and Wingate from Cairo, 15 November 1917, in PRO, FO 371/3048.

24 Anderson, *Lawrence in Arabia*, 389-90.

25 Details in Pomiankowski, Zusammenbruch, 292-93; Ulrichsen, *First World War in the*

Middle East, 111-13; and (for the bit about Jerusalem for Christmas) Fromkin, *Peace to End All Peace*, 308.

CHAPTER 16 | 布列斯特—立陶夫斯克：下了毒的聖杯

1 Cited, with a slight paraphrase, in Baumgart, *Deutsche Ostpolitik*, 125-26.

2 The Russo-Ottoman armistice terms are reproduced in Kurat, *Brest-Litovsk Müzakereleri ve Barışı*, 378-79. For details of its enactment along the Russo-Ottoman fronts and at sea, see also Halpern, *A Naval History of World War I*, 255; and Airapetov, "*Sud'ba Bosforskoi*,"252.

3 Mango, Atatürk, 167.

4 Usedom to Kaiser Wilhelm II,24 September 1917 in BA-MA, RM 40-4. On Turkish-German tensions in 1916-17 generally, see McMeekin, *Berlin-Baghdad Express*, chap. 18. See also Halpern, *A Naval History of World War I*,257.

5 Liman, *Five Years in Turkey*, 189-91,195.

6 Pomiankowski, *Zusammenbruch*, 329.

7 Kazemzadeh, *Struggle for Transcaucasia*, 43-44,61; Wildman, *End of the Russian Imperial Army*, vol. 2,135.

8 Wheeler-Bennett, *Brest-Litovsk: The Forgotten Peace*, 70-73.

9 Pomiankowski, *Zusammenbruch*, 330. For more on atrocities committed by the departing Russians, see also "Nouvelles alarmantes," in Ribal, 8 February 1918, as clipped by the German Admiralty and preserved in BA/MA, RM 40/215.

10 Citations in Gökay, *Clash of Empires*, 17-18.

11 Cited in Wheeler-Bennett, *Brest-Litovsk: The Forgotten Peace*, 115.

12 Ibid., 85-87,114.

13 Ibid., 118-19; and Reynolds, *Shattering Empires*, 174-75.

14 Bernstorff to Kühlmann, 17 December 1917, in PAAA, R 13755.

15 Reynolds, *Shattering Empires*, 175-76.

16 Allen and Muratoff, *Caucasian Battlefields*, 458-59.

17 This decree is reproduced (in Turkish translation) in Kurat, *Brest-Litovsk Müzakereleri ve Barış*, 385-86. Talât's protest: 390.

18 Cited in Reynolds, "The Ottoman-Russian Struggle for Eastern Anatolia and the Caucasus, 1908- 1918," 333.

19 Wheeler-Bennett, *Brest-Litovsk: The Forgotten Peace*, 165-66. See also Baumgart, *Deutsche Ostpolitik*, 20.

20 Baumgart, *Deutsche Ostpolitik*, 21; and Pipes, *Russian Revolution*, 582-83.

21 Cited in Reynolds, *Shattering Empires*, 183.

22 Hoffman report from Brailia for NATEKO, 28 March 1915, in BA/MA, RM 40-251.

23 Cited in Pipes, *Russian Revolution*, 584.

24 Citations in Wheeler-Bennett, *Brest-Litovsk: The Forgotten Peace*, 152,226-28.

25 Citations in Baumgart, *Deutsche Ostpolitik*, 23-25.

26 Ibid., 25-26. On the expropriation of private bank accounts, see McMeekin, *History's Greatest Heist*, chap. 1.

27 Keegan, *The First World War*, 382.

28 For figures and analysis of German troop deployments prior to the Ludendorff offensive, see Stevenson, *Cataclysm*, 398-99.

29 Baumgart, *Deutsche Ostpolitik*, 119-27. For Hoffman citation, Pipes, *Russian Revolution*, 586-87.

30 Humann from Constantinople, 9 March 1918, in BA/M A, RM 40-251.

31 "Augenblicklichen Lage im Kaukasus," 6 April 1918, in BA/M A, RM 40/215; and Pomiankowski, *Zusammenbruch*, 335.

32 Hoffman passing on Romanian admiral Balescu, 8/9 March 1918, in BA/M A, RM 40-251.

33 Hoffman from Braila, 28 March 1918, *op. cit.*

34 Ibid., and Generalkommando passing on Bene from the field, 23/24 March 1918, in BA/MA, RM 40-251.

35 Hoffman from Braila, 23 March 1918; and Bene from the field, 26 March 1918, both in BA/MA, RM 40-251.

36 Report of Captain-Lieutenant Nusret from Constantinople after his tour of Russia*s Black Sea ports, 14 April 1918, in BA/MA, RM 40-252.

37 Baumgart, *Deutsche Ostpolitik*, 162.

38 Ibid., 124-29.

39 "Augenblickliche Lage im Kaukasus," 6 April 1918, *op. cit.*

40 Reynolds, "The Ottoman-Russian Struggle for Eastern Anatolia and the Caucasus," 372.

41 German Army Abschrift dated 13 April 1918, in BA/MA, RM 40-251.

42 Reynolds, "The Ottoman-Russian Struggle for Eastern Anatolia and the Caucasus," 467; and Gökay, *Clash of Empires*, 26.

43 "Augenblickliche Lage im Kaukasus," 6 April 1918, *op. cit*; Reynolds, *Shattering Empires*, 200; and Allen and Muratoff, *Caucasian Battlefields*, 495, n. 1.

44 Reynolds, *Shattering Empires*, 206-15.

45 Pomiankowski, *Zusammenbruch*, 361-63; Erickson, *Ordered to Die*, 186-87; and Allen and Muratoff, *Caucasian Battlefields*, 476-78.

46 Reynolds, *Shattering Empires*, 227; Pomiankowski, *Zusammenbruch*, 365.

47 Kress to Oberste Heerestleitung and Reichskanzler Hertling, 6 August 1918, and reply dated 24 August 1918, in BA/MA, RM 40-254. On the Turkish troops being routed to Batum, see German agent's report on his "Rundreise im Asow-Meer," dated 19 August 1918, in BA/MA, RM 40-254.

48 Baumgart, *Deutsche Ostpolitik*, 132-33,147,150, n. 166.

49 Ibid., 109-17 and (for subsidy to Don Cossacks) 142. For the agreement with the Kuban Cossacks, over matters such as the turning over of German prisoners of war on their territory and German rights of navigation on the Sea of Azov, see "Niederschrift der Besprechung am 15. August zu Jeisk," in BA/MA, RM 40-254.

50 Baumgart, *Deutsche Ostpolitik*, 194, n. 80, On the agreement with Georgia on Maikop and Grozny, see German agent's report on his "Rundreise im Asow-Meer," dated 19 August 1918, in BA/MA, RM 40-254.

51 Reynolds, "The Ottoman-Russian Struggle for Eastern Anatolia and the Caucasus, 1908-1918," 468- 69; and Baumgart, *Deutsche Ostpolitik*, 200.

52 Allen and Muratoff, *Caucasian Battlefields*, 494-495。下令拿下巴庫，「把德國國旗插在裏海上」：citations in Baumgart, *Deutsche Ostpolitik*, 204-205。關於「沙姆霍爾」（Shamkhor）、巴庫兩地屠殺案中有爭議的死傷數據，見 Kazemzadeh, *Struggle for Transcaucasia*, 70-73, 83-84; Pipes, *Formation of the Soviet Union*, 103; and Gökay, *Clash of Empires*, 23。土耳其方面最初的說法——一萬兩千名亞塞拜然人遇害於沙姆霍爾——八九不離十流於誇大，但遇害者至少約三千人，似乎是合理的估計。

同樣的，九月在巴庫多達七萬亞美尼亞人遇害一說，通常被斥為不值一顧，理由是全面撤離行動執行得相當有條理。但此城遭伊斯蘭軍攻陷後，亞塞拜然人找當地亞美尼亞人算帳，手段殘酷，則是很清楚的事，遇害者多達數千。

CHAPTER 17｜穆德羅斯

1 Cited in Dyer, "Turkish Armistice," 316.
2 Citations in Lloyd, *Hundred Days,* 139-40. On the gold shipments, see McMeekin, *History's Greatest Heist*, chap. 5.
3 See the extensive "Correspondence in the Event of a Withdrawal from Salonika," in PRO, WO 106/1359.
4 Mühlmann, *Oberste Heeresleitung und Balkan im Weltkrieg*, 212-13.
5 Pomiankowski, *Zusammenbruch*, 379.
6 Mühlmann, *Oberste Heeresleitung und Balkan im Weltkrieg*, 225 and passim.
7 Ibid., 229; and Pomiankowski, *Zusammenbruch,* 380-81.
8 Cited in Stevenson, *Cataclysm*, 468.
9 For recent discussions, see Lloyd, *Hundred Days,* and Stevenson, *With Our Backs to the Wall: Victory and Defeat in 1918.*
10 Cited in Mango, *Atatürk,* 185.
11 T. E. Lawrence to Gilbert Clayton from Tafilah, 22 January 1918, in PRO, WO 158/634.
12 Citations in Liman, *Five Years in Turkey*, 269; Pomiankowski, *Zusammenbruch*, 383-84; and Mango, Atatürk 179.
13 Details in Erickson, *Ordered to Die*, 197-99; Mango, *Atatürk*, 179-80; and Fromkin, *Peace to End All Peace*, 333.
14 Pomiankowski, *Zusammenbruch*, 384-85; and Muhlmann, *Oberste Heeresleitung und Balkan im Weltkrieg*, 250-51.
15 Ibid., and Liman, *Five Years in Turkey*, 196.
16 Ibid., 243.
17 Citation in Fromkin, *Peace to End All Peace*, 364.
18 On the Mesopotamian finale: Townshend, *When God Made Hell*, 432-35.
19 See Erickson, *Ordered to Die*, 188, 197, 202 (tables 7.3, 7.4, 7.5). For Franchet d^sperey

and Milne: Stevenson, Cataclysm, 483-84.

20 Details in Mango, *Ataturk*, 185-86. On Rauf: see Wangenheim (passing on Niedermayer) to Berlin, 18 January 1915, in PAAA, R 21034, and Sarre to Nadolny, 20 April 1915, in PAAA, R 21042. For Rauf5s side of the story, see Kele § yilmaz, Te^kilat-i-Mahsusa'mn Hindistan Misyonu (1914-1918)y 91-94.

21 As noted by Fromkin in *Peace to End All Peace*, 258-59.

22 On Lawrence in October 1918: Anderson, *Lawrence in Arabia*, 473-74,484. See also Allenby's report for the *London Gazette*, preserved in PRO, WO 32/5128.

23 Liman, *Five Years in Turkey*, 320. Kemal's "border drawn by Turkish bayonets,": Akşin, *Ana Çizgileriyle Türkiye'nin Yakın Tarihi 1789-1980*, 114. For the fall of Petrovsk, see Reynolds, *Shattering Empires*, 251.

24 Townshend, *When God Made Hell*, 432-33. For Townshend's proposed terms, see also Dyer, "Turkish Armistice," 319.

25 Cited in Dyer, "Turkish Armistice," 316.

26 Citations in ibid., 316,321-22. See also Fromkin, *Peace to End All Peace*, 364-65,370-71.

27 Cited in Dyer, "Turkish Armistice," 335.

28 Ibid.

29 The final armistice terms, with rolling modifications and Ottoman comments on individual clauses, are reproduced in Shaw, *From Empire to Republic*, vol. 1,81-93.

30 Cited in Mango, *Atatürk*, 192.

CHAPTER 18 ｜塞夫爾

1 Cited in Shaw, *From Empire to Republic*, vol. 2,400.

2 Cited in Fromkin, *Peace to End All Peace*, 373.

3 Cited in ibid., 341.

4 Not mentioned in the *London Gazette*: see both censored and uncensored versions of Allenby's report for the *London Gazette*, preserved in PRO, WO 32/5128.

5 Cited in Barr, *A Line in the Sand*, 61-62.

6 Cited in Fromkin, *Peace to End All Peace*, 377.

7 As noted by Anderson, in *Lawrence in Arabia*, 485-86.

8 Barr, *A Line in the Sand*, 75-76.

9 MacMillan, *Paris 1919*, 390-91.

10 Barr, *A Line in the Sand*, 77; and "Anglo-French Declaration of 7 November 1918." http://www.balfourproject.org/anglo-french-declaration/

11 Cited in Shaw, *From Empire to Republic*, vol. 2,425.

12 Ibid., 429.

13 Cited in Fromkin, *Peace to End All Peace*, 374.

14 Cited in Shaw, *From Empire to Republic*, vol. 2,378-79.

15 Citations in MacMillan, *Paris 1919*, 379.

16 Mango, *Atatürk*, 246-47; and Shaw, *From Empire to Republic*, vol. 2,426,430-31.

17 The King-Crane Commission report is reproduced in Shaw, *From Empire to Republic*, 448-50. "Noth- ing the people of the United States": cited in MacMillan, *Paris 1919*, 379.

18 Shaw, *From Empire to Republic*, vol. 2,463 and *passim*.

19 Ibid., vol. 1,144-45.

20 Mango, *Atatürk*, 196-97.

21 Shaw, *From Empire to Republic*, vol. 2,603-4.

22 See Mango, *Atatürk*, 204-5. The surprising and short-lived Italian occupation of Fethiye is amusingly reconstructed in Bernières, *Birds Without Wings*.

23 Lewy, *Armenian Massacres*, 77.

24 Akçam, *Young Turks' Crime Against Humanity*, 10-17 和書中多處。關於文件佚失一事，Akçam本人當然把那解讀為土耳其有計畫的消除與一九一五年鄂圖曼政府族群滅絕意向有關之證據的明證。他以一九一五年的某些真實文件支持這一說法，為「故意」之說提供了有證據佐證的有力理由，且比其他只倚賴道聽途說（關於土耳其官員在那一年做了什麼的道聽途說）的記述，遠更有說服力。但不得不說的，以Akçam所坦承「不完整」的伊斯坦堡法庭審判記錄為依據的那些說法，很有問題。在某些方面，土耳其政府自己對犯下傷害平民罪的官員作出的戰時軍法審判較為可靠，因為這些裁定是在沒有來自占領軍的外來政治壓力下作出，而且大部分的判決真的執行。關於這些戰時的軍法審判，見Shaw, *From Empire to Republic*, vol. 1, 58-59。

25 Cited in Lewy, *Armenian Massacres*, 81.

26 "Les réfugiés Arméniens de Port Said," 25 September 1916, in folder marked "Armement

des contingents irréguliers," in VSHD, 7 N 2150 ("Section d'Afrique. 1915-1918. Subventions aux corps de partisans d'Orient... irrégulier, Arméniens, etc.").

27 Cited in Shaw, *From Empire to Republic*, vol. 2, 878-79. See also Kerr, *The Lions of Maraş: Personal Experiences with American Near Eastern Relief*, 33-34.

28 Shaw, *From Empire to Republic*, vol. 2,469-70.

29 See Mansel, *Levant*, 190-91.

30 Citations in Llewellyn-Smith, *Ionian Vision*, 77-78, and MacMillan, *Paris 1919*, 431-32.

31 Citations in Llewellyn-Smith, *Ionian Vision*, 89-90, and Shaw, *Empire to Republic*, vol. 2,516-19.

32 Citations in Mansel, *Levant*, and Mango, *Atatürk*, 225-26.

33 Ibid., and Kinross, *Atatürk*: *The Rebirth of a Nation*, "The Start of the Struggle" and *passim*.

34 Barr, *A Line in the Sand*, 101-2; Shaw, *From Empire to Republic*, vol. 2,901 and *passim*.

35 Churchill to Balfour, 23 August 1919, and Churchill Memorandum dated 25 October 1919, cited in ibid., 404-6.

36 Citations in Shaw, *From Empire to Republic*, vol. 2,808-11.

37 Ibid., 824-27; and Kinross, *Atatürk: The Rebirth of a Nation*, 206-7.

CHAPTER 19 | 薩卡里亞

1 Cited in Mango, *Atatürk*, 318.

2 Terms of the Treaty of Sevres, widely available, as at http://www.hri.org/docs/sevres/partl.html (and part 2, 3,4, etc.).

3 The phrase is Llewellyn-Smith's, from *Ionian Vision*, 123.

4 Hovannisian, "The Annexation of Kars," in *The Republic of Armenia*, vol. 1.

5 On Lloyd George's abandonment of the Whites, see McMeekin, *History's Greatest Heist*, 132-36. For the Armenian perspective on all this, see Hovannisian, "The Russian Crisis and Transcaucasia," in *The Republic of Armenia*, vol. 2.

6 Hovannisian, "Bolshevik Movements in Transcaucasia," and "The May Uprising in Armenia," in *The Republic ofArmenia*, vol. 3.

7 Mango, *Atatürk*, 240-45. On the Armeno-Georgian war of December 1918 see Hovannisian, "The Armeno-Georgian Entanglement," in *The Republic of Armenia*, vol. 1.

8 Ibid., "The Summer Campaigns of 1920," in vol. 3, esp. 298-305.
9 On the strategic picture, the Comintern Congress and the general euphoria in Moscow in August 1920, see McMeekin, *The Red Millionaire*, chap. 5 ("Moscow").
10 Reynolds, *Shattering Empires*, 255-59; Mango, *Atatürk*, 290-95; and Kinross, *Atatürk: The Rebirth of a Nation*, 244-45.
11 Llewellyn-Smith, *Ionian Vision*, 123-25.
12 Shaw, *From Empire to Republic*, vol. 3, pt. 1,1181-83.
13 Cited in ibid., 1180. See also Llewellyn-Smith, *Ionian Vision*, 126-30.
14 Shaw, *From Empire to Republic*, vol. 3, pt. 1, 1186-88. For Venizelos to Lloyd George: cited in Llewellyn-Smith, *Ionian Vision*, 131.
15 Cited in Shaw, *From Empire to Republic*, vol. 3, pt. 1,1191-92.
16 Cited in ibid., 1125-26.
17 Llewellyn-Smith, *Ionian Vision*, 183-97; Mango, *Atatürk*, 308-11. Wilson: cited in Shaw, *From Empire to Republic*, vol. 3, pt. 1,1254-55.
18 Cited in Mansel, *Levant*, 209. On Toynbee's dispatches and their effect on Western, particularly British, opinion, see chap. 20 below.
19 Citations in Llewellyn-Smith, *Ionian Vision*, 227-331, and (for Prince Andrew) in Giles Milton, *Paradise Lost*, 210.
20 Citations and details in Shaw, *From Empire to Republic*, vol. 3, pt. 1,1346-49.
21 Citations in ibid., 1350-52, and (for Halidé Edib) in Giles Milton, *Paradise Lost*, 214-15.

CHAPTER 20｜士麥那

1 Cited in Shaw, *From Empire to Republic*, vol. 4,1692-93.
2 Cited in ibid., vol. 3, pt. 1,1352.
3 Horton to Secretary of State, Washington, DC, from Smyrna, 7 September 1922, reproduced in *American Documents on Greek Occupation of Anatolia*.
4 Llewellyn-Smith, *Ionian Vision*, 249-52.
5 Passages from Toynbee's dispatches cited in Shaw, *From Empire to Republic*, vol. 3, pt. 1,1265-70. For details on Toynbee's sacking, see also Mango, *Atatürk*, 329.
6 Shaw, *From Empire to Republic*, vol. 3, pt. 1,1272-73.

7 See, e.g., Bristol to Secretary of State, 2 July 1921, document 31 in *American Documents on Greek Occupation of Anatolia*.

8 Cited in Llewellyn-Smith, *Ionian Vision*, 213-14.

9 Mango, *Atatürk*, 329-31.

10 Cited in Shaw, *From Empire to Republic*, vol. 3, pt. 1,1335.

11 Cited in Llewellyn-Smith, *Ionian Vision*, 251.

12 Citations in Shaw, *From Empire to Republic*, vol. 3, pt. 2,1608-12.

13 Citation in ibid., 1639. On Lloyd George insisting the Greek army stay on as a bargaining lever with Kemal, see Llewellyn-Smith, *Ionian Vision*, 256.

14 On the Bukharan gold, see McMeekin, *History's Greatest Heist*, 67-68.

15 Citations in Shaw, *From Empire to Republic*, vol. 3, pt. 2,1620,1675.

16 Fromkin, *Peace to End All Peace*, 497.

17 Citations in Shaw, *From Empire to Republic*, 1643-45.

18 Llewellyn-Smith, *Ionian Vision*, 276.

19 Cited in Kinross, *Atatürk: The Rebirth of a Nation*, 306-7.

20 Ibid., 309-14; and Mango, *Atatürk*, 341-42.

21 Cited in Kinross, *Atatürk: The Rebirth of a Nation*, 316.

22 Rumbold to Curzon, 19 September 1922, cited in Shaw, *From Empire to Republic*, vol. 4,1700. Halida Edib: cited in Kinross, *Atatürk: The Rebirth of a Nation*, 316.

23 例如，美國海軍Edsall 號的海軍上尉Barry，在走訪過土耳其西部的數個城市後，在一九二二年十月三日證實確有此事，在同一時候去過馬訥薩的法國議員Henry Franklin-Bouillon 也證實傳言不假。Cited in Shaw, *From Empire to Republic*, vol. 4, 1710-1716。

24 Horton from Smyrna, 2 and 7 September 1922, reproduced in *American Documents on Greek Occupation of Anatolia*. Turkish investigatory commission: cited in Shaw, *From Empire to Republic*, vol. 4,1704-6.

25 Intelligence report filed by J. G. Ware from USS Scorpion to U.S. high commissioner in Constantinople Admiral Mark Bristol, 9 September 1922, reproduced in *American Documents on Greek Occupation of Anatolia*. On Sterghiades's checkered reputation with the local Greek community of Smyrna, see Llewellyn-Smith, *Ionian Vision*, esp. 91-101 and *passim*. "Whose city are they giving to whom?" cited in Kinross, *Atatürk: The Rebirth of a*

Nation, 318.

26 Ware to Bristol, *op. cit.*, and Kinross, *Atatürk: The Rebirth of a Nation*, 321-22. "Well-fed and fresh",: cited in Llewellyn-Smith, *Ionian Vision*, 306. "Filthy, untidy, slouching"; Winwardly delighted to have the Turks back again": citations in Mansel, *Levant*, 213-14.

27 Details in Llewellyn-Smith, *Ionian Vision*, 306-8; Mansel, *Levant*, 214-15.

28 Llewellyn-Smith, *Ionian Vision*, 308-11; Mansel, *Levant*, 215-18.

29 Llewellyn-Smith在*Ionian Vision*中和Mansel在*Levant*中都強調這幾點，且提出非常有力的理由。Shaw在*From Empire to Republic*中則提出相反論點，說土耳其人在士麥那也損失許多房產，他寫道（第四卷，頁1734），「有人說土耳其人在收回這城市且在街上慶祝勝利之後放火燒掉自己的城市，這說法實在叫人難以接受。」Shaw還推斷「如果真有哪個人或哪個團體放了火，要確定他們是誰……大概永遠不可能」，語氣變得比較軟。他探究每個關於希臘人在安納托利亞境內如何施暴平民的說法時，一副咄咄逼人樣，說到這兒卻緘默不語，實在太突兀。但在因為Shaw偏袒土耳其人而把他的陳述斥為不值一顧之前，應該切記大部分關於士麥那大火的民間說法，一面倒偏向另一方，刻意忽略希臘人在退往海岸途中一路燒掉安納托利亞城鎮之事，同時大談士麥那濱水區的大火有多恐怖。Shaw真正的用意，乃是讓希土戰爭的大故事得到平衡且切合其時空環境的陳述，儘管他有時可能往自己的方向走得太遠。

30 See Kemal and Atay citations in Mango, Atatürk, 346, and, for a longer Atay citation, Mansel, *Levant*, 223-24. Shaw, in *From Empire to Republic*, notably cites Atays lengthy article in *Aksam*—bnt not his diary entry or memoir.

31 Shaw, *From Empire to Republic*, vol. 4, 1740-1741。在*Levant*一書中（頁220），Mansel說有十二萬五千人遭驅逐出境，其中一萬五千人後來回來，但這個數據引自一份很可能誇大了相關數據的希臘原始資料。不過，遭驅逐出境者普遍受到虐待一說，倒是沒理由懷疑。許多捱過那個冬天者，後來被按照洛桑條約的人口交換規定送到希臘。見以下注釋，以及Bruce Clark的專題論著*Twice a Stranger: How Mass Expulsion Forged Modern Greece and Turkey*.

32.Cited in Shaw, *From Empire to Republic*, vol4, 1749

33 Cited in ibid., 1754. For Dominions and Daily Mail: Fromkin, *Peace to End All Peace*, 550.

34 Citations in Shaw, *From Empire to Republic*, vol. 4,1766 and 1778. Emphasis added.

結語　洛桑與鄂圖曼遺產

1 Cited in Rainer Munz and Rainer Ohliger, *Diasporas and Ethnic Migrants*, 93.

2 Clark, *Twice a Stranger* 2 and *passim*.

3 Cited in ibid., 95.

4 Cited by Zechlin, *Deutsche Politik und die Juden im Ersten Weltkrieg*, 371, n. 116.

5 As paraphrased from Figdor's report by Jonathan McMurray, in *Distant Ties*, 99.

6 Lüihrs, *Gegenspieler des Obersten Lawrence*, 81-82.

7 Cited in Fromkin, *Peace to End All Peace*, 497.

參考書目
Bibliography

Adamov, E. A., ed. *Konstantinopol I prolivyi*. 2 vols. Moscow: Izdanie Litizdata NKID, 1925-26.

—. *Razdel aziatskoi Turtsii. Po sekretnyim dokumentam b. Ministerstva inostrannyikh del*. Moscow: Izdanie Litizdata NKID, 1924.

Ahmad, Feroz. "The Young Turk Revolution." *Journal of Contemporary History*, vol. 3, no. 3 (July 1968): 19-36.

Airapetov, O. R., ed. "Na Vostochnom napravlenii. Sud'ba Bosforskoi ekspeditsii v pravlenie imperatora Nikolaia II.," In Airapetov, ed., *Poslednaia voina imperatorskoi Rossii: sbornik statei*, 158-252. Moscow: Tri kvadrata, 2002.

Akçam, Taner. *A Shameful Act: The Armenian Genocide and the question of Turkish Responsibility*, trans. Paul Bessemer. New York: Metropolitan Books, 2006.

—. *The Young Turks' Crime Against Humanity: The Armenian Genocide and Ethnic Cleansing in the Ottoman Empire*. Princeton: Princeton University Press, 2012.

Aksakal, Mustafa. *The Ottoman Road to War in 1914: The Ottoman Empire and the First World War*. Cambridge: Cambridge University Press, 2008.

Akşin, Sina. *Ana Çizgileriyle Türkiye'nin Yakin Tarihi 1789-1980*. Istanbul: Yenigün Haber Ajansi, n.d.

Albertini, Luigi. *The Origins of the War of 1914*. New York: Oxford University Press, 1952-57. 3 vols.

Allen, Roger. *Spies, Scandals, and Sultans: Istanbul in the Twilight of the Ottoman Empire*. New York: Row- man & Littlefield, 2008.

Allen, W. E. D., and Paul Muratoff. *Caucasian Battlefields: A History of the Wars on the Turco-Caucasian Border, 1828-1921*. Cambridge: Cambridge University Press, 1953.

Anderson, Scott. *Lawrence in Arabia: War, Deceit, Imperial Folly and the Making of the Modern*

Middle East. London: Atlantic Books, 2014.

Anglo-French Declaration of 7 November 1918. http://www.balfourproject.org/anglo-french-declaration/.

Askeri Tarih Belgeleri Dergisi, 30' Uncu Tümen Sarıkamiş Harekati Ceridesi. No. 122 (2 Auğustos-20 Aralık 1914) and No. 123 (20 Aralık 1914-10 Ocak 1915. Ankara: Genelkurmay Basimevi, 2009.

Asquith, H. H. *Letters to Venetia Stanley*. Eds. Michael and Eleanor Brock. Oxford: Oxford University

Falkenhayn, General Erich von. *General Headquarters and Its Critical Decisions, 1914-1916*. New York: Dodd, Mead, 1920.

Fay, Sidney Bradshaw. *The Origins of the World War*. 2 vols. New York: Macmillan, 1935.

Figes, Orlando. *Crimea*. London: Penguin, 2010.

Fromkin, David. *A Peace to End All Peace: The Fall of the Ottoman Empire and the Creation of the Modern Middle East New York*: Henry Holt, 1989.

Fuller, William C., Jr. *Strategy and Power in Russia 1600-1914*. New York: Free Press, 1992.

Gardiner, Robert, ed. *Conway's All the Worlds Fighting Ships 1860-1905*. London: Conway Maritime, 1979.

Geiss, Immanuel. *Der Berliner Kongress 1878: Protokolle und Materialien*. Boppard am Rhein: Boldt, 1978.

"Ghost Buildings of Istanbul." http://www.hayal-et.Org/i.php/site/building/ayastefanos_ant

Gibbon, Edward. *The History of the Decline and Fall of the Roman Empire*, Volume the Third (1781). London: Penguin Press/Allen Lane Edition, 1994.

Gladstone, William Ewart. *The Bulgarian Horrors and the Question of the East*. London: J. Murray, 1876.

Gökay, Bülent. *A Clash of Empires: Turkey Between Russian Bolshevism and British Imperialism, 1918- 1923*. London: I. B. Tauris, 1997.

Greger, René. *Die Russische Flotte im Ersten Weltkrieg, 1914-1917*. Munich: J. F. Lehmann, 1970.

Hall, Richard C. *The Balkan Wars, 1912-1913: Prelude to the Great War*. London: Routledge, 2000.

Halpern, Paul G. *A Naval History of World War I*. Annapolis, MD: Naval Institute Press, 1994.

Hanioğlu, M. Sükrü. *A Brief History of the Late Ottoman Empire*. Princeton: Princeton University Press, 2008.

—.The Young Turks in Opposition. New York: Oxford University Press, 1995.

Harvey, A. D. "Bombs on Constantinople," *Cross and Cockade International Journal*, vol. 38, no. 3:165-67.

Haslip, Joan. *The Sultan: The Life of Abdul Hamid II*. New York: Holt, Rinehart and Winston, 1973.

Hopkirk, Peter. *On Secret Service East of Constantinople: The Plot to Bring Down the British Empire*. London: John Murray, 1994.

Hovannisian, Richard G. "The Allies and Armenia, 1915-18." *Journal of Contemporary History*, vol. 3, no. 1 (January 1968): 145-68.

—,ed. *The Armenian Genocide: History, Politics, Ethics*. New York: Macmillan, 1992.

—,ed. *The Armenian Genocide in Perspective*. New Brunswick, NJ: Transaction Books, 1986.

—. "The Armenian Question in the Ottoman Empire." In Hovannisian, ed., *The Armenian People from Ancient to Modern Times*. Vols 2. New York: Macmillan, 1997.

—. *The Republic of Armenia*. 4 vols. Berkeley: University of California Press, 1971-96.

Hull, Isabel V. *The Entourage of Kaiser Wilhelm II*, 1888-1918. New York: Cambridge University Press, 1982.

Hurst, Michael, ed. *Key Treaties for the Great Powers, 1814-1914*. New York: St. Martini, 1972.

Internationale Beziehungen in Zeitalter des Imperialismus. Edited by M. N. Pokrovskii. 8+ vols. Berlin: R. Hobbing, 1931-.

Inostrantsev, Michael A. "L'opération de Sarakamych" by General Inostrantsev. Revue *militaire française*, vol. 105, nos. 164-65, February-March 1935.

Jelavich, Barbara. *History of the Balkans*. 2 vols. New York: Cambridge University Press, 1983.

Karpat, Kemal. *Ottoman Population 1830-1914: Demographic and Social Characteristics*. Madison: University of Wisconsin Press, 1985.

Karsh, Efraim, and Inari Karsh. *Empires of the Sand: The Struggle for Mastery in the Middle East 1789- 1923*. Cambridge: Harvard University Press, 1999.

Kazemzadeh, Firuz. *The Struggle for Transcaucasia, 1917-1921*. New York: Philosophical Library, 1951.

Keegan, John. *The First World War*. London: Hutchinson, 1998.

Keleşyilmaz, Vahdet. *Teşkilat-i-Mahsûsa'mın Hindistan Misyonu (1914-1918)*. Ankara: AKD-TYK Ataturk Araütirma Merkezi, 1999.

Kerr, Stanley. The Lions of Maraş: Personal Experiences with American Near Eastern Relief. State University of New York Press, 1973.

Khalidi, Rashid. *Resurrecting Empire: Western Footprints and America's Perilous Path in the Middle East*. Boston: Beacon Press, 2004.

Kinross, Patrick. *Atatürk: The Rebirth of a Nation*. London: Phoenix, 2001 (orig. 1964).

Knight, Paul. *British Army in Mesopotamia, 1914-1918*. Jefferson, NC: MacFarland, 2013.

Krasnyi Arkhiv: Istoricheskii zhurnal 106 vols. Moscow: Gospolitizdat, 1922-41.

Kress von Kressenstein, Friedrich. *Mit den Türken zum Suezkanal*. Berlin: Vorhut-Verlag, 1938.

Kurat, Akdes Nimet, Dr. Brest-Litovsk Müzakereleri ve Banışi. Ankara: n.p., n.d.

—. *Türkiye ve Rusya*. Ankara: Kültür Bakanligi, 1990.

Larcher, Maurice. *La guerre turque dans la guerre mondiale*. Paris: E. Chiron, 1926.

Lazarev, M. S. *Kurdskii vopros (1891-1917)*. Moscow: Izdatel'stvo "Nauka", 1972.

Lewis, Bernard. *The Emergence of Modern Turkey*. London: Oxford University Press, 1961.

Lewy, Guenter. *The Armenian Massacres in Ottoman Turkey: A Disputed Genocide*. Salt Lake City: University of Utah Press, 2005.

Liman von Sanders, Otto. *Five Years in Turkey*, trans. U.S. Naval Institute. East Sussex: Naval & Military Press, n.d.

Un Livre noir. Diplomatie d'avant-guerre d'après les documents des archive russes, Novembre 1910-Juillet 1914. Preface by René Marchand. Paris: Librarie dutravail, 1922.

Llewellyn-Smith, Michael. *Ionian Vision: Greece in Asia Minor 1919-1922*. London: Hurst, 1998 (orig. 1973).

Lloyd, Nick. *Hundred Days: The Campaign That Ended World War*. New York: Basic Books, 2014.

Lohr, Eric. "The Russian Army and the Jews: Mass Deportation, Hostages, and Violence During World War I." *Russian Review* 60 (July 2001): 404-19.

Lührs, Hans. *Gegenspieler des Obersten Lawrence*. Berlin: Otto Schlegel, 1936.

MacMillan, Margaret. *Paris 1919: Six Months That Changed the World*. New York: Random House, 2002.

Mango, Andrew. Atatürk. London: John Murray, 1999.

Mansel, Philip. *Constantinople: City of the Worlds Desire, 1453-1924*. London: Penguin, 1997.

—.*Levant: Splendour and Catastrophe on the Mediterranean*. London: Murray, 2010.

Mazower, Mark. *Salonica, City of Ghosts: Christians, Muslims, and Jews, 1430-1950*. New York: Knopf, 2005.

McCarthy, Justin, et al. *The Armenian Rebellion at Van*. Salt Lake City: University of Utah Press, 2006.

—.Death and Exile: The Ethnic Cleansing of Ottoman Muslims, 1821-1922. Princeton: Darwin Press, 1995.

—.*The Ottoman Peoples and the End of Empire*. London: Oxford University Press, 2001.

McGuirk, Russell. *The Sanusi's Little War: The Amazing Story of a Forgotten Conflict in the Western Desert, 1915-1917*. London: Arabian Publishing, 2007.

McKale, Donald. *War by Revolution: Germany and Great Britain in the Middle East in the Era of World War I*. Kent, OH: Kent State University Press, 1988.

McLaughlin, Redmond. *The Escape of "The Goeben": Prelude to Gallipoli*. New York: Scribner, 1974.

McMeekin, Sean. *The Berlin-Baghdad Express: The Ottoman Empire and Germany's Bid for World Power, 1898-1918*. London: Penguin/Allen Lane, 2010.

—.*History's Greatest Heist: The Bolshevik Looting of Russia*. New Haven: Yale University Press, 2008.

—.*July 1914: Countdown to War. New York: Basic Books*, 2013.

—.*The Red Millionaire: A Political Biography of Willi Munzenberg, Moscow's Secret Propaganda Tsar in the West*. New Haven: Yale University Press, 2004.

—.*The Russian Origins of the First World War*. Cambridge, MA: Harvard University Press, 2011.

McMurray, Jonathan S. *Distant Ties: Germany, the Ottoman Empire, and the Construction of the Baghdad Railway*. Westport, CT: Praeger, 2001.

Miller, Geoffrey. *Straits: British Policy Towards the Ottoman Empire and the Origins of the Dardanelles Campaign*. Hull: University of Hull Press, 1997.

—.*Superior Force: The Conspiracy Behind the Escape of Goeben and Breslau*. Hull: University of Hull Press, 1996.

Milton, Giles. *Paradise Lost: Smyrna 1922: The Destruction of a Christian City in the Islamic World*. New York: Basic Books, 2008.

Moorehead, Alan. *Gallipoli*. London: H. Hamilton, 1956.

Morgenthau, Henry. *Ambassador Morgenthau's Story*. New York: Doubleday, 1918.

—.*Secrets of the Bosphorus*. London: Hutchinson, 1918.

Mühlmann, Carl. *Oberste Heeresleitung und Balkan im Weltkrieg 1914-1918*. Berlin: W. Limpert, 1942.

Münz, Rainer, and Rainer Ohliger. *Diasporas and Ethnic Migrants: German, Israel, and Post-Soviet Successor States in Comparative Perspective*. London: Frank Cass, 2003.

Mutlu, Dilek Kaya. "The Russian Monument at *Ayastefanos* (San Stefano): Between Defeat and Revenge, Remembering and Forgetting.," *Middle Eastern Studies*, vol. 43, no. 1 (January 2007): 75-86.

Nalbandian, Louise. *The Armenian Revolutionary Movement: The Development of Armenian Political Parties Through the Nineteenth Century*. Berkeley: University of California Press, 1963.

Nogales, Rafael de. *Memoirs of a Soldier of Fortune*. New York: Harrison Smith, 1932 (reprint edition by J. F. Tapley).

Özdemir, Hikmet. *The Ottoman Army 1914-1918: Disease and Death on the Battlefield*. Salt Lake City: University of Utah Press, 2008.

Palmer, Alan Warwick. *The Decline and Fall of the Ottoman Empire*. London: J. Murray, 1992.

Pavlovich, N. B. *The Fleet in the First World War*, trans. C. M. Rao. New Delhi: Amerind, 1979.

Pipes, Richard. *The Formation of the Soviet Union: Communism and Nationalism, 1917-1923*. Cambridge: Harvard University Press, 1954.

—.*The Russian Revolution*. New York: Knopf, 1990.

Pokrovskii, M. N., ed. *Drei Konferenzen (zur Vorgeschichte des Krieges)*. Berlin: Arbeiterbuchhand- lung, 1920.

—.*Internationale Beziehungen im Zeitalter des Imperialismus*. 8+ vols. Berlin: R. Hobbing, 1931-.

—.*Tsarskaia Rossiia v mirovoi voine*. Vol 1. Leningrad, 1926.

Pomiankowski, Joseph. *Der Zusammenbruch des Ottomanischen Reiches: Erinnerungen an die Türkei aus derZeit des Weltkrieges*. Zurich: Amalthea, 1928.

"The Powers' Note." *Sydney Morning Herald*, 10 October 1912.

Ramsaur, Ernest Edmondson. *The Young Turks: Prelude to the Revolution of 1908*. Princeton: Princeton University Press, 1957.

Rogan, Eugene. *The Arabs: A History*. New York: Basic Books, 2009.

Reynolds, Michael A. "The Ottoman-Russian Struggle for Eastern Anatolia and the Caucasus, 1908- 1918." Unpublished Ph.D. dissertation, Princeton University, 2003.

—.*Shattering Empires: The Clash and Collapse of the Ottoman and Russian Empires*. New York: Cambridge University Press, 2011.

Roberts, Andrew. *Salisbury: Victorian Titan*. London: Phoenix, 2000.

Şahin, Erman. "A Scrutiny of Akçam's Version of History and the Armenian Genocide." *Journal of Muslim Minority Affairs*, vol. 28, no. 2 (August 2008).

Sazonov, S. D. *Fateful Years, 1909-1916: The Reminiscences of Serge Sazonov, Russia's Minister for Foreign Affairs: 1914*. London: J. Cape, 1928.

Seidt, Hans-Ulrich. *Berlin, Kabul, Moskau: Oskar Ritter von Niedermayer und Deutschlands Ostpolitik*. Munich: Universitas, 2002.

Seton-Watson, R. W. *Disraeli, Gladstone, and the Eastern Question*. London: Frank Cass, 1962.

Shaw, Stanford. *From Empire to Republic: The Turkish War of National Liberation 1918-1923: A Documentary Study*. 5 vols. Ankara: Türk Tarih Kurumu, 2000.

—.*The Ottoman Empire in World War I*. Ankara: Turkish Historical Society, 2006.

Shaw, Stanford J., and Ezel Rural. *History of the Ottoman Empire and Modern Turkey*. 2 vols. Cambridge: Cambridge University Press, 1976-77.

Siegel, Jennifer. *Endgame: Britain, Russia, and the Final Struggle for Central Asia*. London:I. B. Tauris, 2002.

Snouck Hurgronje, Dr. C. *The Holy War "Made in Germany."* New York: G. P. Putnam' s Sons, 1915.

Stevenson, David. *Cataclysm: The First World War as Political Tragedy*. New York: Basic Books, 2004.

—.*With Our Backs to the Wall: Victory and Defeat in 1918*. London: Allen Lane, 2011.

Stites, Richard. "Miliukov and the Russian Revolution.," In Paul N. Miliukov, *The Russian Revolution*, ed. Richard Stites.

Stone, Norman. *The Eastern Front 1914-1917*. New York: Charles Scribner's Sons, 1975.

—. *World War One: A Short History*. London: Allen Lane, 2007.

Strachan, Hew. *The First World War*. New York: Viking, 2004.

Strelianov, P. N. *Korpus generala Baratova, 1915-1918 gg*. Moscow: s.n., 2002.

Sumner, B. H. *Russia and the Balkans, 1870-1880*. Hamden, CT: Archer Books, 1962.

Suny, Ronald. *Armenia in the Twentieth Century*. Chico, CA: Scholars Press, 1983.

—."Empire and Nation: Armenians, Turks and the End of the Ottoman Empire.," *Armenian Forum*, vol. 1, no. 2 (1998): 17-51.

Suny, Ronald, Fatma Müge Goçek, and Norman Naimark. *A Question of Genocide: Armenians and Turks at the End of the Ottoman Empire*. New York: Oxford University Press, 2011.

Tamari, Salim. *Year of the Locust: A Soldier's Diary and the Erasure of Palestine's Ottoman Past*. Berkeley: University of California Press, 2011.

TCGB (T. C. GenelKurmay Başkanlığı). *Arşiv Belgeleriyle Ermeni Faaliyetleri 1914-1918*. 4 vols. Ankara: Genelkurmay Basim Evi, 2005.

"Terms of the Treaty of Sévres." http://www.hri.org/docs/sevres/partl.html.

Townshend, Charles. *When God Made Hell: The British Invasion of Mesopotamia and the Creation of Iraq, 1914-1921*. London: Faber & Faber, 2010.

Travers, Timothy. *Gallipoli 1915*. Stroud: Tempus, 2001.

Trumpener, Ulrich. *Germany and the Ottoman Empire, 1914-1918*. Princeton: Princeton University Press, 1968.

Tuchman, Barbara Wertheim. *The Guns of August*. New York: Macmillan, 1962.

—. *The Zimmermann Telegram*. New York: Viking, 1958.

Tunstall, Graydon. "Austria-Hungary and the Brusilov Offensive of 1916." *Historian*, vol. 70, no. 1:30-53.

Turfan, M. Naim. *Rise of the Young Turks: Politics, the Military, and the Ottoman Collapse*. New York:I. B. Tauris, 2000.

Ulrichsen, Kristian Coates. *The First World War in the Middle East*. London: Hurst, 2014.

"Vozstanie v' Vane." In *Russkoe Slovo* no. 141,20 June/3 July 1915.

Weber, Frank G. *Eagles on the Crescent: Germany, Austria, and the Diplomacy of the Turkish Alliance, 1914-1918*. Ithaca: Cornell University Press, 1970.

Wheeler-Bennett, John W. *Brest-Litovsk: The Forgotten Peace*. London: Macmillan, 1956 (orig. 1938).

Wildman, Allan K. *The End of the Russian Imperial Army*. 2 vols. Princeton: Princeton University Press, 1980/1987.

Wilhelm II (Emperor of Germany). *Reden des Kaisers: Ansprachen, Predigten, und Trinksprüche*. Ed. Ernst Johann. Munich: Deutscher Taschenbuch-Verlag, 1966.

Will, Alexander. *Kein Griff nach der Weltmacht: Geheime Dienste und Propaganda im Deutsch-österreichisch-türkischen Bündnis 1914-1918*. Cologne: Bohlau, 2012.

Wolf, Klaus. *Gallipoli 1915: Das deutsch-tiirkische Militärbündnis im Ersten Weltkreig*. Bonn: Report Ver- lag, 2008.

Wynn, Antony. *Persia in the Great Game*. London: John Murray, 2004.

Yasamee, F. A. K. "Ottoman Empire." In Keith Wilson, ed., *Decisions for War, 1914*, 229-68. New York: St. Martin's, 1995.

Zechlin, Egmont. *Die deutsche Politik und die Juden im Ersten Weltkrieg*. Gottingen: Vandenhoeck und Ruprecht, 1969.

Zürcher, Erik. *The Unionist Factor: The Role of the Committee of Union and Progress in the Turkish National Movement, 1905-1926*. Leiden: E. J. Brill, 1984.

左岸歷史 296

終局之戰｜下冊

鄂圖曼帝國的瓦解，和現代中東的形成

The OTTOMAN ENDGAME

War, Revolution, and the Making of the Modern Middle East, 1908—1923

作　　者　西恩・麥克米金（Sean McMeekin）
譯　　者　黃中憲
總 編 輯　黃秀如
責任編輯　林巧玲
行銷企劃　蔡竣宇
封面設計　莊謹銘

社　　長　郭重興
發行人暨出版總監　曾大福
出　　版　左岸文化／遠足文化事業股份有限公司
發　　行　遠足文化事業股份有限公司
231新北市新店區民權路108-2號9樓
電　　話　(02) 2218-1417
傳　　真　(02) 2218-8057
客服專線　0800-221-029
E-Mail　rivegauche2002@gmail.com
左岸臉書　facebook.com/RiveGauchePublishingHouse
法律顧問　華洋法律事務所　蘇文生律師
印　　刷　呈靖彩藝有限公司
初版一刷　2019年10月

定　　價　480元
ISBN　978-986-98006-3-1
歡迎團體訂購，另有優惠，請洽業務部，(02) 2218-1417分機1124、1135

終局之戰（下冊）：鄂圖曼帝國的瓦解，和現代中東的形成／西恩・麥克米金（Sean McMeekin）著；黃中憲譯.
－初版.－新北市：左岸文化出版：遠足文化發行，2019.10
面；　公分.－（左岸歷史；296）
譯自：The Ottoman endgame : war, revolution, and the making of the modern Middle East, 1908-1923
ISBN 978-986-98006-3-1（平裝）
1.中東史 2.土耳其史 3.鄂圖曼帝國
735.02　　108016703